浙江省社科规划课题成果

幼儿园游戏指导方法与实例
——游戏自主性的视角

秦元东　白碧玮　庄盈媚　邓进红　著

中国轻工业出版社

图书在版编目（CIP）数据

幼儿园游戏指导方法与实例：游戏自主性的视角/秦元东等著. —北京：中国轻工业出版社，2018.1（2024.8重印）

ISBN 978-7-5184-1797-1

Ⅰ.①幼… Ⅱ.①秦… Ⅲ.①幼儿园游戏 Ⅳ.①G613.7

中国版本图书馆CIP数据核字（2017）第312677号

保留所有权利。非经中国轻工业出版社"万千教育"书面授权，任何人不得以任何方式（包括但不限于电子、机械、手工或其他尚未被发明或应用的技术手段）复印、拍照、扫描、录音、朗读、存储、发表本书中任何部分或本书全部内容（包括但不限于光盘、音频、视频等）。中国轻工业出版社"万千教育"未授权任何机构提供源自本书内容的电子文件阅览、收听或下载服务。如有此类非法行为，查实必究。

责任编辑：王慧超　　　　责任终审：腾炎福
策划编辑：高　君　　　　责任校对：刘志颖　　　　责任监印：吴维斌

出版发行：中国轻工业出版社（北京鲁谷东街5号，邮编：100040）
印　　刷：三河市鑫金马印装有限公司
经　　销：各地新华书店
版　　次：2024年8月第1版第7次印刷
开　　本：710×1000　1/16　印张：15
字　　数：200千字
印　　数：13001—15000
书　　号：ISBN 978-7-5184-1797-1　定价：45.00元

读者热线：010-65181109
发行电话：010-85119832　010-85119912
网　　址：http://www.chlip.com.cn　http://www.wqedu.com
电子信箱：1012305542@qq.com

版权所有　侵权必究
如发现图书残缺请拨打读者热线联系调换
241114Y1C107ZBW

目 录

绪论 从幼儿园自主性游戏到幼儿园游戏自主性 ················ 1

 一、幼儿园自主性游戏的批判性反思 ························ 2

 二、提出幼儿园游戏自主性的逻辑 ·························· 5

上 编

第一章 幼儿园游戏自主性的理论剖析 ························ 11

 第一节 自主性：幼儿园游戏的一个特有问题 ················ 11

  一、自主性：从自然游戏的"固有"之义到幼儿园游戏的
    "应有"之义 ·· 11

  二、自主性的根源：幼儿园游戏的特点 ·················· 13

 第二节 幼儿园游戏自主性的内涵与特征 ···················· 16

  一、幼儿园游戏自主性的内涵 ·························· 16

  二、幼儿园游戏自主性的特征 ·························· 18

第二章 幼儿园游戏自主性的动态性：游戏连续体的视角 ········ 23

 第一节 幼儿园游戏连续体 ································ 23

  一、高结构游戏 ······································ 25

  二、低结构游戏 ······································ 25

三、中结构游戏 ··· 26
　　四、从高结构游戏到低结构游戏的连续体 ······························· 28
第二节　幼儿园游戏自主性的动态性 ·· 33
　　一、幼儿园游戏自主性在游戏连续体上的动态变化 ················· 34
　　二、幼儿园游戏自主性的动态性与儿童角色的变化 ················· 37

第三章　幼儿园游戏自主性的变化机制：兴趣层次说的视角 ········· 41

第一节　兴趣层次说 ·· 41
　　一、感官兴趣 ·· 42
　　二、内在兴趣 ·· 43
　　三、中间兴趣 ·· 46
　　四、从感官兴趣到内在兴趣的层次结构 ···································· 46
第二节　变化机制：儿童兴趣层次的转化 ·· 47
　　一、合理外部奖赏：引发儿童兴趣层次积极转化 ······················ 47
　　二、巧妙"留白"：助推儿童兴趣层次适时飞跃 ······················ 50
第三节　必要条件：适宜的教师指导 ··· 54
　　一、适宜的教师指导是必要条件 ·· 54
　　二、适宜的教师指导的核心特质 ·· 55

下　　编

第四章　幼儿园游戏指导环节：准备阶段 ···································· 65

第一节　判断指导的必要性 ·· 65
　　一、理解是基础条件 ·· 65
　　二、观察是基本途径 ·· 74
　　三、等待是一种策略 ·· 95

第二节　确定指导时机 ·· 97
一、确定指导时机的原则 ·· 97
二、指导时机的基本类型 ·· 101

第五章　幼儿园游戏指导环节：实施阶段 ······························ 107

第一节　选择指导的方法 ·· 107
一、教师指导方法连续体 ·· 107
二、指导方法选择的原则 ·· 114

第二节　把握互动的节奏性 ·· 118
一、游戏：儿童学习的试验室 ······································ 118
二、游戏的支持者或破坏者：教师的选择 ························ 121
三、教师指导：遵循儿童游戏的节奏 ······························ 123

第六章　幼儿园游戏指导策略 ·· 127

第一节　以游戏时空为媒介的指导 ···································· 127
一、游戏空间的设置 ·· 127
二、游戏时间的规划 ·· 142

第二节　以游戏材料为媒介的指导 ···································· 149
一、游戏材料投放的原则 ·· 149
二、游戏材料调整的技巧 ·· 159

第三节　以教师自身为媒介的指导 ···································· 168
一、旁观者 ··· 169
二、游戏管理者 ··· 171
三、共同游戏者 ··· 172
四、游戏指导者 ··· 173

第七章 幼儿园中结构游戏指导案例：角色游戏……175

第一节 角色游戏的保障系统……176
一、赋予教师必要的课程自主权……176
二、提升教师游戏理念的科学性……179

第二节 角色游戏的外部支持系统……180
一、提供充足与合理的游戏时间……180
二、发挥游戏材料"活"的价值……182
三、适时开展针对性的集体教学……189
四、巧妙地利用家庭与社区资源……192

第三节 角色游戏的内部支持系统……196
一、灵活运用适宜的指导语……197
二、灵活开展针对性的游戏讲评……199

第八章 幼儿园低结构游戏指导案例：追逐打闹游戏……205

第一节 追逐打闹游戏的保障系统……206
一、转变游戏观念，形成教育合力……206
二、制定宽松合理的教师管理制度……213
三、提高幼儿的自我保护意识和能力……213

第二节 追逐打闹游戏的外部支持系统……214
一、提供充足灵活的户外活动时间……214
二、创设安全、有吸引力的游戏空间……216
三、和体育游戏之间适时有效互动……217

第三节 追逐打闹游戏的内部支持系统……221
一、巧妙地组合运用多样性指导语……221
二、善用建构指导，丰富游戏策略……223

参考文献……227

后记……233

绪论　从幼儿园自主性游戏到幼儿园游戏自主性

幼儿园自主性游戏或自主游戏（统称为"幼儿园自主性游戏"，下同）在国内出现的历史并不久远。笔者以"篇名"中出现"自主游戏"或含"自主性游戏"为检索条件，在中国知网数据库中进行检索，发现截至2017年2月，符合条件的文献共有409篇。其中，由茅红美、徐则民执笔，上海市中心教研组于1998年在《幼儿教育》杂志上发表的题为《幼儿自主游戏指导模式及策略（上）》和《幼儿自主游戏指导模式及策略（下）》的两篇文章，开启了国内学前教育领域对幼儿园自主性游戏的理论探讨之路。通过对409篇相关文献的年度趋势分析发现，自1998年发表的2篇文献始，直到2007年，期间文献发表数较为平稳，每年发表的数量均少于10篇，其中1999年未有文献发表；从2011年开始，相关文献发表的数量开始稳定在每年10篇以上——从2011年的13篇至2016年的126篇，经历了一个快速增长的过程。

和近几年幼儿园自主性游戏在理论界与实践领域的快速发展形成鲜明对比的是，理论研究领域中鲜有对幼儿园自主性游戏的批判性反思。在实践领域，幼儿园自主性游戏更是成为许多幼儿教师工作语言中使用频率非常高的一个术语。他们主要聚焦于如何指导幼儿园自主性游戏，但很少对幼儿园自主性游戏的合理性问题进行反思。这些均表明，幼儿园自主性游戏逐渐成了一种"习惯用语""习惯做法"，即教育常识。教育常识的优先性、渗透性、单向度性和流行性不同程度地削弱，甚至剥夺了教师对幼儿园自主性游戏进行反思、批判与超越的意识和能力。①

一般情况下，持有者（包括教育者、教育研究者等）借助原有教育常识，便可有效地应对和解决遇到的各种教育问题。在这种平稳的"和平期"，期望或要求持有者自觉主动地对原有教育常识进行质疑、批判与变革经常是困难的。"异常"的出现犹如在原本平静的湖面投入一颗石子而引起波动，当"异常"不断频繁地出现时，便会彻底打破"和平期"，导致出现一种"危机"状态。"危机"的出现使得持有者对原有教育常识的质疑成为可能与必要。因此，"危机"是打破原有教育常识主宰地位的导火索。但"危机"本身并不会自然引发教育常识的"革命"。在此过程中，持有者对原有教育常识因其失效而出现信心减弱乃至丧失，以及由此而出现不满，进而开始对教育常识的根本问题提出质疑与进行辩论，最终才可能实现对原有教育常识的颠覆与超越。②为此，这里将通过批判性反思与剖析幼儿园自主性游戏的理论与实践困境，试图引发一些"异常"乃至"危机"，进而尝试寻找突破、化解与超越幼儿园自主性游戏诸多困境的可能出路。

一、幼儿园自主性游戏的批判性反思

幼儿园自主性游戏无论在理论层面，还是在实践领域，均面临诸多困境。

（一）幼儿园自主性游戏的理论困境

在幼儿园自主性游戏的相关研究者中，只有研究者邱学青发表了4篇文献。另外，从文献被引用次数的角度来看，她发表的4篇文献中有3篇文献的被引用量居前三名。在其中一篇文献中，她明确指出，"自主性游戏并不是从游戏分类的角度提出的，它是从游戏的性质这个角度提出来的。它不是

---

① 秦元东. 教育常识的基本特性及其对幼儿园教师专业成长的潜在消极影响[J]. 幼儿教育（教育科学），2016（3）：28-31.

② 秦元东. 教育常识对幼儿园教师专业成长潜在消极影响的转化机制[J]. 幼儿教育（教育科学），2016（6）：22.

把游戏简单地分为有无自主性,而是强调所有的游戏都应该有自主性,自主性游戏包含所有的游戏"①。由此可以推论出,自主性游戏等同于游戏,这两个概念可以互换,在内涵与外延方面是等同的。

但从"自主性游戏"第一次被提出至今,也有许多研究者是从游戏分类的角度定位与探讨"自主性游戏"的。如在1998年发表的、题目中包含"自主游戏"的一篇论文中,作者就明确指出"幼儿园游戏可以分为两类:一类是幼儿自主的、由幼儿自动发起、以游戏本身为目的的游戏;另一类是教师组织的、以完成教学任务为目的的游戏"。第一类即是自主游戏。作者进而对自主游戏进行了界定,认为"自主游戏是幼儿在一定的游戏环境中根据自己的兴趣和需要,以快乐和满足为目的,自由选择、自主展开、自由交流的积极主动的活动"②。有研究者也明确指出,"自主性游戏是指能充分体现儿童意愿,激发儿童的自主性、参与性,最大限度体现儿童自主精神的一类游戏活动"③。还有研究者在和"教学游戏"的比较中对"教育背景中的幼儿自主游戏"进行了阐释。认为"教学游戏是为教学设计的游戏,其中心词是游戏。也就是说,它首先是一种游戏,对幼儿来说就是具有娱乐功能的活动,其次才是指向内隐的教学目标,即教学目标只是作为幼儿可能获得的经验隐蔽在活动中"。而"教育背景中的幼儿自主游戏则完全是幼儿自发的,是幼儿想怎样玩就怎样玩的一种非结构化活动……娱乐是这类活动的目的,幼儿从活动中获得的经验具有不确定性"④。显然,这里所说的"教育背景中的幼儿自主游戏"和其他研究者所说的"自主游戏"实质相通。

由此可以发现,目前理论研究领域中对于"幼儿园自主性游戏"的定位与阐释可以粗略分为两类观点:一是从游戏分类的角度出发,将幼儿园自

---

① 邱学青. 关于儿童的自主性游戏 [J]. 学前教育研究,2001(6):36.
② 上海市中心教研组. 幼儿自主游戏指导模式及策略 [J]. 幼儿教育,1998(9):4.
③ 江苏省"幼儿园自主游戏实践与研究"课题组. 自主游戏的实践及基本理念 [J]. 早期教育,2000(23):32.
④ 华爱华. 早期教育视野中的游戏 [J]. 幼儿教育(教育科学),2011(5):8.

主性游戏视为幼儿园游戏的一种，区别于其他类型的幼儿园游戏；二是从游戏性质的角度出发，主张幼儿园自主性游戏包含所有游戏，等同于幼儿园游戏。这反映了理论研究领域在对待幼儿园自主性游戏的基本定位方面存在分歧。这种分歧有利于理论研究百家争鸣和百花齐放，同时，也因基本概念不统一而给学术探讨带来了一定的不利影响。有时甚至会因基本概念内涵不统一而出现彼此"误解"的现象。这就需要理论研究领域对幼儿园自主性游戏的两种不同定位各自的必要性、合理性与内涵等进一步探讨与明晰，尤其是幼儿园自主性游戏与游戏、幼儿园游戏等相关概念之间的关系问题，更需要进行深入细致的理论探讨。这是幼儿园自主性游戏理论研究领域面临的一种困境。

此外，将幼儿园自主性游戏定位为众多幼儿园游戏中的一种类型，更是面临着许多棘手的理论困境。具体地说，大量关于游戏的界定，显然是将自由、自主等作为核心特质之一。比如，约翰逊等人在回顾与借鉴已有相关研究成果的基础上，归纳了游戏的五个特征，其中两个是"游戏出自内在动机""游戏是一种自由选择"[①]。这两个特征和自由、自主之间实质相通。若果真如此，那自主性游戏之外的那些幼儿园游戏（暂且称为"非自主性游戏"，下同）是否意味着就没有自由、自主的特质呢？如果没有这些核心特质，还能否被称为游戏呢？如果有这些核心特质，那为何要被称为非自主性游戏呢？如果以具备这些核心特质的多少作为划分自主性游戏与非自主性游戏的标准，那这个量的标准又如何确定呢？或者说是否有可能给出这样一个量的标准呢？诸如这些理论问题亟待进一步探讨与解决。总之，如果将自主性游戏视为幼儿园游戏的一种，那就要进一步厘清和确定区分自主性游戏和非自主性游戏的具体标准，并分别对自主性游戏与非自主性游戏的内涵与外延进行清晰明确的界定与阐释。这是幼儿园自主性游戏面临的另一理论困境。

[①] JOHNSON J E, et al. 儿童游戏——游戏发展的理论与实务：第2版[M]. 吴幸玲，郭静晃，译. 台北：扬智文化，2003：26-29.

（二）幼儿园自主性游戏的实践困惑

幼儿园自主性游戏面临的诸多理论困境，一定程度上引发并加剧了实践者的实践困惑。许多实践者在实施幼儿园自主性游戏的过程中出现的一个疑问或困惑是：幼儿园游戏中哪些是自主性游戏？否则他们便没有开展活动的"抓手"或"载体"。为此，一些实践者对照一些文献中关于自主性游戏的论述，便将幼儿园中的创造性游戏划归为自主性游戏。虽然这种从游戏分类角度理解与定位自主性游戏的做法，可以使实践者的困惑暂时得到解决，但理论研究领域中关于自主性游戏的不同定位（即游戏分类与游戏性质），却在一定程度上增加了实践者的这一困惑。因许多人在使用时并没有明确自己是从哪一个角度（游戏分类或游戏性质）定位与使用自主性游戏的。这不仅容易造成诸多不必要的"误解"，而且有时会让实践者"无所适从"。

此外，在幼儿园自主性游戏中，对儿童自主性的强调与教师指导的必要性之间的关系是怎样的？或者说强调儿童自主性的自主性游戏还需要教师指导吗？教师指导是否会破坏或干扰儿童的自主性？一些实践者认为，幼儿园自主性游戏不需要教师指导，而非自主性游戏则需要教师指导。当理论研究者指出幼儿园自主性游戏也需要教师指导时，一些实践者就会感到更加困惑。如果幼儿园自主性游戏也需要教师指导，那自主性游戏中的教师指导和非自主性游戏中的教师指导又有何不同呢？

幼儿园自主性游戏的这些理论困境与实践困惑，恰恰引发或促使我们不得不对其重新进行审视。当越来越多的理论困境与实践困惑被越来越多的人意识到并反思与批判时，便会引发一场"危机"与"革命"，进而为幼儿园自主性游戏困境的超越提供了契机与可能。

二、提出幼儿园游戏自主性的逻辑

幼儿园自主性游戏本身也许只是倾向或易于（而非必然）导致以上所述诸多理论困境或实践困惑，但长期以来较为流行的孤立与静态的研究取向最终会将这种"倾向"变为"现实"。孤立与静态的研究取向，是以二元区分与对立为基础的。具体地说，区分出主体与客体、理性与感性、善与恶等对立二元，并根据一定标准在对立二元中区分出高低贵贱，进而厚此薄彼。虽然不同时期或社会判断"此"与"彼"价值的标准可能会发生变化甚至逆转，但"厚"一元而"薄"另一元的思维方式与做法基本一致。此与彼之间相互疏离、分裂、封闭与对抗，相互之间是一种边界的关系。"'边界'是将对立双方隔离开的界线，隔离、封闭和阻碍双方交流。"[①]

在理论研究领域，自主性游戏与非自主性游戏的二分法是典型的孤立与静态的思维方式。这种分类方式实质是将儿童在幼儿园游戏中的自主性看作有或无。这种思维方式也是造成幼儿园自主性游戏实践困惑的一个重要根源。试图在幼儿园游戏中识别与确定哪些属于自主性游戏的做法自不必说。那种关于自主性游戏中对儿童自主性的强调与教师指导必要性之间关系的困惑，实质也源于这种思维方式。具体地说，这反映了部分实践者采取要么指导、要么不指导的做法，而没有看到指导的程度可以存在差异。

总之，幼儿园自主性游戏的理论困境与实践困惑也许并非其自身必然具有的，而是主要根源于孤立与静态的思维方式和研究取向，或者说正是孤立与静态的思维方式使这些潜在的困境成为现实。因此，要想从根本上超越这些困境与困惑，就需要首先实现思维方式和研究取向的根本转变与超越。

以生态学取向代替孤立与静态取向，就是其中一种有益的尝试。生态学取向反对以二分法为典型特征的孤立与静态取向，而主张不同要素之间是对话与动态的有机关系。具体地说，生态学思想的核心是强调各异质要素之间的互利、互补与互生性，彼此"相成""相济"、不断对话，由此而能"生物"，"故能丰长而物归之"，在此过程中，各要素不断超越自身的局限性，获得许多新质，并共同组成了一个内在具有不断自我改进、优化和完善机制的开放的生态系统。[②]

[①] 滕守尧. 文化的边缘[M]. 北京：作家出版社，1997：1.
[②] 秦元东. 生态式幼儿园区域活动初探[J]. 学前教育（幼教版），2006（3）：12-13.

以生态学取向重新审视便会发现，幼儿园游戏自主性是破解幼儿园自主性游戏困境的一个（并非唯一）"切入点"或视角。"自主性"本身是动态的，而非静态的。霍沃思（L. Haworth）将人的自主性划分为四个层次：①最小自主性：行动者具有胜任、独立和某些自我控制的特征，但几乎没有反思能力。②过渡自主性：行动者已经形成道德感，行为受内部声音的驱动，但不会认真追问"是否要""为什么要"。③常态自主性：行动者既能对自己的冲动和来自外部的影响进行评鉴性反思，也能对行为策略等进行选择。④超常自主性：行动者能摆脱内部和外部的束缚，认识到与非限定性批判能力密切相关的事物；超越常规地自主行事；能高瞻远瞩和大胆创新。[①] 亚当斯基于自主性的程度差异，将自主性划分为六种水平：①全无自主性的人；②大体上没有自主性的人；③适度的非自主性的人；④混沌自主性的人；⑤适度自主性的人；⑥高度自主性的人。[②]

国内有研究者对自主性进行了历史考察之后指出，"自主性是一个程度性问题，具有情境性的特征。也就是说，个体的自主性并非全无或全有，它会因情境的不同而表现出程度的差异"[③]。国内另一位研究者在谈到自主性的程度性问题时也明确指出，"自主性所描绘的是人的一种能动性，是动态的而非静态的。不同的年龄阶段呈现不同的自主性水平，同一年龄在不同方面也具有不同的自主性水平，就是个体自身在不同方面也会表现出自主性水平的差异……自主性不是要么全有要么全无的，而是一种程度的指称"[④]。由此可得出如下结论：从纵向角度来看，随着个体的发展，个体自主性一般会发生变化；从横向角度来看，同一个体的不同方面或在不同情境中，其自主性也会存在差异。因此，所有幼儿园游戏都具有自主性，区别主要体现在自主性的多少，而非有无；相应地，在自主性程度不同的幼儿园游戏中，教师指

[①] 转引自熊川武，江玲. 论学生自主性［J］. 教育研究，2013（12）：26.
[②] 转引自董守生. 论学生的自主性及其教育［D］. 上海：华东师范大学，2013：29-30.
[③] 柴军应. 学生学习自主性发展研究［D］. 上海：华东师范大学，2016：30.
[④] 董守生. 论学生的自主性及其教育［D］. 上海：华东师范大学，2013：29.

导的程度也主要是多少，而非有无的差异。这便从根本上化解并超越了幼儿园自主性游戏的困境。

上编

第一章 幼儿园游戏自主性的理论剖析

幼儿园游戏的特点决定了自主性是幼儿园游戏,而非所有游戏的"应有"之义,因而也是幼儿园游戏的一个特有问题。在此基础上,这里将深入剖析幼儿园游戏自主性的内涵与特点。

第一节 自主性:幼儿园游戏的一个特有问题

自然游戏的特点决定了自主性是其"固有"之义,而幼儿园游戏的特点决定了自主性是其"应有"之义。幼儿园游戏人为的"自然性"与自觉的"教育性"等区别于自然游戏的基本特点,是自主性问题的一个重要根源。

一、自主性:从自然游戏的"固有"之义到幼儿园游戏的"应有"之义

由儿童发起、参与和主导的自然游戏[①]的基本特点是自然性。研究者关于游戏的理解虽没有达成完全一致的共识,但有一点是共同的,即游戏首先是一种"自然活动",即一种自发的、自在的和自足的活动,这即是游戏的"自然性",如纽曼指出游戏是由内部动机支持的行为;加维认为游戏是自发自愿的,没有外在目标,并且游戏动机是内在的;克拉思诺和佩培拉也明确指出游戏者是为游戏而游戏。[②]我国学者黄进明确将"自成目的性"视为一

[①] 自然游戏的参与者既可能是儿童、成人,也可能是成人和儿童共同参与。因幼儿园游戏的参与者(主要)是儿童,为了便于和幼儿园游戏比较,此处自然游戏的参与者(主要)限定为儿童。

[②] 刘焱. 儿童游戏通论[M]. 北京:北京师范大学出版社,2004:144-145.

种纯粹的游戏精神。[①] 这种自然性在许多儿童喜闻乐见的游戏中都有充分体现：许多儿童都有冒着被父母或教师批评，甚至体罚的危险而玩诸如"跳房子""滚铁环""捉迷藏"等自然游戏的难忘经历。这在许多儿童即时发起与开展的一些自然游戏（如"玩纸游戏"案例）中也得到了充分展现。

一个4岁小男孩拿起一张纸，边随意地撕边说："我可以撕成很多碎片。"旁边的9岁小女孩也拿起纸，边撕边说："我还可以撕成很多形状呢，你看，三角形、正方形……"小男孩也不甘示弱，赶紧说："你看，我能撕成圆形呢。"后来不知什么原因，两人开始争抢纸。小女孩将纸举得高高的，小男孩来抢。小女孩看到小男孩快要够到的时候就稍微举得更高一些，这反倒激起了小男孩进一步抢纸的兴趣。就这样，两人玩起了"抢纸"游戏。小女孩不小心，纸掉了下去，小男孩非常开心地去追和抓飘落而下的纸。就这样，小女孩将较大的纸片扔起，小男孩去追和抓，规定在落地之前抓到为赢。后来又演变成小女孩将纸片揉成团抛向空中，小男孩用自己一只手的大拇指与食指围成一个圈，让纸团从这个圈中落下就算赢。

当发现了一个矿泉水瓶后，小男孩将瓶盖取下，让小女孩将纸团向瓶中抛，抛进算赢，否则算输。在玩的过程中，两人发现这样难度太大，小女孩就提议说："瓶口太小了，不好抛，我们可以把瓶底剪开一个大口，将瓶盖盖住瓶口，反过来，让大口朝上，再往里面扔纸团。"在玩的过程中，小男孩因拿得不稳，导致小女孩有时会投偏。就这样，小女孩说："这样吧，我随便扔纸团，你用那个瓶底去接，能让纸团落入瓶中，就算你赢。"……仅仅纸片、矿泉水瓶这样一些简单的材料，就让两人足足玩了一小时左右，后来还是因小男孩的父母要他回家，才不得不终止了游戏。

[①] 黄进. 游戏精神与幼儿教育［M］. 南京：江苏教育出版社，2006：61.

在自然游戏中，无论是游戏场地、游戏群体、游戏材料，还是游戏内容、游戏时间等，都主要由儿童主导与决定。因此，自主性在自然游戏中得到了充分展现。换言之，在自然游戏中，儿童往往可以达成与展现其自然状态下自主性所能达成的最高水平。从这个意义上讲，自主性是自然游戏的"固有"之义。

与自然游戏明显不同的是，幼儿园游戏被自觉地、不同程度地打上了教师的烙印，涂抹上了教育的色彩。请看下面这个案例：

> 在娃娃家游戏中，教师发现娃娃家中的"妈妈"一直抱着"宝宝"，哄"宝宝"睡觉，认为游戏情节过于单一，就以"邻居"的身份前去"串门"，并对"妈妈"说："宝宝是不是病了呀？"同时，用手摸"宝宝"的额头，很着急地告诉"妈妈"："宝宝发烧了，赶快去看医生吧！""妈妈"听了很着急，就急忙带着"宝宝"到"医院"看病。在看病的过程中，"妈妈"和"医生"有了很多互动，并且当"妈妈"在家照顾"宝宝"时，也有不少"邻居"听说之后前来探望。

案例中，娃娃家的环境创设、教师介入等均不同程度地渗透并体现了教师的教育意图。而教育是一把"双刃剑"，既可能促进也可能抑制儿童自主性的发展与展现。因此，幼儿园游戏自主性也会因外界指导或干预的合理性的不同而被促进或抑制。从这个意义上讲，自主性成了幼儿园游戏的"应有"之义。

二、自主性的根源：幼儿园游戏的特点

自主性之所以成为幼儿园游戏的"应有"之义，主要缘于幼儿园游戏所具有的人为的"自然性"与自觉的"教育性"等特点。

（一）人为的"自然性"

有学者比较了"自然游戏场"与"教育游戏场"："从过去在街头巷尾、

田间河边做游戏到在幼儿园做游戏,这个过程确实存在一个微妙的变化,这是两种不同的'游戏场'。'自然游戏场'是由幼儿自己创设的,他们设置游戏活动的边界和区域,营造游戏的情感氛围,并将自我陷落在游戏中;'教育游戏场'更多是由教师设置,幼儿在这个场内再去创设自己的个人游戏场,个人受整个大场的牵制,这样,个人在游戏中必须要时常记得大场的边界和规则,将个人规则与之相协调。就纯粹性而言,自然游戏场中的游戏显然要高出教育游戏场中的游戏。"①因此,"游戏之于幼儿,毫无疑问是一种自发、自在和自足的'自然活动'。但是,幼儿教育的历史已经表明,被'筛选''改造'和'再造'是游戏进入教育者的'视野'之后不可避免的命运。"②因此,"幼儿在幼儿园的'自由游戏'实际上具有各种先在的限制。这种限制不仅来自成人,也来自同伴。"③总之,幼儿园游戏的自然性不同于自然游戏那种原初的、纯粹的自然性,而是一种"具有各种先在的限制的""人为的"自然性,是一种被"人为的"引发甚至创造出的"自然性"。

(二)自觉的"教育性"

从儿童视角看,自然游戏具有一种自发的内在教育性。具体地说,自然游戏具有的教育性对于儿童而言是无意识的、自然而然的和潜移默化的,因而也往往是随机的与不可控的(即自发性),是游戏的"副产品"和"伴随物",也往往只可意会不可言传。比如,"捉迷藏"游戏就具有许多自发的内在教育性,包括在追、跑、躲闪等过程中促进儿童的身体健康发展;捕捉者要充分调动自己的观察力、注意力、想象力、思考力等,寻找与判断隐藏者的位置,同时隐藏者又要根据情况临时调整自己的隐藏地,在此过程中自然而然就促进了感知能力的发展;作为群体游戏,儿童在共同协商分配角色、合作开展游戏的过程中促进了社会性的发展;儿童还可能会因一直找不到隐

---

① 黄进. 游戏精神与幼儿教育[M]. 南京:江苏教育出版社,2006:150.
② 刘焱. 儿童游戏通论[M]. 北京:北京师范大学出版社,2004:347.
③ 刘焱. 儿童游戏通论[M]. 北京:北京师范大学出版社,2004:348.

藏者或总是被捕捉者找到而产生挫败感，自信心受到打击，但在好胜心与游戏的吸引下，他们逐渐学会勇敢面对失败与挫折，由此促进了良好意志品质和心理素质的形成。①

当教师从教育学的视野去审视时，自然游戏原本具有的自发的内在教育性便转化为了自觉的外在教育性。正如荷兰学者胡伊青加所言，"儿童游戏具有最本质、最纯粹的游戏形式。""我们可以说，古代的社会游戏，正等同于儿童或动物的游戏。此种游戏在一开始就包含着游戏特有的全部因素：秩序、张力、运动、变化、庄严、节奏、迷狂。只是在社会的后来阶段，游戏才与要在游戏中表现并用游戏来表现某种事物的观念发生联系，即与我们称为'生活'或'自然'的东西相联系。"②同样，在自然游戏进入幼儿园成为幼儿园游戏的过程中，它也逐渐自发、自觉地取得了与教育价值的联系。因此，从教师视角来看，幼儿园游戏所具有的教育性是自觉的和外在的。也就是说，教师在选择与利用自然游戏将其转化为幼儿园游戏时，对于游戏的教育价值是非常清楚的，也正是因为看重了自然游戏中的某些教育价值才会对其进行选择与利用。如在"捉迷藏"游戏中，教师事先分析此游戏对儿童发展的潜在价值，然后才将其引入幼儿园，甚至为了更有效地实现捉迷藏中某些教师看重的教育价值，还会对捉迷藏游戏进行一些改编。在游戏活动之后，教师也往往会从这些教育价值是否实现以及实现的程度来评价这个游戏活动的效果。换言之，这些教育价值就成了教师组织幼儿园游戏的重要依据和目标。因此，对于教师而言，幼儿园游戏的教育性是自觉的和外在的。

总之，人为的"自然性"与自觉的"教育性"使得幼儿园游戏不再完全由儿童主导，而是被自觉地不同程度地打上了教育者的印记，这体现在游戏的场地、人员、材料、内容、时间等各个方面。诚如有研究者所言："幼儿园并没有真正的自由游戏，也没有真正的自由选择。相反，教师已经认真地

---

① 黄晶，刘云艳. 民间游戏"捉迷藏"对儿童的教育价值［J］. 基础教育，2007（8）：28.
② 胡伊青加. 人：游戏者——对文化中游戏因素的研究［M］. 成穷，译. 贵阳：贵州人民出版社，2007：16.

思考过该为儿童提供哪些选择——选择哪个游戏区、选择区域中的哪些游戏材料以及选择如何使用它们。"① 也正因如此,"学者们的研究和建议并不主张教师鼓励儿童进行所有的游戏。他们极力主张的是帮助儿童参与有目的的、高水平的、成熟的游戏。"② 因此,儿童在幼儿园游戏中的选择与决定,必然是在教师不同方式与程度的引导或指导下进行的。总之,幼儿园游戏并不是完全由儿童自己选择、决定与主导的。这就决定了自主性是幼儿园游戏的"应有"之义。因此,如何使儿童在幼儿园游戏中的自主性得到有效保障和充分展现与提升,恰恰是教师在指导幼儿园游戏中需要解决的一个课题。

第二节 幼儿园游戏自主性的内涵与特征

"自主性"是一个在医学、道德、伦理、政治、教育等众多领域中被广泛运用和阐释的术语,经常被用来描述医学伦理、个体行为、政治权力、自由思想、法律地位等。有学者对"自主性"进行了历史考察后指出,"自主性是一个内涵复杂的概念,它包含着自由、独立性、理性(反思)等多重成分。同时它与权力和规范等密切联系,具有关系性。"③ 那么,幼儿园游戏自主性的内涵是怎样的?又具有哪些独特性或特征呢?这里将对这些基本理论问题进行深入探讨。

一、幼儿园游戏自主性的内涵

幼儿园游戏自主性是儿童在幼儿园游戏中体现出的自主性,与"学生自主性""学生学习自主性"等类似,都是"自主性"的一个下位概念。

---

① 格朗兰德. 发展适宜性游戏:引导幼儿向更高水平发展[M]. 严冷,译. 北京:北京师范大学出版社,2014:38.
② 格朗兰德. 发展适宜性游戏:引导幼儿向更高水平发展[M]. 严冷,译. 北京:北京师范大学出版社,2014:7.
③ 柴军应. 学生学习自主性发展研究[D]. 上海:华东师范大学,2016:31.

我国学者熊川武、江玲、董守生、柴军应等均赞同"综合素养说"的界定方式,虽在具体表述方面存在一定差异,但均将"学生自主性""学生学习自主性"视为学生的综合素养,而非某一种具体能力或技能。如董守生就将"学生自主性"界定为"在教育活动中,学生出于自身真实偏好,综合运用多种心智因素,能动地处理自身事务及与外部关系的品性,自主性是学生的能力、品质、特性等综合素养的体现。"[①] 此外,柴军应将"学生学习自主性"界定为"学生在学校教学生活中既独立又积极地转化他主性,在情意、认知和行为上自决与自律的系统性素养。"[②]

幼儿园游戏活动与生活活动、教学活动等共同构成了幼儿园课程实施途径的整体,是幼儿园教育活动的一个有机组成部分和一种独特类型。为此,这里尝试将幼儿园游戏自主性界定为,儿童在幼儿园游戏活动中,出于自身的真实偏好,综合运用多种心智因素,既独立又积极地转化他主性,在情意、行为与认知等方面自决与自律的系统性素养。

此处将主要借鉴柴军应关于"学生学习自主性"具体内涵的分析[③],结合幼儿园游戏与儿童的特点,尝试对幼儿园游戏自主性的具体内涵做进一步分析:

(1) 幼儿园游戏自主性是儿童在幼儿园游戏活动中表现出的自主性。幼儿园游戏作为一种游戏,它具有自然游戏的自由性、愉悦性等基本特征;同时作为一种教育活动,它又具有教育性、选择性、计划性等特征。

(2) 独立性是幼儿园游戏自主性的核心要素。儿童身心各方面发展的特点与水平决定了这种独立性绝非完全脱离他人,而必须适度依赖与合理转

[①] 董守生. 论学生的自主性及其教育 [D]. 上海:华东师范大学,2013:37.
[②] 柴军应. 学生学习自主性发展研究 [D]. 上海:华东师范大学,2016:33-34.
[③] 柴军应. 学生学习自主性发展研究 [D]. 上海:华东师范大学,2016:35.

化他主性[①]，尤其是教师的指导。在幼儿园游戏中，他主性是客观存在的，对幼儿园游戏自主性具有正反两方面的影响。就反面影响而言，他主性的作用过大会限制必要的幼儿园游戏自主性，他主性不合理甚至错误，也会给幼儿园游戏自主性带来不利影响；就正面影响而言，合理适宜的他主性的存在既为幼儿园游戏自主性提供了合理的边界，引导幼儿园游戏自主性不偏离合理轨道，又可以引发儿童生成与提升正向的幼儿园游戏自主性。因此，合理的自主性需要吸收与转化他主性中的有利成分。

（3）幼儿园游戏自主性不是某一单个品性，而是儿童在情意、行为与认知等方面的系统性素养。

（4）幼儿园游戏自主性既包含儿童合理的自愿与自决，又包含自律，而非无所顾忌地为所欲为。

二、幼儿园游戏自主性的特征

幼儿园游戏自主性是自主性的一个下位概念。因幼儿园游戏是儿童在幼儿园中学习与发展的基本活动，因此又是"学生自主性""学生学习自主性"的一个下位概念。柴军应曾从"身份性和情境性""独立性和关联性""系统性和程度性""稳定性和发展性"四个维度[②]具体分析了学生学习自主性的特征。幼儿园游戏自主性虽属于学生学习自主性，但幼儿园中的"儿童"作为一个具体的"学生"，所从事的"幼儿园游戏"又只是一种具体的"学习"类型。因此，这里将主要借鉴柴军应的这一分析框架，结合"儿童"与"幼儿园游戏"的具体特点，尝试分析幼儿园游戏自主性的特征。

[①] "他主性有广义和狭义之分，对学生而言，广义的他主性指社会制度、政策与规范、文化传统、习俗和语言文字等间接影响或作用；狭义的他主性主要来自教育目的、教学内容和教学中他者的直接影响。"（摘自：柴军应. 学生学习自主性发展研究［D］. 上海：华东师范大学，2016：37.）

[②] 柴军应. 学生学习自主性发展研究［D］. 上海：华东师范大学，2016：36-39.

（一）身份性和情境性

这个维度说明幼儿园游戏自主性会因为或随着儿童身份、情境等的不同而有所变化。儿童在家中的身份可能是子女、兄弟姐妹，而在幼儿园中的身份则主要是"学生"——一种特殊的社会和文化符号。以"学生"身份出现在幼儿园中的儿童的主要任务与目的是身心全面和谐发展，参加的主要活动（包括幼儿园游戏在内）是教师有目的、有计划组织与开展的。虽然儿童在幼儿园之外（包括家庭、社区等）也参与各种游戏，但这与渗透和体现了教师的计划性、目的性的幼儿园游戏具有许多重要差异。因而，幼儿园游戏自主性也就具有了许多不同于其他幼儿园之外游戏自主性的特点或表现。

幼儿园游戏自主性也会因情境而发生变化。游戏情境有许多不同的划分和分析维度，依据儿童的熟悉度，游戏情境可以粗略划分为熟悉的游戏情境与陌生的游戏情境。儿童在两种不同熟悉度的游戏情境中的自主性程度往往存在差异。一般情况下，儿童对游戏情境越熟悉，其自主性程度越高；儿童对游戏情境越陌生，其自主性程度也越低。

此外，依据儿童的自由度，游戏情境还可以粗略划分为自由的游戏情境和专制的游戏情境。一般情况下，儿童在自由的游戏情境中的自主性程度相对较高，这是因为自由是幼儿园游戏自主性得以实现与获得发展的必要条件。但同时需要注意的是，自由并非充分条件。换言之，有自由不一定有合理的自主性。具体地说，茫然的自由会导致随心所欲的盲目自主，进而造成负面影响；拥有了自由但不知如何自主，也不是真正的自主性，这种情况在身心发展处于初级阶段的年幼儿童中更为常见，这也是前文在谈到"独立性与自主性的关系"时提到的"适度依赖与合理转化他主性"的原因所在。而在专制的游戏情境中，儿童往往无法正常行使自主权，弱化或丧失了自主欲望，从而影响其自主行为，其自主性程度也往往较低。

（二）独立性和关联性

这个维度说明幼儿园游戏自主性的个别化意义与关系性存在。在独立性方面，儿童个别化程度越高，或者说儿童越不受他者（如教师、同伴等）的影响或制约，幼儿园游戏自主性的独立意义就表现得越充分。可以说，当儿童在幼儿园游戏中能自如地选择游戏内容、材料、玩法、规则等，并与教育目的不相违背时，便基本实现了幼儿园游戏自主性的独立意义。

在关注与强调独立性的同时，也应看到幼儿园游戏自主性的独立性是相对的，是一种关系性存在。具体地说，作为幼儿园教育活动类型之一的幼儿园游戏，必然具有一定的计划性、目的性，并且是在教师指导与创设的情境中进行的；同时，年幼儿童的自主性尚处于不完善与发展之中，需要外界（尤其是教师）的引导。这就决定了合理的幼儿园游戏自主性必然关联到他主性（其中教师对儿童的他主性[①]尤为重要与关键）。当教师对儿童的他主性与合理的幼儿园游戏自主性取向一致时，即当教师对儿童的他主性（如教师通过游戏材料、角色等指导）是为了引发合理的幼儿园游戏自主性（如幼儿在游戏中主动和同伴分享游戏材料）或降低不合理的幼儿园游戏自主性（如幼儿在游戏中破坏或扰乱同伴的游戏）时，就有助于幼儿园游戏自主性的发展。当教师对儿童的他主性的作用表现为抑制（如过度指导）合理的幼儿园游戏自主性时，则会限制与阻碍合理的幼儿园游戏自主性的发挥与发展。在此过程中，"自主性强的行动者一般不会简单地抵制他者的影响，而是对其进行必要的评价与反思，并去粗取精，使之转化为自律的内容。这既丰富了自身的自主性，又满足了他者自主性要求。应该说，这种情况下行动者对他者的要求进行慎思并根据自己的真实情意吸纳其有益成分，与简单的服从行为有本质的区别。"[②] 但需要注意的是，对于年幼儿童而言，对他者（尤其是教师）的要求或指导进行慎思、评价与反思、去粗取精并将其转化为自律内容的意识与能力还非常薄弱。

[①] 柴军应认为，教师自主性作用于学生时，就成为对学生的他主性。相应地，在幼儿园游戏自主性中，教师自主性作用于儿童时就成为对儿童的他主性。

[②] 熊川武，江玲. 论学生自主性[J]. 教育研究，2013（12）：27.

(三）系统性和程度性

这个维度说明幼儿园游戏自主性的发展逻辑。幼儿园游戏自主性是一种系统性素养，是情意自主性、行为自主性与认知自主性的有机结合。唯有把握三个要素之间的有机关系，才能推动幼儿园游戏自主性向着综合性与完整性的方向发展。

同时，幼儿园游戏自主性是一个发展程度非全有或全无的问题。对于儿童而言，他们大多数处于"最小自主性"或者"最小自主性"与"过渡自主性"之间。这种程度性也表明幼儿园游戏自主性会因多种因素（如个体年龄、游戏情境的熟悉度或自由度、他主性的合理与否等）的影响而发生变化。

(四）稳定性和发展性

这个维度说明幼儿园游戏自主性的隐性和显性特征。作为隐性存在，幼儿园游戏自主性往往以情意或认知的形式，活跃于儿童的意愿与观念之中。因情意、认知（尤其是记忆、思维、想象等）一旦形成就不易改变，因而作为隐性存在的幼儿园游戏自主性一旦形成便比较稳定；作为显性存在，它要经过欲望、决策与实践，将儿童的幼儿园游戏观念进行重构，将内隐性存在外化于实践之中，直至形成预期结果。行为自主性一旦形成也较为稳定，因此幼儿园游戏自主性一般不会有较大波动。

同时，幼儿园游戏自主性又是动态的与可发展的，有较长的发展过程。心理学家斯坦伯格等人研究发现，青少年自主性的发展虽不是平滑的直线上升，但总体发展趋势是随年龄的增长而提升。[①] 需要注意的是，幼儿园游戏自主性的发展并非完全随其年龄增长而"自然生长"。教育在幼儿园游戏自主性发展过程中是一把"双刃剑"。具体地说，合理适宜的教育会促进或拓展幼儿园游戏自主性的发展，不当的教育却会阻碍或窄化幼儿园游戏自主性的发展。

[①] 转引自柴军应. 学生学习自主性发展研究［D］. 上海：华东师范大学，2016：39.

第二章　幼儿园游戏自主性的动态性：游戏连续体的视角

幼儿园游戏依其结构化程度可以分为高结构游戏、中结构游戏和低结构游戏，这些游戏共同构成了一个游戏连续体，并且彼此之间存在着多方向与多频次的转化。作为在量与质方面均会因多种因素而动态变化的自主性，在幼儿园游戏连续体上也会发生形态多样的变化。从儿童角色的视角看，这种变化可以体现为游戏的被动参与者、游戏的主动参与者和游戏的积极创造者。

第一节　幼儿园游戏连续体

关于幼儿园游戏的分类多种多样。我国幼儿园教育领域长期以来广泛采用的是苏联学前教育学的一种分类，即将幼儿园游戏分为创造性游戏和教学游戏，其中创造性游戏主要包括主题角色游戏、表演游戏、结构游戏（或称建筑造型游戏、建构游戏），而教学游戏又称为有规则游戏，主要包括体育游戏、语言游戏、智力游戏、音乐游戏。这种分类虽被广泛采用，但也存在诸多问题，如割裂了两类游戏之间的联系与转化的可能，主要体现了二元对立或边界的思维方式。这里试图打破这种思维方式，根据结构化程度（即游戏对于参与者而言的可变化性，或者说游戏允许参与者变化的程度），将幼儿园游戏划分为高结构游戏、中结构游戏和低结构游戏。

影响幼儿园游戏的结构化程度或可变化性的因素有很多，除了幼儿自身之外的因素主要包括游戏自身特性（如完备性、成熟性与稳定性等）、教师对游戏的控制程度等。在众多影响因素中，教师对游戏的控制程度又是最为关键的一个因素。游戏自身特性虽会影响游戏的结构化程度或可变化性，但如果教师鼓励与支持幼儿对一些成熟的、稳定的游戏（如"跳房子""老鹰捉小鸡"等）进行改变，那一般情况下幼儿也会乐于对这些游戏进行程度不同的变化或创新。因游戏（即使一些传承已久的经典民间游戏）在根本上具有"向着无限开放"的特性和不确定性。为此，这里将以教师对游戏的控制程度为主，兼顾幼儿园游戏自身特性，对不同结构化程度的幼儿园游戏进行阐释。

在这三类游戏中，教师的控制程度各异，主要表现为教师扮演的角色、指导的重点内容与方式等方面存在差异。关于游戏中教师的角色问题，约翰逊等人曾探讨了六种不同介入强度的角色，即未参与者、旁观者、游戏管理者①、共同游戏者、游戏指导者以及指挥者/教导者。这些角色从不参与到完全控制，构成了一个连续体（见图2-1）。②

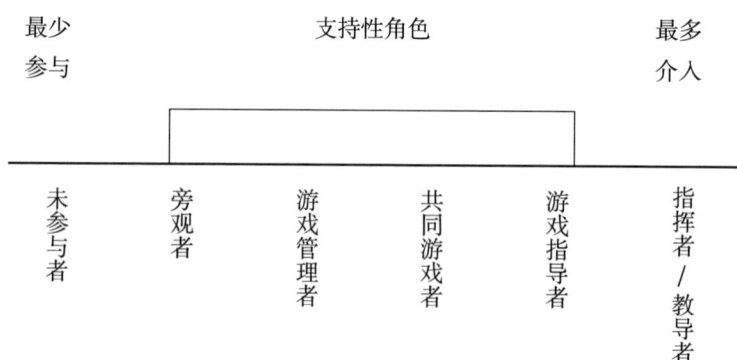

图 2-1　儿童游戏中的成人角色 ③

---

① 英文为"stage manager"，直译为"舞台管理者"，实质指游戏场景的管理者。

② JOHNSON J E, et al. 儿童游戏——游戏发展的理论与实务：第2版 [M]. 吴幸玲，郭静晃，译. 台北：扬智文化，2003：373-383.

③ JOHNSON J E, et al. 儿童游戏——游戏发展的理论与实务：第2版 [M]. 吴幸玲，郭静晃，译. 台北：扬智文化，2003：375.

一、高结构游戏

在高结构游戏中,教师主要扮演指挥者/教导者的角色,对幼儿园游戏进行全方位的干预甚至控制。具体地说,教师会主导甚至控制幼儿园游戏的主题、空间、时间等各个方面。在此过程中,教师虽不直接参与儿童的游戏,但会在一旁监督、指挥,而儿童则主要是教师指令的被动执行者。"指挥者告诉儿童在游戏时玩什么,而教导者提出问题,将儿童引入学术性之有意义的学习。"[1]

在幼儿园中,教师为了实现某种教学目的,为教学服务而设计的教学游戏,经常是高结构游戏的典型表现。此外,当教师将一些经典游戏(如"老鹰捉小鸡""跳房子"等)初次介绍给幼儿时,游戏的主题、规则、空间、材料等都是教师选择、主导与控制的;此外,这些经典游戏往往具有很好的完备性、成熟性与稳定性,因此属于高结构游戏。但需要注意的是,虽然这些经典游戏因其自身特性而具有一种成为高结构游戏的内在倾向,但并非一定是高结构游戏。有时儿童可能已非常熟悉并能自如地开展这些游戏,但只是"参与"这些既定的游戏而没有创新,则此时的游戏依然属于高结构游戏。如果在教师参与、儿童熟悉度等因素共同影响下,儿童能不同程度地对这些游戏进行创新,那么这些经典游戏也可能会成为中结构游戏甚至低结构游戏。

二、低结构游戏

在低结构游戏中,教师主要扮演旁观者、未参与者的角色,对游戏的主题、材料、规则等很少进行干预甚至没有干预。作为旁观者,教师主要是在旁观或观察幼儿游戏,虽也会通过表情、口语等方式支持幼儿游戏,但总体

---

[1] JOHNSON J E, et al. 儿童游戏——游戏发展的理论与实务:第 2 版 [M]. 吴幸玲,郭静晃,译. 台北:扬智文化,2003,2003:382.

不参与、不干扰幼儿游戏。而未参与者则是不注意、忽视幼儿游戏。在低结构游戏中，幼儿完全主导与控制游戏，但这并不意味着教师对这些游戏没有任何影响。幼儿园中的一草一木均是教育者规划与设计的结果，更不要说户外场地中游戏空间的规划、游戏器材的投放以及游戏时间的安排等。只是在低结构游戏中，教师的参与和影响更多是隐性的与间接的，是最低限度的。

幼儿园中大量的户外游戏（如追逐打闹游戏、滑滑梯游戏等）因教师控制程度很低和自身的不稳定性等特性，因而经常是低结构游戏的典型表现。此外，当幼儿完全掌握与主导了教师介绍的经典游戏，同时教师又鼓励与支持幼儿对其进行创新时，这些游戏也会经常变成低结构游戏。和经典民间游戏并非一定是高结构游戏一样，户外游戏虽因其自身特性而具有一种成为低结构游戏的内在倾向，但一旦某些游戏（情节或动作）因广为"流传"而获得了一定的"稳定性"，加之其他一些因素（如教师的鼓励与支持等）的影响，则很可能会成为中结构游戏甚至高结构游戏。

三、中结构游戏

中结构游戏介于高结构游戏和低结构游戏之间的漫长地带，包含众多亚类型，有些倾向于高结构游戏一端，有些倾向于低结构游戏一端，有些则处于二者的中间位置。相应的，教师扮演的角色也是多样化的。

当中结构游戏倾向于高结构游戏一端时，教师主要扮演游戏指导者的角色，虽不像指挥者或教导者那样完全主宰、控制游戏，但会通过调整游戏材料、提问、角色扮演等方式，引入新的游戏主题或拓展原有游戏情节。这在下面的"外卖生意"案例[①]中得到了较好体现。

今天，冰冰和阳阳当上了竹乡小吃店的经理和服务员，他俩开心地在餐厅里有模有样地忙开了：打扫地面、整理桌椅和餐具、吆喝生意……可大约十分钟过去了，一个顾客也没来小吃店。"今天生意真不

[①] 此案例由浙江省安吉县实验幼儿园的窦旭梅老师提供，在此表示感谢。

好,一个顾客也没来,真没劲!"他俩开始着急了。"到底是为什么呢,竹乡旅游团的人也没来。"冰冰是个爱琢磨问题的孩子。听到他这么一说,阳阳跑出店外张望了一下:"你快来看,竹乡旅游团的导游带他们去喝饮料了。"冰冰也跑出去张望:"我们的竹筒饭太贵了,要5元钱,他们的饮料很便宜的。"……

看到这情景,我灵机一动,以顾客的身份说:"你们好,我是表演队的经理,我要外卖。"一听到"外卖",他们来劲了:"对了,我们可以送外卖,请问你们要什么点心?"我故意说了一个菜单上没有的点心:"我们要吃小兔馒头,你们这儿有吗?""没有。"冰冰和阳阳有点泄气。"没关系,我们等会儿才要,能为我们定做十个小兔馒头吗?""好的,好的!"冰冰和阳阳异口同声地回答。接着,他俩跑进点心制作间,向点心师傅们宣布:"不要做竹筒饭了,也不要做青团子了,赶紧做小兔馒头,是外卖。"听到"外卖"这个词,点心师傅们也都有了兴趣:"做什么样的小兔馒头呢?"冰冰俨然是个大经理:"你们是点心师傅,自己动脑筋做漂亮一点,还要快点做好,我们要送外卖的。"点心师傅们忙开了,一边做一边比谁做的小兔馒头最漂亮,而冰冰和阳阳也受到了启发,跑到竹子服装加工厂和模特表演队去吆喝生意:"你们很忙吧,要不要外卖,我们把点心送给你们!"……一会儿,他们兴冲冲地回来了,开始忙活起来:装点心、在菜单上画圈记上点心数量、一起计算总共要多少钱。阳阳说:"我是服务员,我应该去送外卖。"虽然冰冰也想去,但想了想还是同意了:"你要收钱的,我在店里等你。"

案例中,教师通过角色扮演的方式,将"外卖"这一新的游戏情节自然地引入"竹乡小吃店"游戏之中,使儿童的游戏情节得以拓展与丰富。

当中结构游戏倾向于低结构游戏一端时,教师主要扮演游戏管理者的角色,主要在游戏材料、环境创设等方面协助幼儿,而游戏过程主要由幼儿主导。当中结构游戏介于高结构游戏和低结构游戏的中间位置时,教师主要扮演共同游戏者的角色。在此过程中，教师一般扮演游戏中的配角，而主角一般由幼儿扮演。

总之，在中结构游戏中，教师与幼儿均会不同程度地影响游戏开展。此时，幼儿还无法或没有能力完全主导与控制整个游戏，还需教师不同程度的参与和指导。和高结构游戏不同的是，教师只是不同程度地指导游戏，并非完全控制游戏。幼儿园中常见的各种区域活动（如娃娃家、美工区等）经常是中结构游戏的典型表现。

四、从高结构游戏到低结构游戏的连续体

幼儿园游戏自身特性会影响其结构化程度，但并不决定其结构化程度，其究竟属于何种结构化程度的游戏还会受到教师控制程度、幼儿熟悉度与掌握度等众多因素的影响。因此，无论是教学游戏、区域活动还是户外游戏，在不同的发展阶段或情境中，均有可能属于高结构游戏、中结构游戏或低结构游戏中的任一种类型。例如，户外游戏一般是低结构游戏，但当有新的游戏材料或游戏规则出现时，可能需要教师的参与才能顺利开展；或者当教师鼓励与支持幼儿将之前一些"好"的户外游戏"流传"开来而具有了一定的稳定性，并因而获得了成为中结构游戏甚至高结构游戏的倾向或特质，同时教师又不鼓励与支持幼儿对这些游戏创新时，此时的户外游戏就可能属于中结构游戏甚至高结构游戏。同样，当教学游戏（如教师为帮助幼儿练习与巩固新习得的匍匐动作而设计的"特种兵大营救"或"小老鼠运粮食"等教学游戏）初次被介绍给幼儿时，因游戏主题、规则、材料、空间等均是教师事先设计好的，是由教师控制的，所以是高结构游戏。但当幼儿对这一教学游戏逐渐熟悉并能在教师的部分参与下自己开展与部分改变游戏时，它便属于中结构游戏；而当幼儿完全可以自己控制、开展这一游戏，同时又被允许、鼓励与支持对游戏进行创新时，它便可能属于低结构游戏。

因此，幼儿园的具体游戏无法和高结构游戏、中结构游戏和低结构游戏进行静态匹配，而主要是因它们的结构化程度不同而进行动态匹配，并且是不断变化的。总之，这三种不同类型的游戏因其结构化程度的不同而构成了一个幼儿园游戏连续体（见图2-2）。

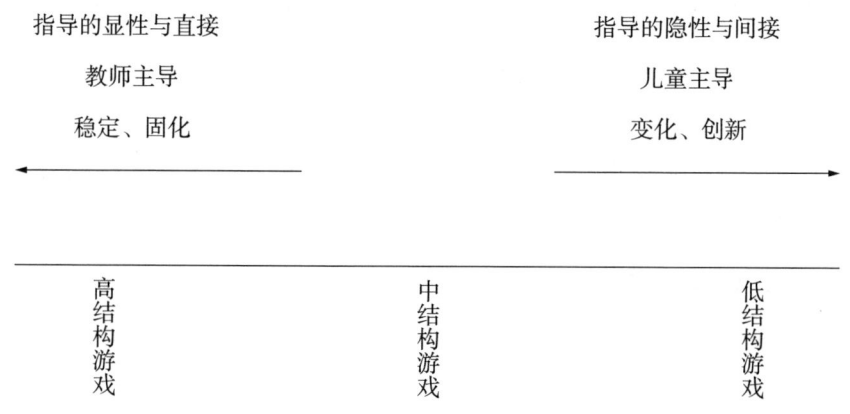

图 2-2 幼儿园游戏连续体

一般情况下，陌生的复杂游戏对幼儿而言，经常会经历一个被幼儿了解、熟悉和创新的过程，同时也往往分属于高结构游戏、中结构游戏和低结构游戏。比如，在竹篾舞、捉迷藏等民间游戏被引入幼儿园的过程中，教师经常以集体活动的方式向幼儿介绍它们，属于被幼儿了解的阶段。此时因游戏的主题、规则、材料等均由教师事先选择与控制，因此主要属于高结构游戏。随着幼儿多次开展此游戏，进而达到熟悉的阶段。此时，幼儿已掌握了游戏的基本玩法，在游戏的主题、规则、材料、空间等方面均有一定程度的选择权和决定权，已能部分主导该游戏，但还无法完全摆脱教师的帮助。此时的游戏便属于中结构游戏。当幼儿继续开展此游戏，在没有教师参与的情况下依然能主动选择与创新该游戏时，此时的游戏便属于低结构游戏。下面的案例[①]就较好地体现了"踩高跷"游戏被幼儿了解、熟悉到创新的过程，亦即从高结构游戏到中结构游戏再到低结构游戏的转化过程。

【游戏片段一】 在大班户外游戏的挑战区中，"踩高跷"游戏吸引

[①] 此案例由浙江省慈溪市实验幼儿园徐爽老师提供，在此表示感谢。

了许多孩子的眼球。在挑战区的老师示范了"踩高跷"游戏后，孩子们不禁拍手赞叹："哇！沈老师好厉害啊！""孩子们，你们也来试试吧！"幼儿听到后都兴奋地去选高跷了，但他们拿到手后却不知道怎样才能让自己站上去。在老师的耐心指导下，许多幼儿经过多次练习后，终于能在高跷上站稳了。站稳了之后，如何走又变成一个难题。老师又多次进行示范并一一指导。幼儿虽还不能完全掌握游戏玩法，但在50分钟的户外游戏时间，每个孩子的兴致都很高。

【游戏片段二】 对于"踩高跷"，幼儿的热情持续了很长一段时间。他们在午后的户外散步时间、下午的自由游戏时间，甚至课间都来挑战区踩高跷。在一次次的游戏中，他们逐渐熟能生巧，玩得越来越好。

【游戏片段三】 随着时间的推移，幼儿对"踩高跷"的热情逐渐减退了，选择玩这个游戏的幼儿也开始减少。一次餐后户外活动时间，绾绾、佳佳、悠悠、嘟嘟在一起踩高跷。佳佳突然想到了一个好主意："现在我是大灰狼，你们是小兔子，我要来抓你们。""好啊好啊，但是我们可不能从高跷上掉下来哦！"悠悠说。嘟嘟说："好的，我们就玩'老狼老狼几点了'，好了，佳佳说12点的时候来抓我们。""好！"大家齐声喊道。游戏开始了。"老狼老狼几点了？""1点了。"……"老狼老狼几点了？""12点了。""啊！快跑！"佳佳稳稳地踩着高跷去追三只"小兔子"。追到"爬爬区"时，绾绾眼看就要被追上了，见势不妙赶紧从高跷上跳了下来，从爬爬区的垫子上爬了过去。"绾绾你犯规了，不能从高跷上下来，你已经输了！"佳佳大声说道。绾绾不服气："没有，这里是爬爬区，我们到这里就不能再走了，我们可以爬过去的。""不行的。"其他两个女孩子也过来劝说："要不爬爬区就是小兔的家，大灰狼追到这里就不能再追了。"……此时，笑笑、阿怀、侃侃看到她们玩得这么高兴，也想加入游戏。游戏氛围变得更加浓厚，于是幼儿根据新拟定的游戏规则继续玩起了游戏。

案例中，在"游戏片段一"中，教师向幼儿示范与讲解"踩高跷"游戏，幼儿虽然很兴奋地积极参与尝试，但因踩高跷中"站"到高跷上"走"这些动作对幼儿具有很大的挑战性，所以此时"踩高跷"游戏主要由教师控制，幼儿还处于对该游戏的了解阶段。因此，此时的"踩高跷"游戏总体上属于高结构游戏。在"游戏片段二"中，幼儿抓住一切可以利用的机会勤加练习，已"熟能生巧"。在练习的过程中，少不了教师的指导和帮助。此时，"踩高跷"游戏开始逐渐由教师控制变为教师和幼儿共同控制，甚至主要由幼儿控制，因而逐渐变为了中结构游戏。到了"游戏片段三"，教师完全从游戏中"退出"，幼儿已能完全掌握、控制与主导"踩高跷"游戏，进而能对"踩高跷"游戏进行自由创新。此时，"踩高跷"游戏对这些幼儿而言已然变成由其主导与控制的低结构游戏了。

实践中，也经常出现自右向左不断转化的情形。比如，幼儿经常会将动画片中看到的一些角色（如奥特曼、灰太狼等）及其言语、行为、情节等引入幼儿园，在自由活动时间自发开展一些战争游戏或超级英雄游戏。此时，这些游戏便主要属于低结构游戏。但当教师关注这些游戏并发现其中经常会出现攻击性行为、破坏行为等"不良"行为时，便决定采用诸多策略与方式介入。此时的游戏便转化为了中结构游戏。当教师再次从中完全退出而将游戏的主导权交给幼儿时，游戏便又再次转化为了低结构游戏。

转化的起点并非一定是高结构游戏或低结构游戏，也可能是中结构游戏。换言之，转化的起点可以是图2—2"幼儿园游戏连续体"上的任一位置。这从下面这个案例[①]中可以窥见一斑。

> 这段时间我注意到区域活动时，只有男孩会到大型积木区游戏，偶尔会有女孩尝试参与，但总是遭到男孩的冷落。最后，女孩只好离开。我试着鼓励女孩选择积木区，但没有成功。我甚至自己到积木区搭建，

[①] 改编自案例"今天男孩不能玩"，此案例出自格朗兰德. 发展适宜性游戏：引导幼儿向更高水平发展[M]. 严冷，译. 北京：北京师范大学出版社，2014：89—90.

并邀请女孩参与，但她们的参与还是很短暂，并且只要我一离开，这个游戏便结束了。为此，我决定采用某种引导措施。我在积木架上贴了一个大大的标志"今天男孩不能玩"。男孩们看到并理解了标志的意思后顿时大叫起来，并纷纷跑来向我询问原因。后来通过集体讨论，最终男孩理解并接受了"每周有一天只有女孩子才能玩积木"的决定。游戏开始了，孩子们选择了各自的游戏区，我仍能听到一些男孩的抱怨声，但女孩们却面带微笑地走向积木区。我们持续执行这个计划，男孩们也逐渐接受了每周有一天不能玩积木。周四时，越来越多的女孩子选择了积木区，她们合作完成了丰富多彩的建构作品。第一周时，积木区仍然被男孩子占领。两周过后，女孩子逐渐能成功加入男孩子的积木游戏。三周后，我组织了一次集体讨论，提出我们不再需要这个每周四排除男孩玩积木的计划了，所有人都同意了。引导措施失效了！

案例中开始时，幼儿在教师创设的积木区中玩的积木游戏主要倾向于低结构游戏一端的中结构游戏；当教师通过言语（鼓励）、游戏邀请等方式干预其中时，此时的积木游戏虽仍属于中结构游戏，但已经开始向高结构游戏一端转化；再到后来规定每周有一天只有女孩子才能玩积木，而男孩子虽勉强接受但仍存抱怨，此时的积木游戏相较之前更接近高结构游戏；再到后来男孩子逐渐接受与习惯了这一规定，同时女孩子也越来越多地选择参与积木区，并能逐渐成功地被男孩接纳，之前的规定虽还存在，但对幼儿的强制性在减弱，此时的积木游戏开始向低结构游戏一端转化；到最终撤销该规定，又主要由幼儿在教师创设的游戏环境中主导积木游戏，此时更是向低结构游戏一端转化。虽然案例中的积木游戏总体上看属于中结构游戏，但在不同时段与阶段，却出现了向高结构游戏或低结构游戏两个不同方向的多次转化。

总之，幼儿园游戏连续体上不同结构化程度的游戏类型之间，均可能会实现自左向右或自右向左的单次或多次转化，起点可以是任何一种游戏类型，并且转化的范围并不一定是两端之间，而是非常灵活与多样化的。有时可能是相邻两种类型（如低结构游戏和中结构游戏、中结构游戏和高结构游戏）之间的转化，有时可能会在同一类型（如中结构游戏）所包含的不同亚类型之间进行转化。

第二节　幼儿园游戏自主性的动态性

自主性会因个体的年龄与身份、所处情境等因素的不同而动态变化，主要体现在量和质两方面。其中，自主性在量方面的差异主要体现为数量的多与少，相对容易理解与判断。自主性在质方面的差异主要体现在以下四个方面：

（1）从和他主性的关系角度看，主要体现为个体批判性地反思、评价、选择、转化与超越他主性的合理性、水平或程度。一般的发展过程是从无条件依赖他主性到开始反思与选择性地接受他主性的影响，再到最终批判性选择与合理利用他主性中的有利因素，进而实现对他主性的超越。

（2）从个体和群体的关系角度看，主要体现为个体从更多关注自我的个体自主性到开始关注与考虑他人的自主性，进而形成自主间性而出现群体自主性，并能考虑、接受与协调群体自主性的影响，最终实现个体自主性和群体自主性的协调发展。柴军应认为学生自主性发展的一个趋向是"由个体自主性向个群结合的自主间性发展"。[①]

（3）从自主性价值的性质角度看，主要体现为从负价值自主性、不合理自主性、低效自主性向正价值自主性、合理自主性、高效自主性的发展变化。

（4）从情智行的均衡性角度看，主要体现为情智行由不均衡逐渐取得均

[①] 柴军应. 学生学习自主性发展研究［D］. 上海：华东师范大学，2016：73.

衡，尤其是认知和行为得到发展与提升后，自主性的"冲动性降低"①或者说"冲动情绪逐渐降低"②。

一、幼儿园游戏自主性在游戏连续体上的动态变化

幼儿园游戏连续体上不同结构化程度的游戏之间存在多方向与多频次的转化。伴随着这些转化，幼儿园游戏自主性也会发生相应的动态变化。从量的角度看，幼儿园游戏自主性的一般变化规律是，在幼儿园游戏连续体上自左向右逐渐增多，而自右向左则逐渐减少；从质的角度看，这个连续体上自左向右并非一定逐渐提升，而自右向左也并非一定逐渐降低。在此过程中，一个重要的影响因素是游戏水平。

关于游戏质量的评价是一个非常复杂的问题，许多不同的研究者进行了富有成效的研究。这里重点介绍美国学者格朗兰德关于儿童游戏三种水平的观点③：

第一种水平是混乱失控的游戏，其特点主要包括：儿童声音很大，音调很高；肢体接触较多，有时儿童行为处于危险的冒险行为的边缘；极端欢闹，儿童失控地大笑和咯咯傻笑；争议较多，经常导致身体或情感伤害。

第二种水平是简单重复的游戏，这种游戏中很少存在安全和噪声问题，但经常包含着重复行为，并且参与度不高，这种游戏过于简单且缺乏想象。

第三种水平是富有成效的高水平的游戏，一种有目的的、复杂的、能够让儿童聚精会神的游戏。这种游戏的特点主要包括：儿童能长时间高度参与；能相互分配角色并在游戏中扮演角色；儿童能在较短时间内通过协商和妥协解决争议并最终达成一致；噪声水平合理，并且在他人善意提醒时容易安静下来；有特定需要时会向教师寻求帮助；儿童会邀请教师观看他们的游

---

① 柴军应. 学生学习自主性发展研究［D］. 上海：华东师范大学，2016：72.
② 董守生. 论学生的自主性及其教育［D］. 上海：华东师范大学，2013：80.
③ 格朗兰德. 发展适宜性游戏：引导幼儿向更高水平发展［M］. 严冷，译. 北京：北京师范大学出版社，2014：10-21.

戏、批准他们的做法与提供反馈意见,但很少需要教师持续介入;儿童使用材料的方式富有创意。

这里所说的第三种水平的游戏和另一学者描绘的"游戏高手"的状态实质相通:"游戏高手是具有想象力的儿童,他有能力运用各种材料,进行持续且复杂的扮演游戏。他可以与人协商,使游戏持续进行,并解决社交及材料的难题。"[1]

幼儿园游戏自主性的动态变化源于(伴随着)幼儿园游戏质量的变化。因此,幼儿园游戏自主性在连续体上质的变化,才不会简单地呈现出自左向右的提升或自右向左的降低。比如,幼儿经常自发开展的追逐打闹游戏、模仿动画片的超级英雄或战争游戏,虽然自主性的量很多,但因其主要是简单模仿并且是重复一些业已熟悉的游戏动作与情节,因此充其量处于第二种水平——"简单重复的游戏"。此时,幼儿自主性在质方面显然较低。这主要体现为幼儿主要受制于他主性(这里主要包括所看动画片以及业已熟悉的游戏主题、情节与角色等);游戏中经常会出现一些攻击行为、碰撞行为等破坏同伴利益的行为,进而出现了一些负价值自主性。此外,幼儿此时的游戏主要基于个人兴趣,而没有主动寻求和应对符合教育目标的各种挑战以提升游戏水平。

面对幼儿自发开展的追逐打闹游戏(此时属于低结构游戏)中经常出现的一些"不好"的行为(如推倒、碰撞等)、简单模仿与重复的情节和行为,教师可以通过分享交流、谈话、调整游戏空间与时间等方式进行干预(此时主要属于中结构游戏)。教师的介入主要基于幼儿园教育的目的与要求,并且对幼儿具有一定的挑战性。这些介入就构成了他主性的重要内容。此时,虽然自主性的量较少,但面对这些他主性,幼儿需要对其进行一定的选择、利用和转化,甚至还会在教师的帮助下进行一定的反思。同时,幼儿不再仅

---

[1] 琼斯,瑞诺兹. 小游戏,大学问:教师在幼儿游戏中的作用[M]. 陶英琪,译. 南京:南京师范大学出版社,2006:25.

仅根据自己的兴趣爱好选择与开展游戏，而会为了应对教师提出的一些要求，选择和开展一些"应该"或"不得不做"的活动。此外，他主性（尤其是教师指导）会调节与改善游戏中原本存在的一些有损他人利益的"不好"行为，控制与减少负价值自主性，而逐渐光大正价值自主性。总之，此时幼儿在中结构游戏中的自主性的量可能有所减少，但质会相对更优一些。

幼儿园游戏自主性（尤其是质）的变化可能是积极的，也可能是消极的，这在很大程度上取决于相应的游戏质量的提升或降低。比如，当教师分析了民间游戏"跳房子"的潜在价值（如不仅可以促进儿童单脚跳、双脚跳、投掷等健康方面的发展，促进儿童对顺序、远近距离等的感知与判断，还可以促进儿童协商、轮流、合作等社会性发展，等等）后，便决定将其引入幼儿园。确定将"跳房子"作为幼儿园游戏的目标主要包括两点：一是练习单脚连续跳，二是探索与发现跳格子的不同方法（纵跳、横跳、对脚跳等）。此时，"跳房子"游戏对于那些之前从未接触过该游戏的幼儿而言，很可能属于一种高结构游戏。此时，幼儿园游戏自主性的量与质均较低。

随着幼儿逐渐熟悉并体验到了"跳房子"游戏的乐趣，他们在教师的帮助下逐渐愿意主动选择与开展此游戏，并能部分地主导此游戏。此时，"跳房子"游戏对于这些幼儿而言便可能成了中结构游戏，幼儿园游戏自主性的量与质也逐渐得以提升。

随着继续开展并能完全掌握"跳房子"游戏，幼儿不再需要教师的帮助，便能主导、开展与创新该游戏。此时，"跳房子"游戏对于这些幼儿而言便成了低结构游戏，幼儿园游戏自主性的量与质也进一步得以提升。

随着幼儿对"跳房子"游戏越来越熟练并能驾轻就熟，幼儿园游戏自主性的量更是进一步得到提升。但因现在的"跳房子"游戏对幼儿而言过于熟悉且缺乏挑战性，进而很可能会由第三种水平"富有成效的高水平的游戏"退化为第二种水平"简单重复的游戏"。相应地，幼儿园游戏自主性的质也开始下降。观察到此种情形，教师决定进行干预，在"跳房子"游戏中又增加了一项新的要求，即根据"房子"中数字的单双，边念儿歌（"见单单脚跳，见双双脚跳，蹦蹦又跳跳，来把房子造"）边跳房子。教师的介入使得"跳房子"游戏由之前的低结构游戏转化为了中结构游戏。此时，幼儿园游戏自主性的量有所减少，但在成功应对、选择、利用和转化新的他主性（这里主要是教师的介入）过程中，提升了幼儿园游戏自主性的质。当幼儿最终又能完全主导新的"跳房子"游戏之后，此时的"跳房子"游戏对这些幼儿而言又成了低结构游戏。此时，幼儿园游戏自主性的量与质均又"更上一层楼"。但这恰恰预示着"跳房子"游戏又很有可能会从第三种水平退化为第二种水平，内在需要开始新一轮的转化。

总之，幼儿园游戏自主性的量与质，在游戏连续体上均是动态变化的，并且和幼儿园游戏的水平具有密切关系。

二、幼儿园游戏自主性的动态性与儿童角色的变化

幼儿园游戏自主性（尤其是质）的积极变化，也需要、体现并促进儿童在游戏中角色的积极变化——从游戏的被动参与者到游戏的主动参与者，再到游戏的积极创造者。

（一）游戏的被动参与者：游戏自主性的萌发

斯宾诺莎认为，"假如有什么事情在我们内部发生，或者说，有什么事情出于我们的本性，而我们只是这事的部分原因，这样我们便称为被动。"[①] 被动的程度不同，可以是完全被动，也可以是部分被动。

一般情况下，当幼儿首次被要求接触和了解教师认为有价值的新游戏时，他们有时可能会因对游戏不了解而不感兴趣，或者只是被漂亮或新异的游戏材料所吸引，此时的幼儿往往是"游戏的完全被动参与者"。此时，幼儿园游戏自主性的量与质均很低。随着幼儿对游戏的逐渐熟悉并能从游戏中获得乐趣，幼儿的注意力也逐渐从游戏的外部包装物转向游戏本身。此时的

[①] 斯宾诺莎. 伦理学［M］. 贺麟，译. 北京：商务印书馆，1958：90.

幼儿便成了"游戏的部分被动参与者",其兴趣部分源于游戏的各种包装物,部分源于游戏本身。此时,幼儿园游戏自主性的量与质均有所提升。

(二)游戏的主动参与者:游戏自主性的壮大

随着对教师介绍的游戏的熟悉与掌握,并在游戏过程中不断获得乐趣,幼儿逐渐由被动参与游戏转变为主动参与游戏。"所谓主动就是当我们内部或外部有什么事情发生,其发生乃出于我们的本性,单是通过我们的本性,对这事便可得到清楚明晰的理解。"[1]此时,幼儿参与游戏的原因就是因为对游戏感兴趣,不再需要教师的奖励、游戏的包装,因此活动中的幼儿便成了"游戏的主动参与者"。此时,幼儿园游戏自主性的量与质均有了进一步提升。但作为游戏的参与者(包括被动参与者和主动参与者),幼儿只能"参与"既定的游戏。具体地说,游戏的主题、材料、玩法都是既定的,幼儿不能随意更改,只能不断重复。因此,到后来这种游戏就会退化成简单重复的游戏,幼儿园游戏自主性的量虽还比较多,但质已开始降低。

(三)游戏的积极创造者:游戏自主性的飞跃

"僵死封闭的规则世界只能生产出机械的产品,不能生发出鲜活的生命,真正的游戏就在过程之中、在对规则(共识的规则而非强制的规则)的尊重和重建中展开"[2]。这就要求教师去除强加在幼儿园游戏上的种种束缚,恢复其"自由"之身与"自我生成与更新"的特性;同时允许、鼓励与支持幼儿在游戏过程中积极创新游戏的玩法、材料,实现一种"游戏式的存在"。"游戏式的存在是一种犹如生命式的自组织存在,是一种历史的、开放的存在,是完满地实现自己的存在,是在对话中不断生发的存在。"[3]这不但恢复了游戏的本性,同时也恢复了幼儿作为人的本性。这就是席勒所说的"只有当人

---

[1] 斯宾诺莎. 伦理学 [M]. 贺麟, 译. 北京:商务印书馆, 1958:90.
[2] 黄进. 游戏精神与幼儿教育 [M]. 南京:江苏教育出版社, 2006:34.
[3] 黄进. 游戏精神与幼儿教育 [M]. 南京:江苏教育出版社, 2006:24.

是完全意义上的人，他才游戏；只有当人游戏时，他才完全是人"。① 此时，幼儿不再是仅仅参与既定的游戏，而是能积极创新游戏，包括发现游戏材料的新特性与玩法、发明游戏的新规则与玩法等，实现了从游戏的参与者到游戏的创造者的质的飞跃，成为游戏的积极创造者。此时，幼儿园游戏自主性的量与质均实现了"凤凰涅槃"般的升华。

总之，幼儿在游戏中的角色从游戏的被动参与者到主动参与者，再到积极创造者的变化，也是幼儿园游戏自主性从萌发到壮大，再到飞跃的一个积极转化过程。这在下面的"跳房子"游戏案例②中得到了较好体现。

在大班户外体育游戏中，教师准备开展民间体育游戏"跳房子"。游戏目标是发展幼儿的注意力和思维灵活性；游戏准备是画有房子外形的数字方格图若干个；游戏玩法是幼儿站在房子的起点格子上，沿着数字顺序用双脚一格一格往前跳，直至跳至终点格。如果跳错格子，那么就停玩一次。教师首先通过示范讲解，帮助幼儿感知游戏材料，了解游戏的玩法。然后，教师问道："谁想来玩一玩？"没有幼儿愿意主动尝试。这时，教师用鼓励的口吻对一个男孩说："凯凯，你愿意来试一试吗？"凯凯在教师的指导下玩了一次游戏。这给了其他幼儿很多信心，立刻有很多幼儿也想来玩一玩。于是，教师引导幼儿分成四组，自由结伴进行游戏。

在分组游戏的过程中，教师观察到：第一组幼儿用"黑白配"的方法决定游戏顺序；第二组幼儿在对格子十分熟悉后，开始用跨跳的方式；第三组中有一名幼儿跑到教师身边告状："老师，有小朋友倒着跳！"第四组有个别幼儿在一旁聊天，未参与到游戏中。

这时，教师提议："我们来比赛吧，比一比哪一组的小朋友可以在最短的时间内完成跳房子游戏！"这一提议迅速激发了幼儿积极参与的

---

① 席勒. 审美教育书简[M]. 冯至，范大灿，译. 上海：上海人民出版社，2003：124.
② 此案例由浙江省慈溪市实验幼儿园蔡春玲老师提供，在此表示感谢。

热情，各组幼儿依次排队，教师一声令下后便开始快速通过"小房子"。最终，第三组幼儿获得了胜利，孩子们开始欢呼雀跃起来。没有赢得胜利的小组表示不服输，要求再来比一次。

这时，教师又在每组场地周围投放了小沙包、皮球、软棒等轻便器械。一名幼儿向教师询问："老师，我们可以玩这些材料吗？""当然可以啊！"教师答道。孩子们迅速拿起自己喜欢的材料开始玩游戏。教师观察后发现，一部分幼儿仍然停留在"跳房子"游戏的场地上，并创造出了一些材料与"跳房子"游戏相结合的新玩法。比如，一名幼儿边拍皮球边跳房子，顺利通过后向同伴大声呼喊着："看我厉不厉害！"另有两名幼儿互相商量出了利用沙包"跳房子"的新玩法：A将沙包投到一个格子内，B从起始位置开始跳，遇到沙包时要越过这个格子，直到终点。还有一组幼儿玩起了"石头、剪刀、布"的游戏，获胜者在"房子"内前进一步，看谁先到达终点。

案例中，教师选择、确定和示范了新游戏"跳房子"，但开始时并没有幼儿愿意主动参与，此时幼儿属于游戏的被动参与者。后来的分组游戏中，除个别幼儿没有参与外，多数幼儿在没有外部奖赏的情况下能主动参与其中，尤其是在后来竞赛阶段，幼儿更是热情高涨，此时他们主要属于游戏的主动参与者。再到后来，幼儿能将教师添加的一些材料（如小沙包、皮球等）创造性地运用到"跳房子"游戏中，并创造出了许多新的玩法，此时他们便主要属于游戏的积极创造者。伴随着幼儿角色的积极转化过程，幼儿园游戏自主性也经历了一个积极转化的过程。

第三章 幼儿园游戏自主性的变化机制：兴趣层次说的视角

幼儿个体自主性中情智行各要素发展不均衡，一般是情意占主导。董守生就认为，"自主性作为一种人的多种心智因素参与的复杂系统，在不同的学龄阶段呈现不同的结构水平，因而具有不同的程度。在低龄阶段（如小学），学生的自主性更多体现在以兴趣为导向的情绪上。"[①]对于学前阶段的幼儿而言，其自主性主要体现在以兴趣为导向的情绪上。由此可见，兴趣是打开幼儿自主性变化机制奥秘的一把钥匙。这里将从兴趣层次说[②]的视角出发，尝试探寻幼儿园游戏自主性变化的机制。

第一节 兴趣层次说

"兴趣是最好的老师"，它是影响儿童学习的一个重要因素。如何判断儿童对活动是否感兴趣以及感兴趣的程度？设想有三名儿童，他们表面看来都对学习活动非常投入，甚至到了废寝忘食的地步。但是，我们能否据此得出"他们对学习活动都非常有兴趣"这一结论呢？答案并非如表面看起来那么简单。第一名儿童刻苦学习的根源是对良好学习成绩、考上名牌学校、家长的重金许诺、教师的表扬以及同伴认可与尊重的渴求；第二名儿童刻苦学习的根源是强烈的求知欲，对学习活动中通过努力不断战胜挑战、困难与自我

[①] 董守生. 论学生的自主性及其教育[D]. 上海：华东师范大学，2013：80.
[②] 秦元东. 兴趣层次说与儿童学习[J]. 幼儿教育（教育科学）. 2006（4）：42-45.

体验的渴望；第三名儿童刻苦学习的根源两方面兼有。在这里，推动他们刻苦学习的动力不同，或者说他们的兴趣分别指向环绕在学习活动周围的"糖衣"、学习活动本身以及二者兼有。因此，在分析儿童兴趣时，仅仅停留在对儿童外部表现的观察远远不够，必须分析儿童兴趣的指向性与兴趣结构。

儿童从事的活动有不同层次，从外到内依次是：社会对从事这个活动的儿童的预期及伴随而来的各种评价；附加在活动上的儿童喜欢的东西（如小红花、教师的口头表扬、家长各种形式的嘉奖等）；活动的组织形式（如拟人化的口吻、各种教具、场景布置等）；活动内容本身……处于活动最内层的是活动内核，包裹在这个内核外面的可以看作不同层次的包装物，这些包装物和活动内核之间有着不同程度的互渗关系。依据儿童兴趣所指向的活动层次，可以将儿童的兴趣划分为感官兴趣、内在兴趣和中间兴趣三种。

一、感官兴趣

感官兴趣，指向的仅仅是活动外部的各种"包装物"，如社会的正面评价、教师的表扬、家长的奖励、同伴的认可等。具体地说，指活动本身无法使儿童得到满足，之所以从事这个活动，是因为这个活动可以为他带来各种外部的东西。

为了让儿童从事这样的活动，教师必须对活动进行各种各样的包装，以刺激与引起儿童的感官兴趣。但"使对象和观念变得有趣的原理，同样意味着对象和自我的分离。当事物必须被赋予兴趣时，那是由于事物本身缺乏兴趣"。儿童的注意"永远不是指向基本的、重要的事实，而仅仅是指向环绕着事实的有吸引力的包装物"[1]。

通常情况下，引起感官兴趣的阈限会越来越高，类似凯兹所说的"毒瘾反应模式"，即当药效消失时，要再打一针更强的药。这种毒瘾反应模式会将教师与儿童之间的关系局限于永无止境的提供与接受中。更为严重的是，

---

[1] 杜威. 学校与社会·明日之学校 [M]. 赵祥麟，等译. 北京：人民教育出版社，1994：171，174.

这种情况会剥夺儿童自行生成有趣的、有意义的活动，让他们变成被动的接受者，需要别人来"侍候"他们，刺激他们。因此，这种感官兴趣在根本上是被动的、依赖性的，即儿童的感官兴趣越浓厚与强烈，对外界的依赖也越强烈，并将最终形成一种恶性循环。

感官兴趣的被动性和依赖性，同时决定了感官兴趣很难持久，容易出现"兴趣疲劳现象"。为了防止儿童出现兴趣疲劳现象，教师会绞尽脑汁设计一些更加新异的活动包装物；儿童对活动内容本身的兴趣也将逐渐被削弱。

活动中，当儿童的兴趣是感官兴趣时，虽然表面看来，儿童可能也会积极参与活动，但他是为了获得自己关注与感兴趣的、环绕在活动周围的各种形式的包装物。在这里，活动仅仅是工具与手段，这些包装物才是儿童所追求与看重的结果和目的。

二、内在兴趣

与感官兴趣相对的内在兴趣，指向的仅仅是活动内容本身，即活动内核。具体地说，活动本身就可以让儿童获得足够满足，不再需要各种形式的包装物。这种内在兴趣符合杜威所说的"真正的兴趣原理"。"真正的兴趣原理是所要学习的事实或所建议的行动和正在成长的自我之间公认的一致性的原理；兴趣存在于行动者自己生长的同一个方向，因而是生长所迫切需要的，如果行动者要自主行动的话。"也就是说，"真正的兴趣是自我通过行动与某一对象或观念融为一体的伴随物。"[①]

这种内在兴趣指向并依赖于活动内容本身，个体的满足感源于活动中自我的超越、活动中各种意外发现的惊喜体验，等等。因此，内在兴趣本质上是主动的，会随着儿童活动的拓展与深化而不断得到加强；反过来，它又会激发儿童进一步拓展与深化学习活动，最终形成一种良性循环。

也正是在这种意义上，蒙台梭利主张"废除奖励和外在惩罚"，"因享有

[①] 杜威. 学校与社会·明日之学校 [M]. 赵祥麟，等译. 北京：人民教育出版社，1994：172，175.

自由和守纪律的人，他所追求的不是使他受到轻蔑而感到沮丧的奖励，而是从他的内在生命中产生的人类的力量、自由的源泉和更大的积极性。"[1] 内在兴趣最终消解了儿童学习活动中各种形式的外部奖赏（如教师表扬等）存在的合理性与必要性的基础，也使得环绕在活动周围的各种形式的包装物变得越来越不重要，甚至变得多余。

此时，如果教师还坚持使用各种形式的外部奖赏，对活动进行各种形式的包装，那么就可能产生"画蛇添足效应"。有学者研究指出：假设我们奖赏儿童去做他们本来就感兴趣的事，儿童反而会慢慢失去兴趣。换言之，奖赏会降低儿童自发地从事某个活动的意愿。[2] 这就是"画蛇添足效应"。

"画蛇添足效应"的产生机制是怎样的呢？国外有研究者认为，"物质奖赏的反效果是因为奖赏会引起暂时性的心理组织和功能的退化"，奖赏将受试者的心理功能转移至一种较"原始"的状态，而且将"挑战的层次由最高层次（内发动机）降低到较低的层次（外诱动机——编者按）"。因此，"原来没有奖赏时，觉得有趣且富挑战性的事，在出现奖赏后，就变得困难且令人沮丧"。这主要是因为，"在有奖赏的预期心理下，受试者会选择较容易、不那么有挑战性的工作，以增加得到奖赏的机会"[3]，而那些原本有趣且富有挑战性的事却因有可能使儿童失败而变得令儿童沮丧。

"画蛇添足效应"形象地反映出儿童从事其感兴趣的活动时，已经从活动本身得到了应有的报偿；此时若再给予儿童不必要的奖赏，或者用各种新异的包装物包裹活动，反而会变得多余，甚至出现负面效果，即会逐渐侵蚀儿童原本对活动本身的兴趣，引导儿童的关注点从活动内容本身，逐渐转向各种形式的活动包装物，并有可能最终导致儿童丧失对原本感兴趣的活动的

---

[1] 蒙台梭利. 蒙台梭利幼儿教育科学方法[M]. 任代文, 译. 北京：人民教育出版社, 2001：123.

[2] KATZ L G, CHARD S C. 探索孩子心灵世界——方案教学的理论与实务[M]. 陶英琪, 陈颖涵, 译. 台北：心理出版社, 1998：53.

[3] KATZ L G, CHARD S C. 探索孩子心灵世界——方案教学的理论与实务[M]. 陶英琪, 陈颖涵, 译. 台北：心理出版社, 1998：56.

兴趣，由原来的内在兴趣最终转变为感官兴趣。在下面的案例[①]中，教师不恰当的外部奖赏的运用就产生了"画蛇添足效应"。

在大班户外游戏中，我们将场地划分为多个游戏区，如骑骑区、跳跳区、爬爬区、拍拍区、休闲区等，每个区都有老师进行管理，幼儿可自由选择喜欢的游戏区进行游戏。

在诸多户外游戏区中，跳跳区属于冷门区。由于许多幼儿还没有掌握跳绳的技能，所以不敢来挑战。天天、亦如、囡囡三个小朋友商量着："我们一起来玩踩绳子的游戏吧！"两个小朋友一人拿一端绳子，贴在地面上快速地左右移动。另一个幼儿来踩绳子，如果踩住了就算赢，可以继续游戏；如果没踩住就要和拿绳子的小朋友交换。踩绳游戏吸引了许多幼儿前来围观，并且许多幼儿也参与其中一起游戏。跳跳区顿时热闹起来。管理跳跳区的老师感到非常欣喜，于是对来参加游戏的幼儿分发"聪明豆"，这让幼儿的积极性高涨。经过几天奖励之后，幼儿对跳跳区的浓厚兴趣促使老师不再使用"聪明豆"。

幼儿："老师，我们来玩喽，给我们一颗聪明豆。"

老师："今天我们不发聪明豆了，你们自己进区玩吧！"

幼儿："啊？为什么没有聪明豆了？"

幼儿："那我们去骑骑区玩吧！"

有幼儿发现没有"聪明豆"就离开了跳跳区，选择到其他游戏区开展游戏。

案例中，当幼儿全身心地投入自己发明的"踩绳"游戏中时，他们已经从游戏中获得了足够的满足，此时的兴趣属于内在兴趣。但"聪明豆"这一外部奖赏的介入，虽短时看幼儿参与的兴趣维持在很高的水平，但实质上对正沉浸在游戏中的幼儿而言是一种干扰。"聪明豆"的介入，使幼儿的关注

[①] 此案例由浙江省慈溪市实验幼儿园徐爽老师提供，在此表示感谢。

点从游戏本身开始逐渐转变为"聪明豆"。最后,"聪明豆"甚至成为幼儿参与的主要吸引力和兴趣所在。也正因如此,当幼儿发现没有"聪明豆"后,便纷纷离开跳跳区,另择他区。

活动中,当儿童的兴趣是内在兴趣时,活动既是目的也是手段,实现了手段与目的的内在统一。此时,各种形式的外部奖赏和包装物都失去了存在的必要性与合理性,是多余的了。

三、中间兴趣

介于感官兴趣和内在兴趣之间的中间兴趣,既部分指向活动的包装物,又部分指向活动本身。具体地说,儿童能够从活动本身获得一定程度的满足,但还不足以激励儿童全身心投入活动,因此需要一定程度的"包装物"。儿童从活动本身获得满足的程度,和对活动包装物的需要程度成反比或负相关。

中间兴趣包含感官兴趣和内在兴趣两种成分,可以粗略地划分为感官兴趣主导型中间兴趣、内在兴趣主导型中间兴趣、感官兴趣与内在兴趣势均力敌型中间兴趣。中间兴趣兼具感官兴趣的被动性和内在兴趣的主动性,主动性程度和内在兴趣所占比例成正比,与感官兴趣所占比例成反比。

在现实活动中,儿童的兴趣很少是极端的感官兴趣或内在兴趣,更多介于二者之间,是一种复合型中间兴趣。随着活动的变化,儿童的中间兴趣也会相应地发生变化。教师的一个重要职责就是尽可能帮助与推动儿童的中间兴趣逐渐向内在兴趣方向积极转化。

四、从感官兴趣到内在兴趣的层次结构

这里将兴趣看作一个层次结构,感官兴趣和内在兴趣分别居于兴趣层次结构的两端,介于两端之间的广泛地带就构成了复合型中间兴趣(见图3-1)。

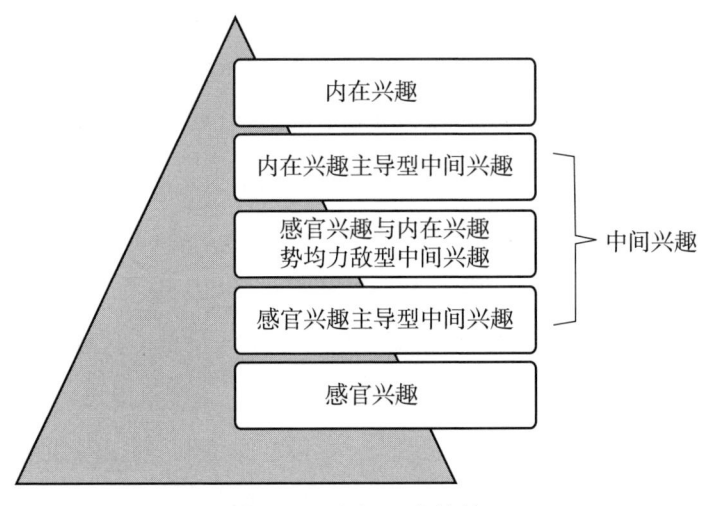

图 3-1 兴趣层次结构

图 3-1 中不同层次的兴趣之间的区别源于兴趣指向性的差异。在现实中，随着活动的变化，特别是随着儿童从活动中获得满足程度的变化，以及儿童对活动包装物关注与依赖程度的变化，儿童兴趣的指向性也会随之发生相应的变化。因此，三者之间的区别是相对的，在一定条件下可以相互转化，既可能是自下而上的积极转化，也可能是自上而下的消极转化。

第二节 变化机制：儿童兴趣层次的转化

从儿童兴趣层次的视角看，儿童兴趣层次的转化会在很大程度上引发与推动幼儿园游戏自主性的变化。在实现儿童兴趣层次积极转化的过程中，外部奖赏的合理运用和"留白"策略的巧妙运用至关重要。

一、合理外部奖赏：引发儿童兴趣层次积极转化

合理运用外部奖赏（不仅包括小红花、五角星之类物质层面的东西，还包括诸如教师的口头表扬、微笑、点头、同伴认可等精神层面的东西），可以引发儿童兴趣层次的积极转化，进而激发幼儿园游戏自主性的积极转化。

在活动对儿童价值最大的前提下，外部奖赏合理性的基础是感官兴趣，并且合理性的程度随感官兴趣和内在兴趣比重的变化而变化。这就要求教师在具体运用外部奖赏时，及时洞察儿童兴趣中感官兴趣和内在兴趣比重的微妙变化，据此调整外部奖赏的强度。具体地说，当儿童兴趣逐渐自下而上积极转化时，教师需相应逐渐降低外部奖赏的强度，这就是退出策略；反之，当儿童兴趣逐渐自上而下消极转化时，教师就要相应逐渐提高外部奖赏的强度，这就是介入策略。这两种策略背后的一个假设是，兴趣和学习之间是相辅相成的关系。虽然两种策略的方向相反——一个是退出，一个是介入，但其目的是一样的，即最终的退出。介入策略的使用，是由于儿童从活动本身获得的满足不足以促使他参与活动。通过外部奖赏的介入，可以诱导与推动儿童参与此活动。随着活动不断深入，儿童逐渐从活动中获得不同程度的满足，即所谓"知之愈深，爱之愈切"。当儿童从活动本身就可以获得足够满足时，外部奖赏就可以退出了。

因此，当某一活动对儿童非常有价值，并且儿童对此活动具有不同程度的感官兴趣时，外部奖赏就具有一定的合理性。这可以用一个比喻说明：一个儿童生病了，为了治病，他必须吃一种很苦的药，但他偏偏因为药很苦而不肯吃。后来，医生在这个药中添加了他喜欢吃的糖。这个药越苦，需要添加的糖也就越多。就这样，儿童顺利地将药吃了下去，病也慢慢好了。在这个比喻中，药类似于儿童教育中很有价值的活动。当然，对于某些儿童而言，虽然这个药苦，但是可以下咽，甚至他们还很喜欢这种味道。这时就没有必要在"药"中添加诱人的"糖"了。

在此过程中，教师必须小心一个误区，即活动是否有价值。外部奖赏合理的前提是，这个活动必须有价值，并且在众多有价值的活动中，这个活动的价值相对最大。如果活动对儿童只有负面价值，即药不是"良药"，而是"毒药"，那么"毒药"外面包裹的"糖"越诱人，其危害性就越大。因此，教师判断在幼儿园游戏中是否采用外部奖赏手段时，首先要判断这个游戏的价值，其次要判断哪些儿童对这个活动具有感官兴趣，最后对这些儿童采取相应的外部奖赏。

此外,教师还必须注意避免另一个误区,即活动对谁有价值。很多情况下,教师认为有价值的活动,未必对儿童也有价值。比如,当前有些人打着弘扬国学的旗号,大力鼓吹儿童读经。读经对儿童是否有价值呢?即使有,价值又有多大呢?除了读经,是否还有其他更有价值的活动呢?儿童教育中还存在大量类似现象,包括名目繁多的所谓早期智力开发、兴趣班与特长班、各种形式的辅导班,等等。其中不乏有些确实有价值,但也有很多价值甚微,甚至个别还可能有负面价值。

避免这些误区的根本在于,克服成人中心,从儿童的角度考虑问题,判断活动是否有价值以及价值的大小。

在下面的"小蝌蚪找妈妈"的游戏案例[①]中,教师就在较好地观察、把握与分析幼儿兴趣状态的基础上,合理使用了外部奖赏。

> 在开展完中班语言教学活动《小蝌蚪找妈妈》后,教师将故事角色的头饰投放到表演区,便于幼儿在区域游戏时间开展表演游戏。
>
> 区域游戏时间开始了,小羽兴奋地跑进了表演区。这时,表演区内还有希希、晶晶和逸逸三个小朋友。小羽是一个表演欲望和语言表达能力都特别强的孩子,她迅速发现了"小蝌蚪找妈妈"的头饰,开心地建议道:"我们来玩小蝌蚪找妈妈的游戏吧,我想演白鹅妈妈!"希希是小羽的好朋友,立刻应声说:"好的,那我演乌龟妈妈!"逸逸比较内向,还没有反应过来。小羽有些着急了:"快说啊,你们演什么啊?"晶晶说:"我觉得小蝌蚪找妈妈不好玩,我想自己看书!"小羽不开心地说:"唉,你们两个一点都不好玩!"
>
> 教师见状,拿起一个小蝌蚪的头饰说:"我们一起来表演故事好吗?"看到有的孩子还在犹豫,教师又说:"哪个小朋友愿意和我一起来表演小蝌蚪,我们就奖励他一个大拇指贴纸!"晶晶受到了奖励贴纸的

[①] 此案例由浙江省慈溪市实验幼儿园蔡春玲老师提供,在此表示感谢。

吸引，马上说："那我来演小蝌蚪吧！"逸逸在大家的鼓励下扮演起了鸭妈妈。表演游戏开始，教师和晶晶一起扮演小蝌蚪。在他们的带领下，故事表演顺利进行。幼儿开始感受到和同伴合作表演的快乐。第一次表演游戏结束后，教师在晶晶的衣服上贴了一个鲜艳的大拇指。其他幼儿见状，争着抢着要来扮演小蝌蚪。第二次游戏中，小羽自告奋勇来扮演小蝌蚪。表演结束后，教师问："大家觉得小羽哪里表演得很棒？"希希说："小羽的声音很响亮！"晶晶说："小羽还有动作！"教师也给小羽贴上了大拇指贴纸。小羽得到了教师和同伴的肯定，脸上笑开了花。

在接下来的游戏中，幼儿轮流表演了各种角色。至此，虽然教师没有再使用大拇指贴纸，但孩子们依然玩得非常开心。小羽拿起表演区内的"小海豚"头饰，说："我要表演海豚妈妈啦！"表演小蝌蚪的幼儿迎上去大声喊："妈妈，妈妈！"其余幼儿都乐不可支。

案例中，教师首先肯定了表演游戏"小蝌蚪找妈妈"对幼儿的价值，但也发现幼儿在游戏中遇到了困难，主要包括"故事表演的内在兴趣不足"和"无法掌控情节变化"。为此，教师果断采用了"外部奖赏"策略，包括物质层面的"大拇指贴纸"和精神层面的教师表扬、同伴肯定等，由此吸引了原本不愿意参与的幼儿（如晶晶），使其也能参与游戏。随着幼儿从游戏中获得的乐趣越来越多，教师最终取消了"大拇指贴纸"的运用。在此过程中，教师能在观察、分析与洞察不同幼儿兴趣状态的基础上，适时合理地运用外部奖赏的"介入"与"退出"策略，进而引发与推动幼儿从感官兴趣到内在兴趣的积极转化。需要特别注意的是，当教师发现幼儿参与游戏的兴趣最终转化为内在兴趣时，能果断地"退出"外部奖赏。在此过程中，幼儿园游戏自主性也相应地发生了积极变化。

二、巧妙"留白"：助推儿童兴趣层次适时飞跃

在幼儿园游戏中，"外部奖赏"的合理运用可以引发儿童兴趣层次的积

极转化，以达到内在兴趣。此时，儿童是主动参与游戏活动的。但如果儿童不能随意创新游戏的主题、规则、材料等，仅仅是在既定游戏规定的封闭系统内不断重复，那么就从根本上违背了游戏的本质。"游戏具有一种自我生成与更新的特性。在游戏过程中，由于多种因素（如游戏材料的增减、游戏中其他儿童的言行或其他一些刺激等）的影响，儿童有可能生成与更新游戏。"因此，"游戏是一个往返重复、自我更新的结构。游戏有一个开放的结构，它的运动无穷无尽。"[①]此时，就存在着一个矛盾，幼儿园游戏的固定性与封闭性限制了儿童内在兴趣的主动性，最终导致儿童的内在兴趣不断衰竭。当儿童的内在兴趣逐渐衰竭，进而向中间兴趣方向转化时，教师就需要使用一定的"外部奖赏"，以保证儿童能参与到幼儿园游戏中。此时外部奖赏的介入在保证儿童参与幼儿园游戏的同时，也能使儿童进一步从中获得游戏乐趣，进而又赋予儿童一种向内在兴趣方向转化的倾向与动力。

但由于此时的矛盾并没有得到彻底解决，特别是幼儿园游戏的固定性与封闭性并没有被打破，因此儿童的兴趣只能短暂地处于内在兴趣一端。紧接着又会重复前面的过程……只要幼儿园游戏的固定性与封闭性不能被有效冲破或打破，就一直会重复这个过程。

如何才能从根本上破解这一矛盾，进而助推儿童兴趣层次质的飞跃呢？巧妙"留白"是关键。"留白"是中国传统绘画中非常关键的一项技巧，以强调和追求意境[②]为特色。我们在许多中国山水画中经常见到墨色与大面积空白并存，此处的"空白"就是运用"留白"技巧的体现。殊不知，正是"空白"的存在赋予了山水画以灵性与气韵，正如王翚、恽格所言，"人但知

[①] 黄进. 游戏精神与幼儿教育［M］. 南京：江苏教育出版社，2006：22.

[②] 意境，又称境界，是一种富有形而上意味的意象，但又有自身的特殊规定性，其形成与老子、庄子的哲学和美学思想有密切关系。"象"是有限的，而"境"则是一种"象外之象"，不仅包括"象"，而且包括"象"外的虚空，是"实"与"虚"的统一，简言之，"境"是一种突破了有限形象的无限的"象"，是虚实结合的"象"。因此，意境超越了具体、有限的物象、事件、场景，从而进入了无限的时间和空间，即所谓的"胸罗宇宙，思接千古"。

有画处是画，不知无画处皆画。画之空处，全局所关……空处妙在，通幅皆灵，故云妙境也。"

借用中国传统绘画中的"留白"思想，幼儿园游戏中的"留白"策略的核心即是给儿童留出自由创造的"余地"，主要体现在游戏材料、玩法、时间和空间等方面。正是这种儿童自由创造的"余地"赋予了幼儿园游戏以灵活性与开放性，使教师介绍给儿童的游戏材料、玩法不再是对儿童的束缚，而是儿童得以自由创造的基础与资源。比如，有的幼儿园在开展了"手帕游戏"之后，在墙面上留了一个空白"手帕变变变"，让幼儿大胆发挥想象，把手帕变成各种各样的物体；在竹筒竹条系列民间游戏历史演变的过程中，某幼儿园开始时只是向幼儿介绍了几种基本的游戏材料和玩法，随着幼儿对材料与玩法的不断熟悉，教师鼓励幼儿大胆创新，发展至今，该幼儿园已经积累了20多种竹筒竹条系列游戏。在下面"跳跳区"的游戏案例[①]中，教师正是巧妙地运用了"留白"策略，推动与支持幼儿不断探索、拓展与创新游戏。

户外"跳跳区"中新添了几根竹竿，孩子们第一次看到，觉得非常新奇，有的两人抬着走，有的两根竹竿交叉着打来打去，出现了一定的危险性。于是，教师把孩子们集中起来，然后说道："我们今天玩个新游戏吧！这个游戏可以三个或四个小朋友一起玩，其中两个小朋友手拿竹竿面对面蹲下，用竹竿同时分合敲击，另一个小朋友在中间看准竹竿的分合，找准时机跳进或跳出。大家可以自己选择小伙伴一起试一试。"幼儿们开始尝试，露露、安琪、琪悦由于节奏没有统一，刚开始跳的时候经常出现因配合不好而夹脚的现象。三人嘟着嘴来找老师："老师，我们不会玩。"老师就蹲下来，和幼儿们一起玩，引导幼儿学习最简单的玩法（分分合）的节奏。同时为了让两个拿竹竿的幼儿节奏更加统一，教师还为幼儿提供了两块竹匾放在竹竿的下面，让他们敲的时候有

[①] 此案例由浙江省慈溪市实验幼儿园华宴扦老师提供，在此表示感谢。

声音，便于幼儿更好地掌握节奏，进而使节奏更加统一。

经过一段时间的游戏以后，幼儿初步掌握了竹竿的玩法，大部分孩子基本都能协调地跳竹竿。老师就开始引导幼儿："除了这种玩法以外，还有哪些玩法呢？"这时，教师提供打孔的竹筒、小椅子、小旗、音乐等不同材料，鼓励幼儿探索竹竿的不同玩法，同时提醒幼儿活动时注意安全。经过一段时间的自由探索，幼儿有了很多新的玩法和创新。如"跳竹竿"游戏的创新：幼儿竹竿跳法由之前的单人跳，到后面的双人、三人合作跳，并加入舞蹈动作；竹竿敲打由之前的平行敲，开始尝试玩十字竿（两组竹竿交叉）和方形竿（四组竹竿摆成正方形），十字竿需要四人共同在十字竿上转着跳。除了"跳竹竿"游戏的创新之外，还有很多关于竹竿玩法方面的创新，如有的把竹竿放在胯下当马骑；有的把竹竿插入竹筒当跨栏用；有的把竹竿放在地上搭成格子，用来"跳房子"；有的把竹竿放在地上，双脚立定跳"小河"；有的把竹竿放在椅子上，用来"钻山洞"。最后，教师引导幼儿将这些小游戏变成一个综合游戏：结合游戏场地，把多个游戏进行嫁接，先"骑小马"来到起点，然后再进行"跳房子""钻山洞""走小河""跳竹竿"，到达插着红旗的终点。

案例中，当幼儿刚开始拿到竹竿无序地玩并出现一定危险性时，教师及时介入，向幼儿介绍了"跳竹竿"游戏。当幼儿逐渐熟悉与掌握了"跳竹竿"游戏后，教师又添加了一些新材料，并鼓励幼儿探索新的玩法与创新游戏，这便是"留白"策略的运用。由此，之前"跳竹竿"游戏的基本玩法、规则等便成了幼儿创新游戏的基础与资源，同时获得了无限开放的"未完成性"，进而也才有了后来"跳竹竿"游戏多方面的创新，以及以"竹竿"为材料的多种新玩法。在此过程中，幼儿逐渐由"游戏的主动参与者"升华为"游戏的积极创造者"，儿童的兴趣也由自我衰竭的内在兴趣升华为自我强化的内在兴趣，实现了兴趣层次的飞跃。与此同时，幼儿园游戏自主性也实现了积极变化。

第三节 必要条件：适宜的教师指导

在众多影响因素中，适宜的教师指导是引发、推动和支持幼儿园游戏自主性积极变化的一个必要条件，具有动态性和生态性等核心特质。

一、适宜的教师指导是必要条件

幼儿园游戏自主性是发展变化的，具有很强的可塑性。在此过程中，包括教师指导在内的他主性是一个重要因素，而适宜的教师指导是幼儿园游戏自主性积极变化的一个必要条件。

适宜的教师指导是必要的，但其目的是为了支持与推动幼儿园游戏自主性的积极变化。因此，当教师指导完成了这一"使命"后，就要果断地"退出"，切不可过分沉迷于"指导"。对此，有研究者也明确指出，"对有效的教师而言，介入和退出儿童游戏的过程，是一个要认真对待的过程……教师通过观察游戏进展来判断，这群儿童中是否存在能成功推动游戏发展的领头人，或者他们是否需要教师介入并短时间领导游戏，帮助他们提高游戏水平或是增加游戏难度。但教师很快又会退出游戏，让儿童重新主导。"[①] 总之，教师指导的发起需要智慧，同样教师指导的退出也需要智慧。这些都是适宜教师指导的应有之意。下面这个案例[②]就较好地体现了教师指导"介入"和"退出"的智慧。

> 小班幼儿正在玩角色游戏，蓬蓬和丞丞今天选择了烧烤游戏。蓬蓬和丞丞来到烧烤摊，摆放好烧烤架、竹棒和"食物"后，就开始了自己的工作。蓬蓬负责把"食物"穿进竹棒，丞丞承担烧烤任务。就这样，

[①] 格朗兰德. 发展适宜性游戏：引导幼儿向更高水平发展[M]. 严冷, 译. 北京：北京师范大学出版社, 2014：63.

[②] 此案例由浙江省慈溪市实验幼儿园徐晶老师提供，在此表示感谢。

他们机械地重复进行着手上的工作。十分钟过去了，桌上摆满了烧烤好的"食物"。这时，娃娃家的"妈妈"带着"宝宝"来买烧烤。"妈妈"问："这个鸡翅多少钱？"丞丞答道："1元。""好吧，那我要3串。""妈妈"把钱给了丞丞，拿了三串"鸡翅"走了。之后，烧烤摊又陷入了安静，两名幼儿又继续他们的劳动。

看到这里，教师穿上了一件围裙并来到烧烤摊，问孩子们："我能加入你们的工作吗？"得到肯定的回答后，她便开始吆喝："香香的烧烤，好吃的烧烤，快来买呀……"许多"顾客"被吆喝声吸引了过来，原本安静的烧烤摊突然有了生气：我要5串牛肉，我要3串青菜……忙过这阵后，教师对两名幼儿说："我现在有点事要离开一下，你们像我刚才那样招揽顾客吧！"并让他们学习了招揽顾客的方法和语言。教师离开后，两名幼儿试着吆喝了一下，没想到真的引来了购买的"顾客"，他们的积极性因此变得更高了。

案例中，当发现烧烤摊过于安静，而蓬蓬和丞丞只知埋头工作却不知招揽客人时，教师果断地通过主动"应聘"进入烧烤摊工作，进而通过吆喝招揽顾客。当认为蓬蓬和丞丞已经感受到这种"吆喝招揽顾客"方法的有效性并帮助他们学习了吆喝的方法和语言后，教师又选择了"悄悄离开"。总之，教师通过适宜的指导（包括适时的"介入"和巧妙的"退出"）支持与助推了幼儿游戏水平，提升了幼儿园游戏自主性。

二、适宜的教师指导的核心特质

唯有适宜的教师指导（而非所有教师指导），才能引发、推动与支持幼儿园游戏自主性的积极变化。适宜的教师指导具有多方面特点，而动态性与生态性是其核心特质。

（一）动态性

幼儿园游戏自主性的动态性决定了适宜的教师指导必然是动态变化的。教师指导的动态性具体体现在指导程度、指导内容、指导角色和指导方法等多方面。

1. 指导程度的动态性

支架式教学是建构主义者提出的一种教学模式。这种教学既强调学生的主动性，同时也强调教师的作用。但教师在教学中的作用随着儿童学习能力的提高而逐渐弱化，直至最终"退出"，以使儿童独自探索、学习。具体地说，在支架式教学中，教师作为文化的代表引导着教学，使学生掌握和内化那些能使其从事更高水平的认知活动的知识技能，这种掌握和内化是与儿童的年龄和认知水平相一致的。儿童一旦掌握并内化了这些知识和技能之后，教师便从中"退出"，让儿童独自探索、学习。简言之，教师通过支架（即各种形式的指导帮助）把管理调控学习的任务逐渐由教师转移给儿童，最后撤去支架。

支架式教学包括三个环节，即预热、探索和独立探索。其中在探索这一环节中，首先可以由教师为学生确立目标，用以引发和展开情境的各种可能性，让学生进行探索尝试。这时的目标可能是开放的，但教师可以对探索的方向产生影响。在此过程中，教师可以给予启发引导，但要逐渐增加学生的探索性成分，逐步让位于学生自己的探索。由此我们可以发现，支架式教学与有指导的发现法相似，都强调学生在教师指导下进行发现学习。"但支架式教学则同时强调教师指导成分的逐渐减少，最终要使学生达到独立发现的地位，将监控学习和探索的责任由教师为主向学生为主转移。它强调教师与学生的地位在教学中的动态变化，而不是按某种比例做静态的组合。"[①]总之，支架式教学存在两种动态变化的过程：一方面，教师有意识地逐渐弱化自己的权威；另一方面，儿童在教师的帮助下逐步确立自己的权威。

[①] 张建伟，陈琦. 从认知主义到建构主义[J]. 北京师范大学学报（社会科学版），1996（4）：80.

具体到幼儿园游戏自主性发展中的教师指导问题，这种动态变化具体表现为两个方面：一方面，教师有意识地逐渐弱化自己指导的程度，直至最终退出；另一方面，儿童在教师的指导下其游戏自主性逐渐提升，直至最终自己接管与主导游戏，进而使其游戏自主性水平达到一个暂时的"高峰"。这种教师逐渐退出游戏与儿童逐渐主导游戏的动态变化，在下面的"火车去旅行"案例中得到了较好体现。总之，在此过程中，教师指导的程度会随着幼儿园游戏自主性的变化而动态变化。

> 户外时间，教师正带领幼儿玩"火车去旅行"的游戏。游戏开始时，教师扮演了导游的角色，带领幼儿去祖国各地旅行。玩了两遍游戏之后，教师退出了导游的角色，请幼儿自己扮演导游，带领同伴去各地旅行。应聘成功的小"导游"兴致高昂地带领同伴去各地旅行。作为游客的幼儿群体嬉笑着，跟着"导游"去各地观光，玩得不亦乐乎。

一般情况下，当游戏处于高结构游戏一端时，游戏自主性的量与质均较少，此时教师指导的程度相对最高，或者说教师介入的程度最深，对游戏的控制程度也最高；随着在连续体上自左向右不断转化，幼儿园游戏自主性的量与质也相应不断增多与提升，此时教师指导的程度也会逐渐降低，或者说教师就从之前的"介入"踏上了开始逐渐"退出"的征程；当处于连续体最右端（即低结构游戏）时，幼儿园游戏自主性的量与质均达到了一个暂时的"高峰"，此时教师指导就可以暂时"退出"，指导的程度也最低。但当低结构游戏又退化为简单重复的游戏时，幼儿园游戏自主性的量虽没有明显变化，但质在下降，此时就需要教师再次指导，指导程度也由刚才的最低开始回升。

当然，诚如在前面"追逐打闹游戏"中所呈现的那样，开始时游戏自主性的量与质均较高，此时教师指导的程度可能最低；但当"追逐打闹游戏"逐渐成为简单重复的游戏或者在游戏的过程中出现了冲撞、攻击等"不好"的行为时，此时游戏自主性的质开始下降，这就需要教师适时指导，此时指导的程度开始上升。总之，教师指导的程度会随着幼儿园游戏自主性水平的变化而动态变化。

2. 指导内容的动态性

教师指导的内容涉及游戏的各个方面，如游戏时间、游戏空间、游戏材料、游戏经验、游戏规则、游戏角色，甚至还会涉及日常保育。但并非全部涉及，而是在不同情况下会有所变化。如格里芬就认为在设定（角色）游戏阶段，成人应满足四项必要条件，即时间、空间、玩物、预先的经验。[①]换言之，格里芬认为在开展新的角色游戏时，教师指导内容主要涉及游戏时间、游戏空间、游戏材料、游戏经验等四方面，或者说这四方面是必需的。一般情况下，幼儿园游戏自主性越低，教师指导涉及的内容往往越多；相反，幼儿园游戏自主性越高，教师指导涉及的内容也往往越少。如对于低结构游戏而言，游戏自主性的量与质均较高，此时教师只要为幼儿提供与保障相应的游戏时间与空间即可。

3. 指导角色的动态性

教师在幼儿园游戏指导中需要扮演哪些角色？对于这个问题，不同的研究者有不同的观点。如前面曾提到的约翰逊等人区分与探讨了六种不同介入强度的角色。此外，伊莉莎白·琼斯等人也具体分析了教师在幼儿游戏中的主要角色，包括舞台监督者、斡旋者、游戏者、记录者、评量者与沟通者、计划者等。[②]

虽然不同研究者对教师在幼儿游戏中具体扮演哪些角色存在分歧或具体表述各异，但有一点是没有争议的，即教师在幼儿游戏中扮演的角色不是一成不变的，而是动态变化的。因此，教师指导角色也会随着幼儿园游戏自主性的变化而相应变化。

[①] 转引自 JOHNSON J E, et al. 儿童游戏——游戏发展的理论与实务：第2版 [M]. 吴幸玲，郭静晃，译. 台北：扬智文化，2003：366-372.

[②] 琼斯，瑞诺兹. 小游戏，大学问：教师在幼儿游戏中的作用 [M]. 陶英琪，译. 南京：南京师范大学出版社，2006.

4. 指导方法的动态性

教师指导幼儿游戏的方法多种多样，并且不同研究者的分类标准也不同。如刘焱根据其性质，将游戏干预方法形成一个从消极到积极的干预方法连续体（见图3-2）。

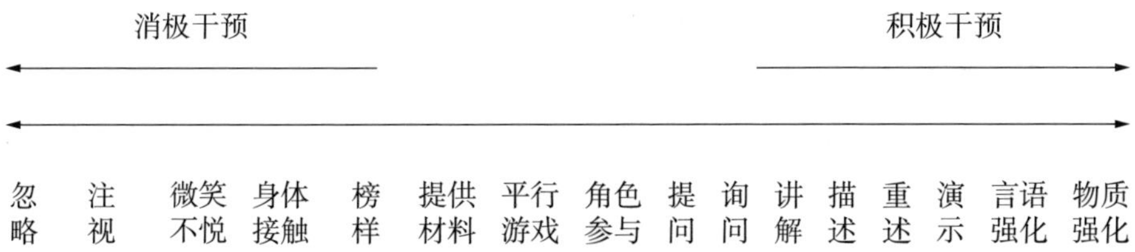

```
消极干预                                          积极干预
←─────────────────────────────────────────────────→
←─────────────────────────────────────────────────→
忽  注  微笑 身体 榜 提供 平行 角色 提 讲 描 重 演 言语 物质
略  视  不悦 接触 样 材料 游戏 参与 问 解 述 述 示 强化 强化
```

图3-2　教师指导方法连续体[①]

此外，丁海东从教师指导幼儿游戏时所使用媒介的角度，将教师指导方式归纳为以自身为媒介、以材料为媒介和以儿童伙伴为媒介三类[②]；邱学青根据教师在游戏过程中影响活动的形式，将游戏介入方式分为平行式介入法、交叉式介入法和垂直介入法；[③] 不同研究者关于教师指导幼儿游戏方法的分类标准与结果虽不尽相同，但有一点是没有争议的，即教师需要灵活地综合运用多种方法。方法是为目标服务的，因此教师指导方法是为幼儿游戏服务的。所以，当幼儿游戏的需要和具体状况（包括幼儿园游戏自主性水平）不同时，教师指导方法的选择和运用也应有所不同。如在"教师指导方法连续体"（见图3-2）上，自左向右对幼儿游戏的干预程度逐渐加强。因此，教师在选择方法时，一个基本的规律或原则是：幼儿园游戏自主性越高，指导方法一般主要集中在图3-2的左端，至少应优先选择处于连续体左端的方法；相反，幼儿园游戏自主性越低，则指导方法一般主要集中在图3-2的右端，至少应优先选择处于连续体右端的方法；但当幼儿园游戏自主性量多而

[①] 改编自刘焱. 儿童游戏通论 [M]. 北京：北京师范大学出版社，2004：394，主要在原图的基础上添加了"消极干预"和"积极干预"，此外将原图中的横线变成了双箭头。

[②] 丁海东. 学前游戏论 [M]. 济南：山东人民出版社，2001：164-169.

[③] 邱学青. 学前儿童游戏 [M]. 南京：江苏教育出版社，2008：162-163.

质低时，即当低结构游戏退化为简单重复的游戏时，指导方法的选择要注意"左端优先"，从图3-2最左端开始往右端依次考虑、选择和运用。需要注意的是，教师切不可机械照搬和简单运用这一规律或原则，而应在具体运用的过程中，根据具体情况灵活选择与运用不同的指导方法。

（二）生态性

从生态学的视角看，游戏活动是幼儿园课程实施途径的有机组成部分，和教学活动、生活活动、家庭与社区等处于互补、互利与互生的有机关系中，共同构成了一个有机体。因此，指导取向的生态性即要从改善游戏活动、教学活动、家庭与社区等不同要素以及各要素之间的关系，进而改善与优化幼儿园游戏系统的角度进行指导。如前文所述，在"娃娃家"游戏中，"妈妈"一直抱着"宝宝"，哄"宝宝"睡觉，自始至终就是这样单一的游戏动作与情节。面对此现象，教师如何指导呢？从生态学的视角出发，教师可以通过"家园合作"，丰富幼儿相关感性经验，通过专门的集体教学或晨间谈话活动，帮助幼儿整理、拓展与提升相关经验，在"娃娃家"中添加"灶台"、锅碗瓢盆等相关材料，进而引发与支持幼儿丰富游戏情节，教师以游戏角色（如邻居等）的身份进入游戏，进而引发与拓展游戏情节……通过这种生态学取向的指导，幼儿在"娃娃家"中的游戏及其自主性必将得以改善与提升。

指导取向的生态性决定了教师指导幼儿游戏时不仅要着眼于游戏过程本身，还要放眼游戏的各种外部影响因素。为此，这里将教师对幼儿园游戏活动的指导视为一个指导系统（见图3-3）。

如图3-3所示，教师指导系统可以粗略划分为彼此相互影响与内在联系的支持系统和保障系统两大类。其中，游戏的保障系统是基础，主要涉及相关规章制度的完善、教育观念的转变、良好氛围的构建等方面；游戏的支持系统是核心，可以进一步细分为彼此相对独立且内在有机联系的内部支持系统和外部支持系统。

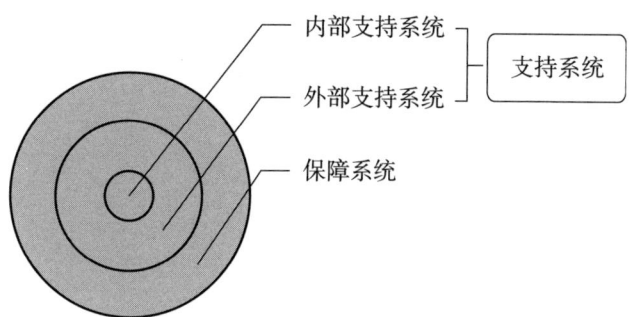

图 3-3　幼儿园游戏教师指导系统

具体地说，游戏的内部支持系统主要指教师在幼儿游戏进程中发出的所有指导行为，如前述"娃娃家"游戏案例中，教师以"邻居"的游戏角色通过串门和"妈妈"对话，进而引入"宝宝"生病、看病与照料等一系列新的游戏情节，此时的指导就属于游戏的内部支持系统。游戏的外部支持系统主要指教师在观察理解幼儿游戏表现的基础上，综合考虑课程目标等多种因素，在游戏进程之外发出的所有相关指导行为，主要涉及游戏时空的规划、游戏材料的投放、游戏与集体教学等其他课程实施途径的关系、游戏与家庭和社区的关系等。如前述"娃娃家"游戏案例中，家园合作的开展、集体教学或晨间谈话的介入、游戏材料的丰富等均属于游戏的外部支持系统。

下编

第四章　幼儿园游戏指导环节：准备阶段

游戏指导是一个不断收集信息、理解游戏、决策与反思的螺旋式循环往复的过程，主要涉及四个基本环节[①]，即判断指导的必要性、确定指导的时机、选择指导的方法和把握互动的节奏性。教师指导的四个环节中，前两个主要涉及具体指导行为发生前的准备阶段，后两个则主要涉及指导的具体实施阶段。本章将主要探讨教师指导的准备阶段。

第一节　判断指导的必要性

儿童是游戏的主人，这就要求教师在指导儿童的游戏时，首先要判断指导的必要性。这涉及若干关键问题，比如，儿童是在游戏吗？如果不是，是否有必要让其游戏以及如何让其游戏？如果是，那么儿童游戏的状态或水平如何？是否有必要以及如何进行指导？要想回答这些问题，教师需要通过观察等多种途径收集相关信息，进而辨识与理解儿童的游戏。

一、理解是基础条件

理解儿童的游戏是教师进行指导的先决条件，是教师判断指导时机、选择指导方法、发出指导行为的起点和基础。

[①] 借鉴与参考自刘焱. 儿童游戏通论 [M]. 北京：北京师范大学出版社，2004：388-394.

（一）挑战：能理解幼儿的游戏吗

区域活动时间，一位教师发现一名幼儿躺在地上，双手在空中不断地比画，嘴里还会不时发出一些听不清的声音。教师观察了一段时间，认为这一行为不好，便上前劝说幼儿停止这一行为，并建议他选择一个活动区去游戏。

相信不少教师都曾遇到类似"无法"理解的幼儿行为，也可能会像案例中的教师那样进行制止，或者听之任之。那你认为案例中的幼儿在做什么呢？是在游戏还是无所事事？还是……

事后，该教师经询问得知，幼儿当时躺在地上双手比画的活动实际上是一个"修车游戏"。该幼儿前段时间和爸爸一起到修理厂去修理汽车。游戏中的行为就是他对汽车检测与修理的创造性表现。也就是说，幼儿躺的这个地方，在教师看来是活动室中的一块空地，但在该幼儿看来却是一个修理厂；在他的上方有一辆教师或他人看不到的"汽车"；比画双手实际上是他在检修"汽车"。从中我们发现，游戏中的幼儿往往会创造出一个想象中的"空间"，在这个空间中运行着一套往往只有他自己才知道的规则，而对于游戏的旁观者而言，这些则很难理解甚至无法真正准确地理解。

游戏中，为什么会出现这种"当局者清，旁观者迷"的现象呢？荷兰学者胡伊青加关于游戏的一些相关论述也许可以帮助我们揭开其中的奥秘。胡伊青加认为，"游戏是一种自愿的活动或消遣，这种活动或消遣是在某一固定的时空范围内进行的；其规则是游戏者自由接受的，但又有绝对的约束力；它以自身为目的并且伴有一种紧张、愉快的情感以及对它'不同于''日常生活'的意识。"[①] 胡伊青加在谈到游戏的特征时进一步指出，"游戏的一个最重要的特征就是它同日常生活的空间间距。某一封闭的空间——

[①] 胡伊青加. 人：游戏者——对文化中游戏因素的研究 [M]. 成穷, 译. 贵阳：贵州人民出版社, 2007：26.

无论是物质的还是观念的——为了游戏而被标划出来,从日常环境中隔离出来。游戏就在这个空间之内进行,规则就在这个空间之内获得。"同时,"在游戏的圈子内,日常生活的规则和习惯不再有效"。因此,"游戏不是'日常的'或'真实的'生活。相反,它从'真实的'生活跨入一个短暂但却完全由其主宰的活动领域"。①

从中可以发现,游戏是在一个完全由游戏者主宰的不同于日常生活的空间中,按照游戏者规定或约定俗成的特定规则进行的。游戏的旁观者从局外所看到的"一切",均可能具有与日常生活不同的含义。因此,作为游戏旁观者的教师往往无法完全准确理解游戏者的所作所为,有时甚至根本无法判断儿童的某一活动是否是游戏。在下面的案例②中,教师就对豆豆和琦琦的行为百思不得其解,最终制止了他们的行为。

  建构区中,几名幼儿正在合作搭建小区。有两个异常忙碌的身影,引起了教师的注意。只见豆豆和琦琦用垫子做了一个盒子后,豆豆便起身钻进盒子,想躺在盒子里。可是因为盒子小、人大的缘故,他几番尝试都没能成功,盒子老是被撑裂。

  于是,豆豆改变了方法。只见他开心地趴着跪好,然后琦琦拿起几块垫子不停地盖在他身上,边盖边贴着盒子说着什么。豆豆则一动不动,等到琦琦说完,豆豆一下子打翻垫子,非常高兴地钻了出来。之后,又换成琦琦躲进去,由豆豆重复前面的动作。他们就这样一遍又一遍轮流玩着,玩得非常开心。他们的游戏吸引了旁边的川川。紧接着,建构区里的每一个孩子都参与到了这个游戏中。

  看到这里,教师不由得走过去指责道:"你们这是在干吗?小区还没搭建好,做事一点儿也不认真!豆豆、琦琦,又是你们俩!"听到老师的指责,孩子们立马散开,回到了原有的"岗位"上。

---

① 胡伊青加. 人:游戏者——对文化中游戏因素的研究[M]. 成穷,译. 贵阳:贵州人民出版社,2007:8,12,18.

② 此案例由浙江省慈溪市实验幼儿园余小庆老师提供,在此表示感谢。

案例中，当建构区中其他幼儿在搭建小区时，豆豆和琦琦却游离于这一任务之外，忙碌其他的事情。更令教师无法容忍的是，"紧接着，建构区里的每一个孩子都参与到了这个游戏中"。为此，教师上前指责并制止了这一活动。教师之所以这么做，主要是因为她不理解幼儿在做什么，并将他们的行为视为"捣乱"。但事实上，豆豆和琦琦的行为是对他们看的视频的创造性再现。因为前几天开展家长助教活动"爸妈怎么有了我"时，幼儿曾一起看过视频《宝宝成长记》（这个视频很好地展现了宝宝从胚胎到出生的全过程）。

那么如何才能有效应对类似挑战呢？这就要求我们首先要识别与判断某一活动是否是游戏；如果是游戏，再考虑洞察与理解儿童是如何游戏的。

（二）辨识：儿童在游戏吗

理解儿童游戏的第一步是辨识儿童的游戏，即判断、识别儿童是否在游戏。如何辨识儿童是否在游戏呢？教师可根据儿童游戏的外部特征，判断儿童是否处于游戏状态。

约翰逊等人曾归纳了游戏的一些主要特征，其中涉及两个外部特征：一是游戏具有正向情感，如欢笑、愉悦等；二是游戏是一种转借行为，没有固定的模式，也不能由外在行为加以区分，与固定的日常生活经验有别。[①] 通过比较游戏和探索行为（见表4-1），可以帮助我们更好地理解与识别儿童的游戏活动。

[①] JOHNSON J E, et al. 儿童游戏——游戏发展的理论与实务：第2版[M]. 吴幸玲，郭静晃，译. 台北：扬智文化，2003：28-29.

表 4-1　游戏与探索行为[①]

	探索行为	游 戏
时间	发生在探索行为之前	发生在探索行为之后
内容	陌生物体	熟悉物体
目的	获得讯息	创造刺激
注意焦点	外在的现实	内在的现实
行为	固定、刻板化	富有变化
心情	严肃	高兴、兴奋
心跳	低沉、不具变化	高亢、具变化

来源：Hutt（1971）、Hughes & Hutt（1970）及 Weisler & McCall（1976）等人的研究。

我国学者刘焱也曾对游戏的外部特征做过探讨，认为儿童游戏的外部特征主要涉及"游戏表情""游戏动作""角色扮演""游戏言语""游戏材料"等核心要素：

（1）游戏表情：游戏不同于厌烦无聊、无所事事的被动消极的状态，游戏者积极的面部表情特征说明游戏者的身心处于积极主动的活动状态。

（2）游戏动作：游戏动作是幼儿游戏中最引人注目的部分，具有非常规性、重复性和个人随意性等特点，根据性质可以分为探索、象征与嬉戏三种基本类型。

（3）角色扮演：幼儿通过角色扮演、模仿和想象，创造性再现自己的现实生活经验。

（4）游戏言语：幼儿游戏往往有言语相伴随。

（5）游戏材料：幼儿游戏往往依赖于具体的游戏材料或玩具。[②]

教师在观察了解儿童的活动状态时，可结合以上五个要素综合判断儿童是否处于游戏状态。这里将从这五个外显特征入手，判断活动片段"快乐一

[①] JOHNSON J E, et al. 儿童游戏——游戏发展的理论与实务：第2版［M］. 吴幸玲，郭静晃，译. 台北：扬智文化，2003：27.

[②] 刘焱. 儿童游戏通论［M］. 北京：北京师范大学出版社，2004：167-171.

家人"案例中的儿童是否处于游戏状态。

朵朵来到娃娃家，系上围裙，找出锅铲，在炒锅里加入"土豆片"不停地翻动着，嘴里自言自语道："我要给宝宝做顿好吃的。"涵涵看见了，也想加入游戏，她和朵朵商量说："我来做姐姐吧，我来帮助你。"朵朵开心地点点头，热情地回应着："好啊，你是我们的姐姐，你快来帮我洗洗菜，我要做顿大餐。"于是两个女孩子一个烧菜，一个洗菜、端菜，玩得不亦乐乎。

看着桌子上烧的菜越来越多，"妈妈"开始邀请在图书区看书的男孩子："恺恺、子俊，肚子饿了吗？可以来吃饭呀！""哇，好呀，肚子也饿了！"子俊和恺恺收到邀请，高兴地跑到娃娃家。"娃娃家还没有爸爸和宝宝呢！"朵朵妈妈介绍着。"那我来做爸爸，你当宝宝吧。"子俊和恺恺相互商量着分配好角色。"宝宝"（恺恺）在娃娃家玩了会儿玩具后，对"爸爸"（子俊）说："我要打电脑。""爸爸"听到"宝宝"的要求后，找出两个长方形泡沫积木，把其中一个递给"宝宝"，说："我们不玩玩具了，一起来打电脑吧。"说着两人把长方形积木立在桌子上，嬉笑着，双手做着上下敲动的动作，围在屏幕前打游戏。"我们的饭烧好啦，快来吃饭呀。""妈妈"大声呼喊着。"来啦！""爸爸"和"宝宝"回应着把电脑放在一旁，兴高采烈地聚到餐桌旁准备品尝美味的菜肴。"我们先来拍张照吧，把好吃的先拍下来。"姐姐提议道。说着，姐姐将双手比画成一个长方形的照相机样子，对着饭菜"咔嚓""咔嚓"地拍起照来，其他家庭成员则兴高采烈地给"姐姐"建议："拍这个。""这个也很好吃，拍一张……"

这是一个日常生活中非常常见且典型的儿童活动片段。在"游戏表情"方面：朵朵（妈妈）和涵涵（姐姐）满脸兴奋的笑容，子俊（爸爸）、恺恺（宝宝）嬉笑着玩游戏，兴高采烈地围坐在一起品尝美食……结合图4-1可以发现，他们的表情主要处于积极情绪一端，这说明他们的身心正处在积极主动、较为兴奋的状态,而不是消极被动的状态。

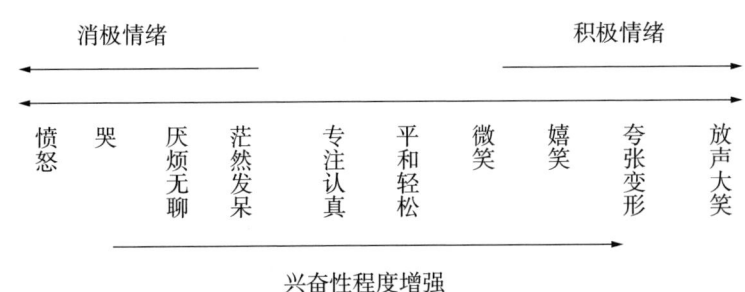

图4-1 儿童游戏的表情特征[①]

在"游戏动作"方面:朵朵(妈妈)的做饭和涵涵(姐姐)的洗菜、端菜,以及子俊(爸爸)和恺恺(宝宝)的玩玩具、打电脑等都不是之前设定好的游戏行为,而是根据自己的兴趣和意愿产生的个人随意性、灵活性的行为,并具有重复性的特征。子俊(爸爸)和恺恺(宝宝)不是将长方形积木当作建构材料,而是假想为电脑。玩电脑游戏的这一动作行为体现了游戏动作的非常规性。活动中,四位幼儿的行为都是依据想象进行的游戏,每个人想象了一种角色身份并生发出相应的角色语言、角色行为。这一系列动作、语言归属于象征性的游戏动作。

在"角色扮演"方面:角色扮演是一种特殊的游戏动作,是幼儿以自身或他物为媒介,对他人或他物的动作、行为、态度的模仿,也可以说是一种象征性行为,也是幼儿游戏的一种鲜明的外部特征。[②]在本次活动中,四位幼儿分别扮演了成人世界中的爸爸、妈妈、姐姐和宝宝的角色,妈妈和姐姐做饭以及爸爸和宝宝玩玩具、玩电脑游戏的行为都是根据已有生活经验进行的模仿、想象行为。

[①] 改编自刘焱.儿童游戏通论[M].北京:北京师范大学出版社,2004:169,主要在原图的基础上添加了"消极情绪"和"积极情绪",此外将原图中的横线变成了双箭头。
[②] 刘焱.儿童游戏通论[M].北京:北京师范大学出版社,2004:171.

在"游戏言语"方面：活动过程中，幼儿并非沉默不语，而是经常用语言表达自己所扮演角色的想法和生活经验。朵朵（妈妈）的自言自语、涵涵（姐姐）的游戏愿望表达、子俊（爸爸）对"宝宝"游戏需求的回应等，整个游戏过程都有言语相伴，并且这些言语基本都是幼儿所扮演角色的言语。

在"游戏材料"方面：幼儿的游戏往往依赖于具体的游戏材料或玩具。在本次活动中，朵朵借助围裙、锅铲、炒锅等游戏材料扮演"妈妈"的角色，子俊（爸爸）、恺恺（宝宝）借助积木玩与电脑相关的游戏。他们的活动行为均依赖于具体的游戏材料。

通过观察、分析活动中幼儿的表情、动作、言语、角色扮演和材料等外部特征，我们可以判断案例中的幼儿正在进行游戏。需要注意的是，由于游戏的种类不同、游戏的环境不同以及游戏参与者的个性气质不同，在某一具体游戏活动中，我们可能无法同时观察到上述五方面特征，但可以综合依据显现的多方面外部特征，判断幼儿是否在游戏。

（三）洞察：儿童如何游戏

"在游戏场地之内，统辖着一种绝对的、特殊的秩序……对秩序的最微小的偏离都会'破坏游戏'，都会剥夺它的特性并使之失去价值。""一旦规则遭到破坏，整个游戏世界便会坍塌。游戏即告结束，裁判的哨声打断了入迷，使'真实的'生活重又运行。"[①]教师若不想成为那个打断儿童入迷状态，进而将其拉回现实生活的"裁判"，就必须时刻小心尊重与遵守这些规则，而不要成为一个"违规破坏者"。这就要求教师必须洞察与把握儿童游戏的秘密，了解儿童是如何游戏的。

教师如何才能破解儿童游戏的密码呢？最主要的方式即是通过多种途径

[①] 胡伊青加. 人：游戏者——对文化中游戏因素的研究［M］. 成穷，译. 贵阳：贵州人民出版社，2007：10，11.

（观察儿童游戏、询问儿童等）收集儿童游戏的相关信息，并尽可能从儿童的视角解读这些信息。这就要求教师尽可能唤醒与恢复自己的"童心"和游戏的态度（尤其是其中的非功利性、非特异性和灵活性等），以便更容易洞察儿童的游戏世界。

既然游戏对于教师而言是"当局者清，旁观者迷"，那么教师可以扮演某个游戏角色，进入儿童的游戏世界，尽量成为一个平等的游戏者，在和其他游戏者互动的过程中逐渐理解与把握游戏的奥秘。但这要求教师要非常小心，切不可执迷于自己的"教师"身份，更不要过多以"游戏领导者"的身份，急于引导与拓展儿童的游戏。而要以"游戏管理者"和"共同游戏者"的角色，试探着进入儿童的游戏。之所以说"试探着进入"，主要是因为教师在未进入游戏之前，还是一个游戏的旁观者，很难完全准确地理解儿童的游戏，尤其是其中运行的微妙规则。教师一旦不小心违背了规则，就可能成为"违规破坏者"，严重者可能会被"驱逐"出游戏，更别谈进入游戏了！

教师除了试探性地进入儿童的游戏世界，成为一名游戏者，进而以当局者的视角去理解游戏之外，还可以以游戏旁观者的身份，仔细观察儿童的游戏，包括儿童游戏过程中的表情、动作、言语、材料使用方式、角色扮演情况等，并且在游戏结束后，还可以询问儿童游戏的相关信息，尤其是教师在观察过程中不甚清晰或困惑之处。

总之，通过多种途径收集有关儿童游戏的相关信息，是洞察儿童游戏状态的不二法门。在此过程中需要注意的是，即使教师慎重地去仔细收集儿童游戏的相关信息，也不要过分迷恋自己的眼睛、耳朵和内心。因为这些都可能会欺骗我们。诚如《吕氏春秋》中的"颜回攫其甑"典故[①]所揭示的那样：一次，孔子缺粮受困于陈国与蔡国之间的地方，连续七天滴水未进。一天，

---

① 原文为：孔子穷乎陈、蔡之间，藜羹不斟，七日不尝粒。昼寝。颜回索米，得而爨之，几熟，孔子望见颜回攫其甑中而食之。选间，食熟，谒孔子而进食。孔子佯为不见之。孔子起曰："今者梦见先君，食洁而后馈。"颜回对曰："不可。向者煤炱入甑中，弃食不祥，回攫而饭之。"孔子叹曰："所信者目也，而目犹不可信；所恃者心也，而心犹不足恃。弟子记之：知人固不易矣。"

孔子睡在那里，颜回去讨米，讨回后煮饭，饭快熟之时，孔子看见颜回从锅里抓饭吃。一会儿饭熟了，颜回请孔子去吃饭，而孔子假装没看见颜回抓饭吃的事情。孔子起身说："刚刚我梦见了我的祖先，我要把饭食弄干净去祭祀祖先。"颜回忙答道："不行，刚刚炭灰飘进了锅里（弄脏了米饭），丢掉又不好，于是我就抓来吃了。"孔子叹息道："（按说）应该相信亲眼所见的，但有时亲眼看到的并不一定可信；应该相信自己的心，但有时自己的心也不可以相信。你们记住，要了解一个人不容易啊。"

我们的眼睛、耳朵、心也会有意或无意地欺骗我们，之所以不可信，主要是受到各种偏见或个人某种强烈期待的"污染"或干扰。这就要求教师在洞察儿童游戏的过程中，要对游戏怀着一种"敬畏之心"，不要因自己的"偏见"选择性地看与听、歪曲所见所闻，也不要凭着个人"一厢情愿"而"想当然"地或"武断"地解读游戏，同时还要通过多种不同途径收集多种相关信息，尽可能全面、准确地理解与洞察儿童游戏的密码。

总之，洞察儿童游戏的奥秘是一个艰巨而漫长的任务，甚至是一个"不可能"完成的任务。换言之，我们永远只是在洞察儿童游戏奥秘的"路上"，可能在某一时刻感觉自己无限接近或触摸到了儿童游戏的奥秘，但忽然间又发现自己的所见所得仅是"冰山一角"。这就要求我们在怀着一颗"敬畏之心"的同时，还要始终抱着一种"虚怀若谷"的心胸，而不要为自己的"先入之见"或"偏见"所困，这样才可能以"如初见"的眼光与心态去看待儿童游戏，以不断发现新的奥秘。

二、观察是基本途径

约翰逊等人认为扩充儿童游戏有三个步骤，即提供游戏资源（包括玩物、时间、空间、预先的经验）、观察游戏、参与及干预（即与孩子游戏，扮演支持性及回应性的角色，如旁观者、游戏管理者、共同游戏者和游戏指导者）。其中，观察主要有两个功能：一是了解并提供必要的游戏资源，二是为成人的参与做准备。① 由此可见，观察是扩充或指导儿童游戏的基础。具体地说，游戏资源的提供与调整、参与角色和干预方式的选择等均有赖于对儿童游戏的观察。

总之，观察是教师理解与把握儿童游戏密码的基本途径，也是教师获取指导游戏所需信息的基本途径。

（一）观察内容的多维性

对于许多教师而言，观察什么即观察内容的选择和确定，是观察儿童游戏时经常遇到的一个困惑或挑战。这里将简要介绍科恩等人关于戏剧性游戏②的观察框架③（包括游戏开展与游戏结束两部分），便于教师从中参考借鉴。需要注意的是，科恩等人建议观察者可以主要聚焦于事先选定的儿童（这里称为目标儿童），并且其他儿童只有与目标儿童发生关系时才被关注。

科恩等人认为在戏剧性游戏开展的过程中，至少有 11 个方面需要或值得教师关注与观察（见表 4-2）。

表 4-2　戏剧性游戏开展部分的观察框架

序号	观察内容
1	游戏是如何开启的？开启者是目标儿童、教师还是其他儿童？目标儿童参与其他儿童正在开展的游戏吗？如果是，那采用了何种策略？
2	游戏是在哪里发生的？积木区、象征游戏区，还是户外？
3	游戏的进程是怎样的？或者说游戏中事件的顺序是怎样的？

---

① JOHNSON J E, et al. 儿童游戏——游戏发展的理论与实务：第 2 版 [M]. 吴幸玲，郭静晃，译. 台北：扬智文化，2003：365-375.

② 戏剧性游戏实质属于象征游戏或表征游戏，儿童可单独游戏或与他人一起开展游戏。幼儿园中常见的角色游戏、表演游戏等就是一种戏剧性游戏。

③ COHEN D H, et al. Observing and Recording the Behavior of Young Children [M]. 6th ed. New York: Teachers College Press, 2016: 73-74.

续表

序号	观察内容
4	儿童有关游戏的评论和言语互动是怎样的?比如,发生了什么?每个儿童扮演了什么角色?是如何扮演的?儿童在指称代表人的象征物时使用了什么语言?
5	角色中的儿童说了些什么?包括拟声词。
6	游戏的其他参与者说了些什么以及做了什么?
7	角色中的儿童做了哪些象征性动作?
8	儿童使用了哪些辅助材料?如消防员的帽子等。
9	为了表现角色的情感特质,儿童使用了哪些面部表情、身体动作、声音语调?
10	儿童在游戏时是否使用了象征物?是否用一个真实或想象的物品代表象征性行为?例如,从一个空壶中倒咖啡、开动玩具车等。
11	这个游戏体现了某一特定文化中儿童的哪些已有经验?

科恩等人认为,对于理解儿童的游戏行为而言,儿童单独游戏时如何结束游戏、儿童参与群体游戏时如何离开、儿童如何开启单独游戏或参与他人游戏,都是非常重要的。因此,观察者要注意观察、记录儿童是如何结束游戏的。在此过程中,至少有 8 个方面需要或值得教师关注与观察(见表4-3)。

表4-3 戏剧性游戏结束部分的观察框架

序号	观察内容
1	这个儿童是为了参与其他活动才离开的吗?
2	如果是和其他儿童一起游戏,是其他儿童首先离开的吗?
3	是教师(为了吃点心等原因)打断游戏的吗?儿童又是如何回应的呢?

续表

序号	观察内容
4	这个游戏是否发展了其他类型的游戏？
5	儿童参与游戏持续了多长时间？
6	谁看上去应该为游戏的结束负责？
7	儿童是如何散开的？
8	儿童感觉怎样？高兴、焦虑、害怕，还是满意？

结合科恩等人介绍的戏剧性游戏观察框架，我们可以发现，一般情况下游戏观察主要涉及游戏资源（包括空间、时间、材料、经验）、游戏开启、游戏者（包括游戏者的人数、性别、表情以及动作、材料使用、言语、角色扮演、不同游戏者之间的关系）、游戏结束等方面。这里尝试给出一个游戏观察内容的参考框架（见表4-4）。

表4-4 游戏观察内容的参考框架

序号	一级指标	二级指标
1	游戏资源	游戏空间
		游戏时间
		游戏材料
		预先的经验
2	游戏开启	开启者
		开始方式
		参与方式（其他儿童是如何参与的？主动参与还是被动参与？原有游戏者是如何回应的？）

续表

序号	一级指标	二级指标
3	游戏者	基本情况（如人数和性别）
		表情
		动作
		材料使用
		言语
		角色扮演
		不同游戏者之间的关系
4	游戏结束	结束者（儿童还是教师？其他人的回应？）
		结束的原因与方式
		结束后的去向（如参与或发展为其他游戏活动）
		游戏持续时间
		幼儿的情绪状态（高兴、焦虑、满意等）

表4-4所列的游戏观察内容的四个参考维度及其具体内容，只是一般情况下游戏中需要或值得观察者关注与观察的内容。这是一个开放的参考框架体系，时刻准备着接受质疑、批判与完善。同时，在具体观察的过程中，不同类型的游戏在具体观察内容的选择和确定方面也会有所不同。此外，这里列出了一个观察内容的参考框架，但并不是意味着每个观察者在每次观察游戏时都要同等关注与观察这些内容，而是需要观察者综合考虑所观察游戏的具体类型、观察目的等多种因素，进而选择与确定具体的观察内容。

（二）观察方法的多样性

游戏观察方法多种多样，教师可以而且应该根据观察目的和需求，选择相应的观察方法。根据已有研究，结合幼儿园游戏实践，游戏观察方法中的扫描观察法、定点观察法、追踪观察法、综合图示法[①]等是幼儿园教师常用的观察方法。

1. 扫描观察法

扫描观察法是指观察者在相等的时间段内对每个幼儿轮流进行扫描观察[②]。此方法比较适合粗线条地了解全班幼儿的游戏情况，如掌握游戏开展了哪些主题、幼儿选择了哪些主题、幼儿扮演了什么角色、幼儿使用了哪些材料等一般行为特点。扫描观察法一般在游戏开始和结束时运用得比较多。

2. 定点观察法

定点观察法是指"观察者固定在游戏中的某一区域，定点进行观察，见什么观察什么，只要来此地点的幼儿都可以作为观察对象"[③]。此方法比较适合了解某主题或区域幼儿的游戏情况，了解学前儿童的现有经验以及他们的兴趣点、学前儿童之间的交往、游戏情节的发展等动态信息，并且便于教师较为系统地了解某一游戏主题的开展情况，避免指导的盲目性。定点观察法一般多在游戏过程中使用。

3. 追踪观察法

追踪观察法是指观察者事先确定一到两个幼儿作为观察对象，观察他们在游戏活动中的各种情况。被观察的幼儿走到哪里，观察者就追随到哪里，固定人而不固定地点[④]。本观察法适合观察、了解个别学前儿童在游戏中的兴趣、行为表现与发展水平。教师可自始至终跟着幼儿走，了解其游戏的具体信息。

4. 综合图示法

综合图示法是一种将扫描观察法、定点观察法、追踪观察法组合使用，并加入图示记录的游戏观察方法，具有结果的直观性、方法的综合性和情景

[①] 邱学青. 学前儿童游戏 [M]. 南京：江苏教育出版社，2008：258-261.
[②] 邱学青. 学前儿童游戏 [M]. 南京：江苏教育出版社，2008：258.
[③] 邱学青. 学前儿童游戏 [M]. 南京：江苏教育出版社，2008：260.
[④] 邱学青. 学前儿童游戏 [M]. 南京：江苏教育出版社，2008：261.

的真实性等特点。① 具体地说，图示记录因采用位置图、环境图或关系图等形式呈现而具有直观性，这使得加入了图示记录的综合图示法也具有了直观性；扫描观察法、定点观察法、追踪观察法等不同方法的部分或全部组合使用，又使得综合图示法具有了方法的综合性；此外，运用综合图示法时，还可以将幼儿与幼儿、角色与角色、区域与区域等不同"元素"之间的关系及其方向用带箭头的线条表示出来，并将教师即时介入游戏的方法和幼儿的反应记录下来，因而具有情景的真实性（见图4-2）。

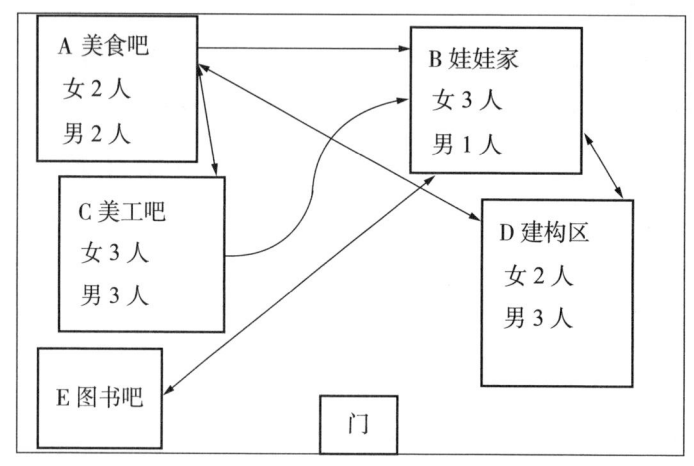

图4-2 综合图示法图示

运用综合图示法的具体步骤或细节，会因方法（如扫描观察法、定点观察法、追踪观察法等）选择与组合的不同、图示记录采用的呈现方式（如位置图、环境图或关系图等）的不同以及观察目的与内容的不同而存在一定差异，但基本思路或程序是相对稳定的。这里将以观察内容聚焦于幼儿园区域以及其中幼儿游戏的状态、综合采用三种方法以及图示记录中的位置图为例，借鉴邱学青关于综合图示法的相关论述②，介绍综合图示法的具体步骤：

---

① 邱学青. 学前儿童游戏[M]. 南京：江苏教育出版社，2008：261-262.
② 邱学青. 学前儿童游戏[M]. 南京：江苏教育出版社，2008：262-263.

（1）游戏开始前或刚开始时，先在纸上画出游戏的场地布局图，标上各个区域的名称，并按一定顺序（如前后、左右、顺时针方向或逆时针方向等）采用英文字母"A""B""C"或阿拉伯数字1、2、3等方式进行编号，便于观察中的记录（见图4-2）。

（2）在已画好的图上分别标明每个区域的人数和性别，便于大致了解全班幼儿选择游戏的情况，相当于扫描观察法的运用。

（3）教师根据游戏情况，观察不同区域中幼儿开展游戏的情况，如果需要对哪个区域重点进行细致观察，则用定点观察法，根据前面的编号记录相应的游戏行为。如"美食吧"的编号是"A"，那记录时只需简单地用"A"表示"美食吧"即可。

（4）如果需要对来来往往走动的幼儿加以关注，则可以采用追踪观察法，记录时把幼儿的奔跑路线直接用"直线"或者"箭头"等方式标注在图上。

（5）如果有更详细的信息，如幼儿之间的行为或言语互动、教师的指导、幼儿对玩具材料的使用情况、幼儿之间的主要矛盾及其解决情况等，则在图纸的旁边或者背面记录，作为分析时的参考。

运用综合图示法便于教师及时发现幼儿的兴趣点和交往喜好，有利于教师清楚地了解游戏场地的布置、材料的提供以及角色之间的互动等方面信息，帮助教师同时从多个维度获得幼儿游戏的动态信息。

（三）记录方式的个性化

教师观察幼儿游戏活动时，还需注意选择和利用多种手段，以作为珍贵的资料加以保存，为指导游戏服务。游戏记录的方式多种多样，教师可以根据所选用的观察方法和观察目的进行个性化记录。一些研究者开发了一系列游戏评估工具（见表4-5），教师可以从中选择使用。这些工具一般是专业评估工具，大多不适合一线教师在实践中自然运用。

表4-5 游戏评估工具[①]

评估工具	描述
从探索到游戏：婴儿自由游戏行为的跨单元研究（Belsky, J., & Most, R. K., 1981）	12步的发展性探索与游戏，始自婴儿时期的探索，结束于假扮性游戏。有一套特殊规定的工具。
婴儿游戏核查表（Rrom-wich, R. M., Fust, S., Khokha, E., & Walden, M. H., 1981）	在自由游戏情境下使用的观察工具。核查表与一套特殊的玩具配套使用。
游戏评估量表（Fewell, R. R., & Vadasy, P. F., 1984）	儿童使用一套特殊的系列玩具。该量表观察儿童的游戏步骤，从而得出一个游戏龄指数。
儿童客体游戏水平（Gowen, J.W., & Schoen, D., 1984）	对游戏进行观察性的研究。对游戏内容、游戏性质以及表征模式进行分析。儿童在设定的情境中自由游戏。
9—30个月婴儿在游戏行为中的发展性进步（Largo, R. H., & Howard, J. A., 1979）	使用特殊的玩具系列，从探索性、功能性、空间性以及非特异性游戏行为等方面对婴儿进行评估。
游戏研究的行为组织化量表（Lunzer, E. A., 1958）	对游戏行为复杂的抽象测验，给出9等级评分，强调适应性、材料的运用以及材料的整合等。
象征性游戏测验（Lose, M. & Costello, A. J., 1976）	运用4套特定的微型玩具，对儿童自发的非言语的游戏活动进行评估。
自由游戏分析手册（McCune-Nicholich, 1980）	根据皮亚杰的认知发展阶段理论，对儿童的象征性游戏进行分析的系统性格式。使用一套特定的玩具。
游戏观察量表（Rogers, S. J., 1986）	评估感觉运动和象征性游戏并且包含了一系列社会交往和交流的行为项目。

[①] 林德. 在游戏中评价儿童——以游戏为基础的跨学科儿童评价法［M］. 陈学锋，江泽菲，等译. 上海：华东师范大学出版社，2008：38.

续表

评估工具	描述
游戏观察量表（Rubin, K. H., 1984）	在非结构化情境中评估游戏与非游戏性行为。
象征性游戏核查表（Westby, C. E., 1980）	将游戏中的言语、认知和社会性等方面整合为10个等级的序列，包含9个月到5岁这一年龄段。

在游戏观察实践中，表格记录、文字记录、图示记录和仪器记录等都是适合教师在教育实践中使用的观察记录方式，其中，图示记录和仪器记录一般不单独使用，而是作为一种辅助手段，和其他记录方式（如表格记录、文字记录等）结合使用。这些记录方式能较好地实现和教师实践工作的融合，便于教师在实践过程中运用，而无须过多专业训练，也无须以"客观的"第三方或局外人的身份进行观察记录。在此过程中，可以较好地实现教师与观察者的合一。

1. 表格记录

运用扫描观察法观察幼儿游戏时，一般可以采用表格记录方式[①]。具体地说，教师可以将所要观察的内容事先用表格的形式设计与准备好，观察时直接将结果记录在表格内即可。整个过程简单方便，便于重复使用（见表4-6）。

表4-6 小班幼儿选择游戏主题观察表

时间/分钟 \ 主题	巧手吧	语言角	美食吧	娃娃家	建筑工地	×××
0～5分						
5～10分						
10～15分						
15～20分						

---

① 邱学青. 学前儿童游戏[M]. 南京：江苏教育出版社，2008：267.

运用表4-6可以观察幼儿对每种游戏主题的喜好程度。具体操作时可以每隔5分钟（时间间隔的长短可以根据需要调整）观察一次，用画"正"字的方式记录每个游戏区的活动人数。通过对同一区域的纵向比较和不同区域的横向比较，了解哪些区域较受幼儿欢迎、哪些区域较不受幼儿欢迎。

2. 文字记录

运用定点观察法、追踪观察法时，一般可以采用文字记录方式[①]。观察者依据简要的观察提纲，在观察现场对观察对象进行除数字以外的详细记录。具体操作时，观察者会对游戏做详细、真实的文字记录，必要时可以加入观察者的主观评价等。逸事记录、样本描述等都是常见的文字记录方式。下面这则案例"充满人气的图书区"（见表4-7）就是研究者运用文字记录的一次尝试。

表4-7 充满人气的图书区

观察时间	2016年4月11日 星期一 下午
观察区域	图书区
参与幼儿	小鱼儿、畅畅、七七、俏妞
观察记录	区域游戏时间，教室里的"冷门"区域图书区，吸引了很多小朋友前来玩耍。小鱼儿、畅畅、七七等小朋友拿着区域牌径直走进图书区进行游戏。小鱼儿直接走到自制绘本区，毫不犹豫地选了小朋友自制的绘本看起来。畅畅、七七、俏妞进入图书区后也都不约而同地选择了自制绘本，安安静静地坐在垫子上一页一页地翻看。翻看完后，小鱼儿继续选择新的绘本阅读，畅畅则选择幼儿园里讲过的故事书翻看，一边翻看一边讲着书里的故事，生动形象地把画面上的内容和细节讲了出来，和老师上课时讲的故事相差无几。七七和俏妞听到畅畅讲故事，凝神听了一会儿。然后，七七笑眯眯地去找手偶，并高声说："我们来表演这个故事吧！"她叫俏妞也去拿手偶，两个好朋友围绕故事里的内容表演起来。

[①] 邱学青. 学前儿童游戏[M]. 南京：江苏教育出版社，2008：268.

分析反思	1. 在本次游戏中，原本并不受幼儿青睐的图书区，此时又迸出新的活力与吸引力，成为很多幼儿进区的优先选择。造成该现状的原因可能有： 　　一是图书区里新增了幼儿利用废旧图书自己制作的绘本，里面是小朋友自己创作的内容，来源于同伴，富有童真童趣，所以很多幼儿都想来看一看、读一读小朋友自己编的图画书。 　　二是随着年龄的增长，幼儿的生活经验变得更加丰富，语言表达能力也得到了相应的发展，小班（下）的孩子要比小班（上）的孩子更喜欢阅读图书。他们能看到更多细节，而且很喜欢自己讲述故事，所以他们能从阅读中获得更多乐趣。 2. 在所提供的图书中，孩子们最喜欢阅读小朋友自制的图书或者老师讲过的故事书。选择小朋友自制的图书主要是因为图书材料来源于幼儿感兴趣的题材，里面是幼儿喜欢的故事内容和人物形象，并且这些书是幼儿自己制作的，他们心中自然会产生一种主人翁意识、一种天然的亲近感与自然感。而老师讲过的故事书深受幼儿欢迎，主要是因为故事内容是他们所熟悉的，对他们来讲有一种亲近感，使他们能更从容、更自信、更绘声绘色地讲述故事内容，表演故事，获得自尊和自信。

需要注意的是，使用文字记录时，教师应注意尽可能具体详细，避免使用笼统、抽象的描述，力求能够还原游戏现场，突出观察的"原生态性"、现场性、详尽性。此外，要注意区分客观描述与主观判断。

3. 图示记录

图示记录是用位置图、环境图的形式直接呈现相关信息，是一种直观的观察记录方式[①]。运用符号、图示的方法记录观察内容，往往能使观察结果更加直观形象。图示记录一般不单独使用，而是经常作为一种辅助记录方式，与文字记录、表格记录等方式结合使用。如前所述，运用综合图示法时，除文字记录、表格记录之外，一般还会结合使用图示记录。

例如，在了解游戏场地布置是否合理以及每个区域都有哪些幼儿在游戏

---

① 秦金亮，吕耀坚，杨敏，编著. 幼儿教师学做研究——学前教育研究方法新视野［M］. 北京：新时代教育出版社，2008：96.

时，教师采用绘制平面图的方法，可以简单便捷地记录和直观形象地呈现游戏开展情况。图4-3就是用平面图记录幼儿游戏区的分布情况。

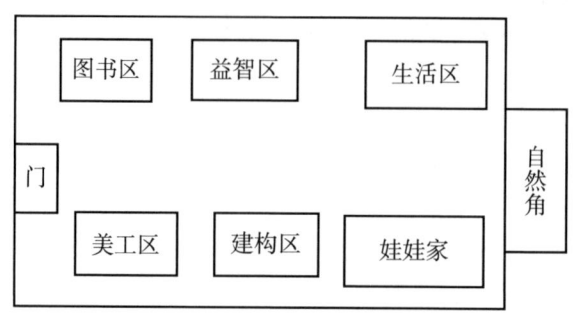

图4-3　幼儿游戏区分布图

4.仪器记录

仪器记录是指运用摄像机、录音机、数码相机、手机等，对事件和研究对象的行为进行记录的方法，是观察记录的辅助手段[①]。在观察幼儿游戏时，无论是运用扫描观察法、定点观察法、追踪观察法，还是综合图示法，都可以将仪器记录作为其他记录方式的辅助手段。例如，用数码相机可以对游戏材料、游戏过程、游戏效果等进行观察记录，用摄像机可以记录幼儿整个游戏过程，供老师反复观察等。

由于文字记录需要研究者在短时间内记录下观察的细节，若当时没有进行详细记录，后续补充与反思时容易忽略细节，也无法验证观察内容是否客观。所以单纯的文字记录易出现观察记录失真的情况。而仪器记录作为一种辅助手段，可以帮助观察者记录游戏现场，便于后期回忆游戏情况，形成一个图文并茂的观察记录（见图4-4）。

[①] 秦金亮，吕耀坚，杨敏，编著.幼儿教师学做研究——学前教育研究方法新视野[M].北京：新时代教育出版社，2008：98.

时间：2016年5月4日　　地点：图书区　　观察者：BBW

文字说明：教室里的"冷门"区域：今天，图书区吸引了很多小朋友前来玩耍。在众多图书中，小鱼儿直接走到自制绘本区，毫不犹豫地选了小朋友自制的绘本看起来。畅畅、七七、俏妞进入图书区后也都不约而同地选择了自制绘本，安安静静地坐在垫子上一页一页地翻看。翻看完后，七七笑眯眯地去找手偶，一边高声说"我们来表演这个故事吧"，一边叫俏妞也去拿手偶。两个好朋友围绕故事里的内容表演起来。

图4-4　图书区幼儿游戏情况观察记录

5. 学习故事"垒高挑战"：多种记录方式个性化运用的一次实践尝试

近来广受关注的学习故事，是一套来自新西兰的、有明确教育价值观引领的儿童学习评价体系，基于儿童是"有能力、有自信的学习者和沟通者"这一儿童观，用"叙事的方式记录、评价和支持儿童的学习"[1]，"又是在日常教育教学情境中所做的观察，是用图文的形式记录下儿童学习过程的一系列'哇'时刻或'魔法'时刻，关注的是儿童能做的、感兴趣的事情"[2]。学习故事的结构一般可以分为注意（教师对儿童学习的观察）、识别（教师对学习的分析、评价和反思）、回应（教师为支持儿童进一步学习制订的计划）三

---

[1] 卡尔, 李. 学习故事与早期教育：建构学习者的形象[M]. 周菁, 译. 李薇, 审校. 北京：教育科学出版社, 2015：2, 5.

[2] 卡尔. 另一种评价：学习故事[M]. 周欣, 等译. 周菁, 审校. 北京：教育科学出版社, 2016：5.

部分[①]。

游戏是幼儿的基本活动方式,也是幼儿最感兴趣的活动。运用学习故事的图文形式,记录幼儿在游戏中的"哇"时刻,有助于教师更好地理解与支持幼儿的游戏。下面的学习故事"垒高挑战"就是研究者在实践中个性化地运用多种记录方式的一次有益尝试。

垒高挑战

被观察幼儿:欣欣

年龄:5

班级:小树二班

观察地点与情境:室内自主游戏时间

观察时间:10 月 12 日

观察教师:× 老师

案例描述(注意)

今天,当我注意到你的时候,你正在用牛奶罐进行垒高挑战(见图4-5)。你小心翼翼地把一个个牛奶罐垒起来,很快,牛奶罐的高度差不多和坐着的你持平了。这是一个很好的开端,不只老师,周围的小伙伴也被你的玩法和垒高的高度所吸引,大家都期待你的下一步挑战。

你小心翼翼地继续往上增加牛奶罐,动作轻盈,并且每增加一个牛奶罐,你总会观察一会儿,确认平稳后再往上加。这次挑战仍旧很顺利,牛奶罐的高度不断上升。瞧,现在的牛奶罐已经和站着的你差不多高啦!好朋友伊伊也走过来靠近牛奶罐,和它比一比谁高谁矮(见图4-6)。"还要继续垒高吗?"我笑着问你。你点点头,肯定地告诉我:

[①] 卡尔,李. 学习故事与早期教育:建构学习者的形象[M]. 周菁,译. 李薇,审校. 北京:教育科学出版社,2015:6.

"我要继续挑战。"旁边的伊伊有点担心:"再垒高,它会不会倒啊?"你淡定地笑了笑说:"没事的,我再垒高试试。"

图 4-5 垒高挑战开始了

图 4-6 瞧,现在的牛奶罐和我们差不多高啦

你接受挑战,继续轻轻地往上垒高。瞧,现在牛奶罐的高度比你都要高啦(见图 4-7)!就在大家为你的垒高拍手称赞时,突然,如高楼般的牛奶罐应声而落,瞬间变为平地。面对突如其来的变故,你忍不住"呀"地叫出声来,但很快就恢复了镇定。你将散落在地上的牛奶罐一个个整理回筐子(见图 4-8),重新开始挑战。

图 4-7 比我还要高的高楼

图 4-8 呀,倒塌了,重新来

这回你调整了垒高的地点,直接在小筐里进行垒高(见图4-9)。你是希望借助小筐的高度来保护牛奶罐不倒塌吧。可惜,事与愿违,没垒几个牛奶罐,它就开始倾倒。不过让老师开心的是,从你脸上的笑容来看(见图4-10),你并没有因又一次挑战失败而难过……

图4-9 换个地点垒高试试　　　图4-10 呀,失败了

【即时反思】注意部分旨在回答"是什么"的问题,重在描述"发生了什么"。具体地说,"教师以视频、照片和文字等多种形式,采集幼儿在某一时间段或事件中的行为、语言和情绪等细节表现,并据此做观察描述记录,重点关注儿童能做的、感兴趣的事情"[1]。案例中,教师用手机及时把幼儿垒高时的精彩瞬间连贯地、完整地捕捉了下来,并采用白描式的语言,对幼儿游戏中的语言和行为表现进行描述和记录,生动地呈现了幼儿游戏中发生的学习故事的原貌。

学习了什么(识别)

1.这是你第一次利用牛奶罐玩垒高游戏。牛奶罐的高度从和坐着的你一样高到和站起来的你差不多高,再到超过你自身的高度……每一次高度的增加,都意味着任务难度的加大。对第一次玩垒高游戏的你来

---

[1] 张亚妮,王朝瑞,钱琳娜."学习故事"蕴藏的教育精彩[OL].[2015-03-22].

说，当牛奶罐和坐着的你一样高时，已经带给你成功的喜悦。可是，自信大胆的你并不满足于眼前的成绩，而是继续挑战高度。这让老师看到了你的自信和勇于挑战的精神。

2. 在整个垒高过程中，你遭遇了三次失败，经历了三次牛奶罐"大厦"轰然倒塌。可这些失败并没有打败你，你一直镇定地直面失败，然后一次次从头再来。而且令老师欣喜的是，你一次次刷新着自己的垒高纪录，没有因前一次的失败而畏首畏尾。可见，你有着很好的情绪管理能力和较强的抗挫折能力。

3. 在整个探究过程中，你自觉利用目测、两两比较、手口一致数数等方式，确定所搭牛奶罐"大厦"的高度，并且在搭建过程中你将垒高地点由小筐边缘调整到小筐中间……这些行为涉及数、量、数量之间的关系和平衡等概念，让老师感受到了你在数学认知方面掌握得较好，见证了你较强的思维能力。

【即时反思】识别部分旨在回答"为什么"的问题，重在分析情境中的幼儿"什么样的学习有可能发生"。具体地说，"教师对幼儿学习与发展状况进行分析、评价和反思。核心是调动自身已有实践经验以及幼儿学习与发展的相关理论，有针对性地分析幼儿在游戏中分别学习到了什么，遇到了什么困难，解决了什么问题，表现出了哪些优秀、可贵的学习品质"[①]。案例中，教师基于注意部分的深入观察，根据幼儿在拼搭游戏中的个性化表现，识别出幼儿的学习品质、思维水平、情绪情感等。

下一步怎么做（回应）

1. 你用数数的方式确定所搭牛奶罐"大厦"的高度，这让老师发现垒高活动很好地将建构游戏和数学认知整合在了一起。所以下一步老师

---

① 张亚妮，王朝瑞，钱琳娜. "学习故事"蕴藏的教育精彩[OL]. [2015-03-22].

打算为大家提供记录表格来记录每一次垒高的层数，比一比每一次自己进步了多少、比一比谁是我们班的垒高冠军，将游戏和数学紧密地结合在一起，寓学习于游戏。

2.利用牛奶罐进行垒高挑战是一种游戏的形式，如果大家对垒高游戏仍旧感兴趣，下一步老师会提供更丰富、更具有挑战性的材料（如积木、纸牌等），供大家进一步挑战。

【即时反思】回应部分旨在回答"怎么办"的问题，重在计划"如何支持幼儿在这方面的学习"。具体地说，"教师提出进一步促进和拓展幼儿学习与发展的设想和方案。可以从家园合作、环境创设和课程内容等多方面提供回应的策略"[①]。案例中，教师根据游戏中对垒高行为的注意与识别，基于当前幼儿的学习兴趣、能力以及学习品质，提出丰富游戏材料和增加记录表格等游戏计划，供幼儿进一步挑战。

（四）观察技巧的灵活性

在实践中，教师应灵活地根据观察目的和幼儿的游戏情况，综合运用多种观察方法和记录方式，对幼儿的游戏情况进行多方面的信息描述。具体操作时可以综合考虑以下几个方面。

1.根据观察目的选择观察方法和记录方式

教师首先应根据观察目的合理地选用观察方法和记录方式。如果观察的是游戏材料的投放情况和调整情况，那么观察者可以采用定点观察法，观察某一特定游戏材料，并用表格记录（见表4-8）、仪器记录等方式记录观察结果。

---

① 张亚妮，王朝瑞，钱琳娜. "学习故事"蕴藏的教育精彩［OL］.［2015-03-22］.

表4-8 ××区游戏材料观察表

	日期	活动区
材料描述	强结构性材料	
	弱结构性材料	
材料调整（是/否）	材料的种类（增加/删减）	
	材料的数量（增加/删减）	
	材料的位置	
备注		

如果观察的是某一幼儿的游戏情况，那么观察者可以采用追踪观察法，并利用文字记录，辅以摄像机、手机等设备，对该幼儿的游戏情况进行记录。此时，采用手机等现代工具设备，可以帮助教师记录幼儿的游戏过程、细节，并便于长期保存、教师反复观看和系统分析。

2. 根据游戏类型选择观察方法和记录方式

除了观察目的之外，游戏类型也会影响观察方法和记录方式的选用。因此，教师还要注意不同类型的游戏往往适用不同的游戏观察方法和记录方式。如果观察的建构游戏、玩色游戏和手工游戏有幼儿作品呈现时，教师可以用照相机等设备，记录幼儿的操作成果。在观察阅读区的讲述性游戏、表演区的戏剧表演游戏等注重幼儿语言表达的游戏时，教师可以采用录音笔、摄像机等设备，录制幼儿讲述的内容。

（五）解读维度的多元性

游戏观察是为了更好地解读幼儿游戏，进而找出相应的指导策略，助推幼儿游戏的发展。教师可以尝试从生态学视角出发，不仅要从幼儿及其游戏水平与特点的角度解读观察内容，还要注意从游戏活动与集体教学、家庭与社区等有机关系的角度进行解读，从中寻找如何通过调整游戏资源（如游戏的时间、空间、材料和经验等）、开展针对性的集体教学（家庭与社区活动等），优化游戏活动的信息。为便于教师解读观察内容，这里尝试列出了一个游戏观察内容解读的参考框架体系（见表4-9）。

表4-9　游戏观察内容解读的参考框架体系

序号	解读维度	解读问题导引列举
1	游戏开启	儿童是自发还是在教师的建议下开启游戏？是主动参与还是在他人的邀请下参与同伴的游戏？在此过程中，幼儿采用的策略是否得当与有效？
2	游戏空间	游戏场地安排是否合理（如动静分开、相关邻近等）？是否考虑到采光、用水等特定需求？游戏的空间位置与大小是否会随着游戏需求的不同而变化？
3	游戏时间	游戏时间是否能满足幼儿游戏的需求？是否会根据幼儿游戏的具体情况和需求而调整时间安排？
4	游戏材料	教师提供了哪些游戏材料？游戏材料的数量、种类是否能满足幼儿游戏的需要？是否有争抢游戏材料的行为发生？高结构材料和低结构材料的比例如何以及是否具有年龄适宜性？幼儿如何操作游戏材料？幼儿对新材料的态度如何？
5	游戏主题	游戏中产生了什么主题？这些主题是如何产生的？是教师设计的还是幼儿自发的？幼儿对这个主题感兴趣吗？游戏主题和当前班级开展的主题活动有关系吗？如果有关系，那么如何通过二者的积极互动支持与推动幼儿的游戏？
6	游戏情节	幼儿的游戏内容是什么？有新的游戏情节产生吗？原有游戏情节得到拓展了吗？是否以及如何通过集体教学、家庭与社区等的介入来改善和优化游戏？
7	游戏结束	幼儿主动结束了游戏，还是因"时间到了"而被迫结束游戏？
8	游戏水平	幼儿的游戏处于什么阶段或水平？是独自游戏、平行游戏，还是合作游戏？是混乱失控的游戏、简单重复的游戏，还是富有成效的高水平的游戏？

续表

序号	解读维度	解读问题导引列举
9	幼儿发展	幼儿在游戏中处于什么地位？是领导者、跟随者，还是旁观者？幼儿的认知发展水平如何以及具有哪些方面的能力？幼儿的原有经验如何？哪些经验需通过集体教学、家庭或社区的参与来改善？幼儿显现了怎样的学习品质和学习倾向？
10	游戏态度	幼儿在游戏中的情绪体验如何？是热情高涨、认真专注、活泼开朗，还是无所事事、沉默发呆？幼儿游戏的坚持性如何？

表4-9列出的游戏观察内容解读的参考框架体系不是封闭的，而是一个随时准备接受各个领域的质疑、批判和建议的参考框架体系，是一个无限开放的"未完成"的参考框架体系。在实践中，教师可以直接从中选择一个或若干个维度，对自己的观察内容进行解读；鼓励教师能依据此参考框架体系，建构与提出适合自己的解读维度。

三、等待是一种策略

指导的前提是理解。在还没有真正理解幼儿游戏之前，教师最好的选择就是"等待"与"静心"观察，否则将可能会使自己的指导成为一种"乱为"，同时也很有可能使自己成为幼儿游戏的"破坏者"，而非幼儿游戏的"支持者"。

（一）人之患在好为人师

孟子有云："人之患在好为人师。"教师在指导幼儿游戏时经常会陷入"好为人师"的局面：在没有真正理解幼儿游戏时，便喜欢用自己的经验教幼儿玩游戏，急于用自己的想法代替幼儿的玩法。而教师在不理解幼儿游戏时的贸然介入，往往会使自己成为游戏的"破坏者"，而非游戏的"支持者"。这从下面的"汽车撞停车场"案例中可窥见一斑。

在幼儿园中班建构区，男孩东东正在用软塑料块搭停车场，另一个男孩大大正在他旁边开汽车。每当东东搭好了"停车场",大大的汽车就会开过来,撞倒东东的停车场。教师看到大大的游戏行为后,二话不说立即叫停了大大的行为,将大大作为游戏的破坏者进行了批评教育,并且让大大向东东道歉。教师满以为自己的行为维护了游戏秩序,维持了游戏的顺畅进行,没想到却导致大大的放声大哭和东东的手足无措。东东看到同伴委屈大哭,急忙向老师解释道:"我们两个正在玩游戏,我来搭停车场,他扮演出车祸的人……"

案例中,老师没有耐心地观察幼儿的游戏,更没有"读懂"幼儿的游戏行为,就"想当然"地直接以自己的价值判断评价幼儿的游戏行为,并贸然以游戏调停者的身份介入游戏,最终导致游戏者受到"委屈"和游戏的终止。

(二)无为而无不为

如前所述,在一个不同于日常生活的特定"空间"内发生的游戏具有"当局者清,旁观者迷"的特点,同时偏离或破坏游戏规则会导致整个游戏世界的坍塌。这就决定了在没有真正"读懂"或理解儿童游戏时,教师宁可作为游戏的旁观者,也不要"妄为""乱为",否则将因偏离或破坏游戏规则而成为游戏的"破坏者"。此时,教师最好的选择就是不介入、"无为",仔细观察与理解幼儿游戏。这种"不介入"反而有助于幼儿游戏的顺利进行。这就是老子所说的"无为而无不为"。

在上一则"汽车撞停车场"案例中,如果老师不急于按照自己的判断对幼儿游戏妄下定论并介入指导,而是愿意等待一下,愿意静心观察,那么结果将大相径庭。教师会注意到幼儿脸上愉悦的笑容,会注意到幼儿之间的亲密谈话,会发现他们沉浸在游戏中乐此不疲,会发现小小建筑师的每一次搭建都有新的不同……在真正理解幼儿游戏的基础上,自觉的指导行为会朝着支持幼儿游戏的方向迈进。此时的"无为"是一种有策略的等待,给教师思考的时间，以便理解幼儿的游戏，走进幼儿的游戏，更好地守护与支持幼儿的游戏。

第二节 确定指导时机

教师在明确了指导的必要性后，还要确定何时介入。选择与确定最适宜的指导时机是游戏指导艺术的重要体现。这里主要探讨确定指导时机的原则以及指导时机的基本类型。

一、确定指导时机的原则

时机确定得是否恰当，是影响指导成效的一个关键因素。当"时机未到"时，教师的指导可能会起到反效果或达不到预期效果；当"时机成熟"时，教师的指导可能会收到四两拨千斤的奇效。为了更好地确定指导时机，这里提出了四个基本原则。

（一）游戏优先

教师指导游戏的目的是为了支持与促进幼儿游戏的发展，恢复逐渐降低的游戏兴趣，丰富与深化游戏活动。因此，在确定何时指导时，首先要考虑的原则就是"游戏优先"，即将最大程度地有利于游戏的维持、丰富与深化，作为确定指导时机首要考虑的因素。在下面的案例[①]中，教师指导时机的确定和介入就较好地体现了游戏优先原则。

在美工区，馨馨、小语和六六正在忙碌地进行着她们今天的工作——包装花。她们精心挑选好一枝枝美丽的花，用包装纸将它们包起来，再一起合作，用彩带将花束捆绑固定，最后打上漂亮的蝴蝶结，这样，一束精致的花就包装好了。女孩将花一束束陈列在一旁的花架上，

[①] 此案例由浙江省慈溪市实验幼儿园徐爽老师提供，在此表示感谢。

成为区域中亮丽的一景,吸引了许多幼儿的目光。她们愉悦地继续包装着花束,花架上的花也开始多了起来。

工作了24分钟后,六六觉得有些无趣,说道:"好累啊!我不想包了,我得休息一会儿。"此时,小语看到花架上满满的花束,说:"你看花架上都被我们摆满了,再包下去都要放不下了!"馨馨急着说:"对呀,那怎么办呀?"三个小伙伴商讨了一会儿,也没有想出更好的解决办法,工作的热情也大大降低了。

此时,在一旁一直关注着她们的徐老师走到她们身边说道:"计算区的售货柜上好像还没有花哦!你们要不要去问一下售货员,需不需要你们送些包装好的花去卖?""好!"三人突然来了精神,捧着花去计算区问。售货员欣然接受了,孩子们感到非常欣喜。馨馨说:"我们去问问别的地方需不需要我们的花吧!""好啊!我们一起去!"此时,六六犹豫了一下,又跑来问:"徐老师,语言区的小朋友在舞台上表演,我想坐在下面的观众一会儿可以给表演的小朋友送花!""这是一个很棒的主意哦!你可以去问一下语言区的小观众们。""好!"六六说完便洋溢着快乐的笑容跑开了。

案例中,幼儿开始时专注于包花活动,但后来因多种原因热情大减。此时教师便适时采取"建议"的方式介入,避免了游戏的中断,同时也支持幼儿拓展了游戏。这较好地体现了确定指导时机的游戏优先原则。

(二)儿童主导

儿童是游戏的主人,是游戏的主体。因此确定指导时机的另一个重要原则即是"儿童主导"。具体地说,指导时机要能最大程度地有利于支持、鼓励与发挥儿童在游戏中的主体地位与主导作用,绝不能以弱化甚至剥夺儿童在游戏中的主体地位为代价。在进行指导前,可以思考以下问题:

（1）我现在介入是否有利于维持与强化幼儿游戏的兴趣？
（2）我现在介入是否有利于为幼儿解决游戏中的问题提供机会？
（3）我现在介入是否有利于提升幼儿的游戏自主性？
（4）我现在介入是否有利于支持幼儿在游戏中的主导地位？

如果对这些问题的回答是肯定的，那么教师就可以介入；如果对这些问题的回答是否定的，那么教师就要另择时机。在下面的案例[①]中，教师指导时机的确定与介入就较好地体现了儿童主导原则。

在游戏时间，炫宇拿出从家里带来的电子积木，一下子吸引了很多同伴围观，大家七手八脚地开始拼电路板。可拼了很久，灯泡还是不亮。这时候，杨杨说："是不是电池没电了啊？"炫宇说："不会，这是新的。""那是电线板接错了吗？"于是，几个人重新拆了又搭，但灯泡还是不亮。此时，老师已注意到了这里的异常，但没有马上介入，而是悄悄靠近并仔细观察他们的一举一动。这几个男孩子拆完电路板，开始重装，可灯泡还是不亮。"那怎么回事啊？"炫宇有点丧气。杨杨看见老师在旁边观察他们，就对老师说道："老师，我们的灯泡老是不亮，这是怎么回事啊？"老师仔细检查了一下电路板，说："前些天可可他们好像也遇到了类似的问题，但最后他们解决了，你去问问他们用了什么方法。"于是，他们赶紧去问可可。可可说："我们上回是电池装反了，那个电路板里的'＋'要跟电池上的'＋'放一起，'—'要跟'—'放一起。"炫宇按照可可的方法再次装好电池，灯泡果然亮了。孩子们做出胜利的手势，现场一片欢腾。

案例中，当教师发现幼儿游戏中出现"异常"时并没有马上介入，而是在旁边观察。这就为幼儿尝试解决游戏中的问题提供了自由的时间与空间。但当幼儿多次尝试仍无法成功地解决并向教师求助时，教师及时介入，建议

[①] 此案例由浙江省慈溪市实验幼儿园华宴扦老师提供，在此表示感谢。

幼儿请教之前遇到类似问题并成功解决了的可可。最终，幼儿成功地解决了问题。在此过程中，教师指导时机的确定在留给幼儿自由探索的机会与空间的同时，又能适时支持与推动幼儿的探索，进而使幼儿发挥了其在游戏中的主体地位与主导作用。这较好地体现了指导时机确定的儿童主导原则。

（三）顺势而为

幼儿游戏有着自己的发展节奏与发展态势。"游戏具有一种自我生成与更新的特性。在游戏过程中，由于多种因素（如游戏材料的增减、游戏中其他儿童的言行或其他一些刺激等）的影响，儿童有可能生成与更新游戏"[1]。因此，"游戏是一个往返重复、自我更新的结构。游戏有一个开放的结构，它的运动无穷无尽"[2]。换言之，幼儿游戏有其自身的发展规律与发展脉络。在确定指导时机时，要顺着游戏自身的这种"势"或"规律"，在关键点上"推波助澜"，达到四两拨千斤的效果。这就是"顺势而为"原则的基本要求。这在"滑滑梯"案例中得到了一定体现。

> 玩滑滑梯时，中班B老师发现班上很多孩子开始尝试倒爬滑梯，探索怎样能从滑梯的底部爬到滑梯的顶部。幼儿的游戏表现与B老师的游戏期望不符，但观察到幼儿脸上快乐的挑战表情和不断出现的"倒爬"现象，B老师决定在确保安全的情况下，满足并支持幼儿的游戏欲望和探索行为。为此，她帮助幼儿确定了几个可以尝试探究的滑滑梯入口，并指出安全提示，支持幼儿在确保安全的情况下进行倒爬挑战。

案例中，中班幼儿爱玩、会玩，运动能力已得到了一定发展，渴望探索新的玩法，希望挑战更高难度。对中班幼儿来说，由顶部滑向底部的滑滑梯玩法没有挑战性，也无法带来足够的愉快体验，由此他们便渴望并生发了

---

[1] 秦元东. 关于游戏指导的理论思考 [J]. 学前教育研究, 2001 (2)：24-25.
[2] 黄进. 游戏精神与幼儿教育 [M]. 南京：江苏教育出版社, 2006：22.

"倒爬滑梯"的行为。这种新的游戏玩法是幼儿需求、场地等多种因素共同决定与创生的结果，是当时、当地幼儿游戏的一种"势"。对此，B教师没有采取粗暴压制的方法，而是顺应了幼儿游戏发展的这一"势"，并且适时地创造了适宜条件以支持与推动幼儿游戏的发展。

（四）因时制宜

游戏是一种自由、自主的活动。游戏的时间、场地、参与者等的变化都可能导致游戏状态的变化。下面将要提到的七种指导时机只是一般情况，具体到不同的参与者、在不同的时间或场合，需要教师灵活把握，而不能简单机械地照搬。例如，"多次尝试未果"这种指导时机类型对于不同幼儿而言会有所不同：对于那些坚持性好的幼儿，教师可以多等一会儿，给幼儿自己尝试的次数多一些；而对于缺乏坚持性或坚持性比较差的幼儿，则可能在幼儿尝试了一两次之后，教师就要及时介入。此外，游戏情境的熟悉性、情感氛围、游戏中的挑战性等，均会影响指导时机的确定。总之，指导时机的确定是灵活的，需要因地、因人、因时而异，这即是指导时机确定的因时制宜原则。

二、指导时机的基本类型

这里根据一些相关文献与实践经验，归纳提炼出了一些常见的游戏指导时机类型（见表4-10），或者说出现以下情形时，教师可以考虑介入。

表4-10 游戏指导时机类型参考表

序号	指导时机类型	典型表现列举
1	游离游戏之外	心不在焉、左顾右盼、闲逛、无所事事
2	游戏简单重复	长时间简单重复、缺乏想象与挑战
3	明显安全隐患	隐患显而易见、幼儿不想或不能有效应对
4	违反社会规范	"不好"的游戏主题、情节、动作或言语

续表

序号	指导时机类型	典型表现列举
5	严重干扰游戏	过激行为、攻击性行为
6	多次尝试未果	难度过大、屡试屡败、挫败气馁
7	游戏交往困难	激烈的同伴冲突、争抢材料

（一）游离游戏之外

当幼儿在游戏中出现长时间没有投入教师所安排的想象游戏或虚构游戏中，或者出现徘徊、闲逛、无所事事、左顾右盼等游离在游戏之外的情况时，教师可以介入指导。

区域游戏时间开始了，所有幼儿都兴高采烈地选择并加入自己喜欢的游戏活动，但是 5 分钟过去了，只有小泽还在教室里无所事事地徘徊，他从图书区走到美工区，又从美工区走回图书区，游离在游戏之外。此时，教师选择介入，了解了小泽的心情，询问小泽的游戏心愿，帮助小泽加入心仪的游戏。

（二）游戏简单重复

美国学者格朗兰德曾区分了儿童游戏的三种水平，其中第二种水平即是简单重复的游戏，其特点是经常包含着重复行为，参与度不高，过于简单且缺乏想象。[1]因此，当幼儿游戏出现简单重复的情况时，如幼儿在想象游戏和虚构游戏中一再重复自己玩过的情节；游戏情节单一、进一步延伸和拓展有困难等，教师就可以介入指导。

鼎鼎扮演着火车司机，不断转动着手中的方向盘，模拟火车开动的情景。然而很长一段时间过去了，火车车厢里依然只有他一个人，没有

---

[1] 格朗兰德. 发展适宜性游戏：引导幼儿向更高水平发展 [M]. 严冷，译. 北京：北京师范大学出版社，2014：17—20.

一位"旅客"上车。孤独的鼎鼎跟之前一样,重复着开车的动作,可是脸上的笑容越来越少,他开始东张西望,看看其他人在玩什么。此时,教师扮作"旅客"加入游戏,询问鼎鼎:"我要到上海去,可以上车吗?在哪里买票呢?"听到"旅客"的询问,鼎鼎赶紧找来伙伴,扮作售票员,开始玩了起来。老师以角色身份加入幼儿的游戏后,幼儿的游戏情节得到了拓展,由之前的简单重复走向生动丰富,由之前的独自游戏逐渐转变为联合游戏、合作游戏……

这里需要注意的是,游戏动作的一个特点即是重复性[1]。因此,仅凭幼儿游戏中出现重复性动作,还不足以作为教师介入的唯一信号。只有当重复性、简单等信号一起出现时,才提醒教师可以介入了。"简单"是一个相对的概念,主要是和幼儿此前游戏相比简单与否,并且随着幼儿发展水平的提高,之前复杂的游戏可能对于成长后的幼儿而言,反而会变成简单重复的游戏。此外,由于幼儿园游戏自主性的情境性,使得幼儿在熟悉的游戏情境中会出现一些简单的游戏动作、言语等,在陌生的游戏情境中,他们则可能觉得具有一定的挑战性。总之,"游戏简单重复"这一指导时机要因人、因时、因地而异,要综合考虑多种因素,才能加以确定。

(三)明显安全隐患

当幼儿在游戏中出现明显安全隐患,容易让自己和他人受伤时,教师应该介入幼儿的游戏,帮助幼儿躲避或应对显而易见的危险。

玩沙游戏时间,添添兴奋地将沙子从地上抓起后扬向空中,一边扬一边说着:"放烟花喽,放烟花喽……"此时,老师叫停了添添的"扬沙"行为。因为添添的"扬沙"动作很容易让沙子进入自己或者别人的眼睛,造成眼睛受伤,存在安全隐患。

---

[1] 刘焱. 儿童游戏通论[M]. 北京:北京师范大学出版社,2004:169.

（四）违反社会规范

游戏过程中，当出现一些违反社会规范的情况时，比如，游戏内容不够健康、游戏内容违反社会价值观等，教师就需进行指导。

游戏时间，小贝和朵朵一起玩狼和小羊的游戏。扮演"狼"的小贝抓到扮演"羊"的朵朵之后，就拽住"羊"的手臂不放，张大嘴巴准备朝朵朵的手臂上咬，以达到吃"羊肉"的目的。老师发现了这一行为，急忙叫停游戏，引导小贝明白游戏和现实的差异，了解玩游戏时不能咬人的社会规范。

这里需要注意的一个问题是，社会规范反映了一定的价值观。因此，不同社会或不同人所依据的价值观不同，对某一行为或现象是否和社会规范相悖的判断就会有所不同。我国幼教领域曾对儿童的"出格游戏"进行过讨论。如一位教师发现娃娃家中的幼儿玩起了"死人"游戏，认为这反映了封建迷信，是不好的。因此便假装"医生"，告诉幼儿，"宝宝"并没有死，只是生了重病，需要住院治疗。当然，对于案例中这一教师是否需要介入以及如何介入存在分歧和争议。这里的关键是，"死人"游戏是否违反了社会规范？判断的依据是什么？当然，对这一问题的回答，不同的人可能因其所秉持的价值观与坚持的社会规范的不同而有所不同。这里也无法给出唯一的答案，笔者只是试图通过这个例子说明，不同的人在判断同一个游戏是否违反社会规范时，答案可能是多样化的，而答案的不同又会影响教师是否介入。在此过程中，教师需要反思自己的价值观与社会规范，进而使自己的判断更科学合理，并符合社会倡导的主流价值观和社会规范。

（五）严重干扰游戏

当幼儿在游戏中出现过激行为、攻击性行为等严重干扰游戏秩序的行为时，教师应进行指导。

搭建时间，轩宝和可可正聚在一起搭建高楼。眼看着高楼就要搭建好时，宁宁推着小推车经过，撞向搭建好的高楼。轩宝和可可对宁宁的行为表示抗议，告诫宁宁不能再来捣乱。然后开始第二次搭建。当第二次搭建快要成功时，宁宁又推着小推车过来，想要撞倒搭好的建筑。看着宁宁又要来捣乱，轩宝急忙向老师求助。此时，收到求助信号的老师前来了解情况，引导宁宁明白自己的行为已经严重干扰了别人的游戏行为，是不合适的。

（六）多次尝试未果

如果幼儿在游戏中遇到困难、挫折，难以实现自己的游戏愿望，且多次尝试仍未成功，那么教师可以考虑介入游戏，进行指导。

在建构区，果果正在玩搭建城堡的游戏。搭建时，果果把最小的积木放在下面，把最大的积木放在了上面。结果还没有垒几块积木，城堡就轰然倒地。见果果几次尝试均失败之后，老师拿了一些与果果手里一样的积木来到她身边，和她玩一样的"搭城堡"游戏。老师一边搭建，一边自言自语道："我想给艾莎公主搭一个漂亮的房子，大积木放下面，小积木放上面……"果果在旁边，通过观察与模仿，学会了搭城堡。此时，老师的游戏指导为幼儿提供了观察与模仿的对象，帮助幼儿成功解决了遇到的问题，体验到搭建房子的喜悦与成功，助推了游戏的发展。

（七）游戏交往困难

当幼儿在游戏中出现交往困难的情况，如难以与其他同伴一起相处、难以与同伴沟通互助等，教师可以抓住机会进行指导。

自选游戏时间，小兜和饼饼为了一只变形金刚争抢起来。一开始，教师并未马上介入，希望他们能够自己解决问题。可谁知处于情绪激动状态下的两名幼儿互不相让，争得面红耳赤。就在这时，教师走过去将变形金刚拿到手里，告诉他们："你不让他，他也不让你，还是放我这儿最好!"他俩见状都噘着嘴摇摇头,看样子很后悔。老师故意说道:"反正你们老抢也玩不成,放我这儿不是挺好吗?"小兜说:"那我们不抢了。"饼饼也点点头,用期盼的眼神看着老师。教师缓和了一下口气问:"那这个变形金刚应该给谁呢?怎样才能让两个人都玩呢?"小兜说:"石头、剪刀、布,谁赢了谁先玩。"饼饼补充道:"玩好后然后再给另一个人玩,我们轮流。"说着两个好朋友按照商量好的办法,开始通过猜拳的方法决定谁先玩。

冲突是幼儿在同伴交往过程中普遍存在的社会性行为,它对幼儿的社会性发展具有潜在的积极意义。案例中,老师的游戏指导不仅解决了游戏中的矛盾冲突,维护了游戏的顺利进行,并且让幼儿在解决冲突的过程中学会相互协调,学会谦让、协商、合作、轮流等策略,有利于幼儿社会交往能力的提高。值得注意的是,冲突恰恰为幼儿学习与提升同伴交往能力提供了一个契机。高宽课程就提出了"采用问题解决法解决冲突"的六个步骤[①]:

(1)平静地走向幼儿,停止一切伤害性行为;

(2)认同幼儿的感受;

(3)搜集信息;

(4)重述问题;

(5)询问幼儿解决问题的办法,并一起选择一个办法;

(6)如需要则给予后续支持。

---

① 爱泼斯坦. 学前教育中的主动学习精要——认识高宽课程模式[M]. 霍力岩,郭珺,等译. 北京:教育科学出版社,2012:57-58.

第五章　幼儿园游戏指导环节：实施阶段

在明确了指导的必要性和时机之后，教师就要进入具体实施指导行为的阶段，主要涉及选择指导的方法和把握互动的节奏性，这是本章将要探讨的主要内容。

第一节　选择指导的方法

教师明确了指导的必要性和时机后，就要考虑以怎样的方式指导幼儿游戏。游戏指导方法要根据幼儿及游戏等多个因素，灵活选择与运用。这里将在分析教师指导方法连续体的基础上，探讨指导方法选择的基本原则。

一、教师指导方法连续体[①]

在具体指导游戏时，教师可以采用多样化的指导方法。按照从"消极"到"积极"的性质，教师的指导方法可以排列组合成一个"教师指导方法连续体"（见图3-2）。越靠近左边，教师的指导方法越消极，参与游戏的程度或干扰越小；越靠近右边，教师的指导方法越积极，参与游戏的程度或干扰越大。在具体实践中，教师可以根据游戏的开展情况，选择和确定适宜的指导方法。总的来说，这些指导方法可以归纳为言语和非言语两大类。

[①] 参考自刘焱. 儿童游戏通论［M］. 北京：北京师范大学出版社，2004：394-398.

（一）言语的方法

言语的方法主要包括提问、询问、讲解、描述、重述和言语强化等具体方法。教师的言语如同十字路口的红绿灯，会对幼儿的行为产生导向作用。教师要意识到自己的言语对幼儿游戏的影响，自觉选择和运用适宜的言语方法支持幼儿的游戏。

1.提问

提问，是指教师一般采用问题的形式，开拓幼儿的思维，推动幼儿探索、思考和表达。根据问题答案的开放性程度，教师所提问题一般可分为"开放性问题和封闭性问题"[①]两类。封闭性问题通常只有唯一正确的答案，多用于获得幼儿的"回应"与支持，如"你们都发现了吗""一共有几块积木"等。开放性问题没有唯一正确的答案，多用于了解幼儿的想法和"问题"需要，如"我们怎样才能知道有几块积木呢""如果你喜欢的玩具没有了，该怎么办呢"等。相对于封闭性问题，开放性问题更有利于激发幼儿探索、思考，培养幼儿从多角度看问题的能力。在实践中，一般开放性问题会多于封闭性问题。

教师所提问题除了可以区分为开放性问题和封闭性问题之外，还可以根据其目的性，分为指向明确的问题和指向模糊的问题。其中指向明确的问题指教师所提问题的目的性很清晰，是为某一明确的目的服务的；指向模糊的问题指教师所提问题的目的性很模糊，没有明确的目标指向。这里的一个关键问题是，教师在提问时是否清楚自己提问的目的？在实践中，建议教师多采用指向明确的问题。

从问题的开放性与目的性两个维度，可以将问题分为四类，即指向明确的开放性问题、指向明确的封闭性问题、指向模糊的开放性问题和指向模糊的封闭性问题。结合每类问题和幼儿游戏的特点，建议教师提问时多用指向明确的开放性问题，指向明确的封闭性问题次之，可适量运用指向模糊的开

---

① 刘焱. 儿童游戏通论[M]. 北京：北京师范大学出版社，2004：396.

放性问题，但一般应少用指向模糊的封闭性问题。

2. 询问

询问，是指教师鼓励幼儿用言语描述自己在游戏中的行为或发生的事情，旨在帮助教师了解幼儿的游戏想法，避免教师的主观臆断曲解幼儿的游戏意图；帮助幼儿梳理自己的游戏思路，明白自己的想法和做法。[①] 例如，"你在做什么""你为什么要跑来跑去""你能告诉老师你搭的是什么吗"等。在下面的案例中，教师便用了询问，来了解幼儿的游戏情节并丰富角色行为。

> 游戏时间，大部分幼儿都围坐在一起，兴高采烈地玩着玩具。宁宁独自一人在教室里穿梭着，从这边走到那边。他不时凑到同伴边观察他们在玩什么，但不说话，每次停留几秒钟后又离开。老师走到宁宁身边，询问道："你为什么要走来走去？怎么不跟同伴一起玩呀？"宁宁满脸严肃地回答道："我是海底小纵队的巴克队长[②]，我要看哪里需要我的帮助。""哦，原来你是神气的巴克队长啊！巴克队长每次执行任务时会做什么、说什么呢？"老师追问道。宁宁想了想，满脸喜悦地回答道："我要找一个地方做章鱼堡，然后启动章鱼警报，再问问有没有人需要帮助。对了，我还可以找几个小朋友做我的队员，跟我一起完成任务！"老师的询问不仅了解了宁宁的游戏状态，还启发了宁宁的游戏思维，丰富了宁宁的角色行为和游戏情节。

3. 讲解

讲解，也可以称之为建议，是指针对幼儿在游戏中出现的问题，教师以直接或者间接的方式向幼儿提出解决问题的方法或意见。[③] 当在游戏观察中发现幼儿出现困难或游戏情节停滞不前时，老师用讲解的语言给出具体暗示。比如，当发现娃娃家的幼儿正在用手抓饭时，老师可以给出建议："我

[①] 刘焱. 儿童游戏通论 [M]. 北京：北京师范大学出版社，2004：396.
[②] 这是幼儿非常喜欢的一部动画片《海底小纵队》里的主要角色。
[③] 刘焱. 儿童游戏通论 [M]. 北京：北京师范大学出版社，2004：397.

觉得这样用手抓不卫生,有勺子和筷子就好了。"又如,当超市里没有人光顾时,老师可以向服务员建议:"你们有没有促销活动来吸引大家光顾呀?"此外,在向幼儿介绍新的游戏或游戏材料时,教师也可以采用讲解的方法。比如,科学区里新增了滴管和硬币等材料,老师一边演示,一边向幼儿讲解如何使用这些材料:"科学区里新增了一个'硬币小水池'游戏。怎么玩呢?大家要先用吸管从矿泉水瓶里吸出一些水,然后把滴管里的水轻轻地滴到这枚硬币上,数数自己滴了几滴。如果滴的时候有水从硬币上流下来,那就意味着挑战结束。谁在硬币上滴的水滴多,谁就是获胜方。"

4. 描述

描述,是指"教师客观地叙述幼儿的行为或行为的结果以及幼儿的情绪情感反应等"[①]。基于对幼儿游戏行为的细致观察和幼儿游戏意图的判断所生发出的描述语言,有利于幼儿对自己的行为以及行为的意义有更明确的意识;有利于传递教师对幼儿活动的关注和理解,表示教师对幼儿游戏行为的肯定和鼓励;有利于幼儿学习如何描述自己的游戏行为。例如,当教师看到一名幼儿正努力尝试着让平躺在泥工板上的小企鹅站立起来时,表扬她说:"你可真有创意,能想到让平躺着的企鹅站立起来。你是用橡皮泥制作了一个底座加固小企鹅,让它站立起来的,对吗?"通过教师的这种"描述",不仅让幼儿感受到教师对自己游戏行为的关注和肯定,而且也为幼儿示范了如何表述自己的游戏行为。

5. 重述

重述包括简单重述和有变化的重述两种,其中简单重述指教师完整复述幼儿的原话。对于有变化的重述,刘焱认为是指"教师采用扩展的、有变化的句子结构重复幼儿刚才所说的话的意思",可以起到纠正、拓展和示范等作用,可以为幼儿提供不同的句子结构或句型,使幼儿了解到同一件事可

[①] 刘焱. 儿童游戏通论 [M]. 北京:北京师范大学出版社,2004:395.

以有多种不同的表达方式①。有变化的重述一般在句型或句子结构的完整性与复杂性、词语的丰富性与准确性等方面会高于幼儿所说的话，因此还可以刺激与引导幼儿的言语向更高水平发展。例如，科学吧里一位女孩正在往杯子里倒水。教师走过去问她在做什么，女孩回答说："我在冷茶。"教师重述："哦，你在尝试用冷水泡茶呀。"此时教师有变化的重述语言不仅起到了纠正与拓展的作用，而且保护了幼儿说话的积极性。

6. 言语强化

言语强化，是指教师用鼓励、表扬性言语，肯定幼儿的游戏行为。对于幼儿在游戏中出现的好的游戏行为和品质，教师可以用表扬的方式，调动与强化幼儿游戏的积极性和主动性，比如，"你真会烧菜，既有蔬菜，又有肉，非常有营养"。对于幼儿在游戏中出现的某些不良行为或违规行为，也可以用激励式的正面语言，提出期望幼儿出现的行为要求，让他们知道该怎样做。比如，建构区中引导幼儿拓展旅馆楼层时可以说"如果能再搭高一层楼房，让更多的人住进来就好了"。

（二）非言语的方法

非言语的方法主要包括面部表情（如忽略、注视、微笑或不悦等）、榜样示范、提供材料、物质强化等。在游戏指导过程中，教师可以根据游戏需要，选取和运用适宜的非言语的方法。非言语的指导方法中，"提供材料"在后面章节会重点分析，故这里将主要介绍面部表情、榜样示范和物质强化这三种非言语的方法。

1. 面部表情

教师可以灵活运用多种不同的面部表情（如微笑、皱眉等），表达自己对幼儿游戏的看法和态度，对幼儿游戏具有导向与强化等作用。例如，注意（倾听、注视）与不注意的表情可以向幼儿传递肯定或否定、积极或消极等

---

① 刘焱. 儿童游戏通论［M］. 北京：北京师范大学出版社，2004：395.

不同的态度。① 又如，满脸笑容可以表示对幼儿行为的支持与赞扬；皱眉和摇头可以表示不认可、不支持；叹气可以表示惋惜等。教师的面部表情是一种无声的语言，会影响幼儿的游戏行为。在实践中，教师要注意多运用积极的面部表情，为幼儿营造亲切温馨的心理氛围，帮助幼儿获得心理的安全感和接纳感，少用或慎用愤怒、不满等消极的面部表情。在下面的案例中，教师就综合运用了言语和面部表情对幼儿进行指导。

　　玩具分享时间，辰辰抱着毛绒小熊坐在位置上，眼睛紧紧地盯着旁边玩橡皮泥的同伴，流露出非常羡慕的神情。老师走过去询问："辰辰是不是也想玩橡皮泥呀？"辰辰腼腆地点了点头。老师鼓励道："辰辰可以大胆地去跟同伴说，你也想玩呀。"辰辰羞涩地摇摇头，小声说着："我有点不敢。"老师鼓励道："没关系的，老师会在你身边帮助你的。"在老师的鼓励下，辰辰抱起小熊朝同伴走去，每走两步都会抬头看看老师的反应。老师站在边上一直注视着辰辰，朝辰辰肯定地点点头。见老师一直注视着自己，辰辰坚定地走到同伴身边，在开口前又朝一旁的老师看看。老师微笑着点头回应，辰辰受到了老师的鼓励，鼓起勇气向同伴说道："我能跟你一起玩吗？我也很喜欢玩橡皮泥……"

2. 榜样示范

　　榜样示范是"教师通过一定的方式向幼儿演示某种技能或行为方式"，往往伴随着一些言语。在游戏中，教师可采用直接示范或平行游戏等方式进行示范。② 例如，当幼儿不会使用橡皮泥工具时，教师可以采用平行游戏的方式，使用相同的工具进行制作。幼儿通过观察就可以学习如何使用该工具。这在下面的"电影院"案例中得到了较好的体现。

　　在电影院，教师发现"宣传员"拿着麦克风，傻傻地站在门口不说

---

① 刘焱. 儿童游戏通论 [M]. 北京：北京师范大学出版社, 2004：397.
② 刘焱. 儿童游戏通论 [M]. 北京：北京师范大学出版社, 2004：397.

话，静静地看着来来往往的"顾客"。于是教师也穿上宣传员的工作服，拿起麦克风大声宣传着："这里是开心电影院，今天会播放电影《米奇妙妙屋》，走过、路过不要错过哦……"教师通过扮演"宣传员"的角色，自然地向小小宣传员示范了如何吸引顾客、如何介绍电影院。就这样，教师在不影响幼儿游戏的前提下，实现了对幼儿的指导。

3. 物质强化

物质强化，是指当幼儿出现教师期望的游戏行为或游戏水平时，教师通过给予幼儿一定的物质奖励，对其加以肯定、表扬。例如，当幼儿出现帮助同伴整理游戏材料的助人行为时，教师可以提供小玩具给予奖励与强化。

游戏中的动机主要是内部动机。约翰逊等人在谈到游戏的特征时就指出，"游戏出自内在动机"，因而"游戏是重过程、轻结果"[1]。总之，游戏自身即是目的，而非达成某种外在目的的手段。在此过程中，幼儿的兴趣点和关注点主要是游戏过程，而不是结果。因此，作为主要指向外部动机的物质强化，在游戏指导中应尽量少用或不用。只有当游戏有价值且儿童参与的兴趣不够时，才可以适当使用。

同时，物质强化的象征意义应远大于实际意义。具体地说，如果强化物对儿童的意义或吸引力过大，那儿童的兴趣和关注点就会指向并停留于强化物，而将游戏视为获得此强化物的手段。这在根本上违背了游戏的本意。在下面的案例"西餐厅"中，教师运用物质强化的方法，肯定了幼儿的游戏表现，强化了幼儿游戏的兴趣，同时又未喧宾夺主。

西餐厅游戏开始了，扮演顾客的幼儿拿着游戏币来到西餐厅品尝起美味的食品，扮演工作人员的幼儿则在自己的工作岗位上辛勤工作着，保障西餐厅的正常运营，如收银员在有条不紊地做着收银工作、服务员

---

[1] JOHNSON J E, et al. 儿童游戏——游戏发展的理论与实务：第2版[M]. 吴幸玲，郭静晃，译. 台北：扬智文化，2003：28.

在顾客走后忙碌地收拾餐盘与整理桌子。然而10分钟后，有些工作人员开始出现消极懈怠的现象，不再积极工作，有的和小伙伴聊起天来，有的则在餐厅里跑来跑去玩起来……与此同时，还有一些工作人员依然尽心尽力地在工作岗位上努力工作着，热情地为顾客服务。教师将幼儿的游戏表现看在眼里，记在心上。在游戏结束后，教师给予这些认真工作的幼儿每人一张抽奖卡，凭卡抽取一份小礼物，以表扬他们的坚持性和责任感。同时也鼓励下一次想要当工作人员的幼儿，努力做好自己的工作。教师通过给予抽奖卡的物质奖励，激发并表扬幼儿乐意为别人服务的意识，增强幼儿的责任感和坚持性。

二、指导方法选择的原则

在游戏指导实践中，如何选择适宜的指导方法是关键。这里将主要介绍指导方法选择的三个基本原则，即游戏指向、循序渐进和灵活组合。

（一）游戏指向

游戏指导方法多种多样，各有其独特价值。在选择游戏指导方法时，首先要遵循"游戏指向"原则，即游戏指导方法的选择和运用是为幼儿游戏服务的，是为了游戏的顺利开展与不断丰富，是一种手段、工具而非目的。切忌为了"方法"而"方法"。

需要注意的是，方法、手段本身并无好坏之分，其价值和相应的目的联系在一起。换言之，任何一种方法只有和一定的目的联系在一起时，根据其是否以及多大程度上有助于目的的达成，才能判断该方法有效与否。因此，不存在"万能"的、绝对好的方法，也不存在"百无一用"的方法。这就要求教师熟悉不同方法的特性，进而根据所要达成的目的选择和运用适宜的方法。在下面的"纸桥承重"案例[①]中，教师对介入程度较深的"询问""提

[①] 此案例由浙江省慈溪市实验幼儿园余小庆老师提供，在此表示感谢。

问"等指导方法的选用就较好地体现了"游戏指向"原则。

大一班最近正在开展科学活动"纸桥承重"。教师在科学区投放了大量相关材料,引导幼儿利用材料探索,以及在游戏过程中体验与发现桥面造型、桥墩距离和承重力大小的关系。只见辰辰从盘子里首先挑选了一张最薄的红色打印纸,放到两个木头积木搭成的桥墩上,然后从旁边的盒子里拿出两片圆形雪花片放在上面,纸一下子就被压下去了,雪花片也掉了下去。于是,他用红色笔在记录纸上画了一个长方形,记下了一个数字"2"。随后,他又找出一张黄色卡纸,用同样的方法开始尝试。这次,卡纸上的雪花片放得更多了。辰辰耐心地一片一片往上摞,直至看到纸片开始往下弯,才长舒了一口气。他停下来数雪花片的数量,然后用黄色笔在记录纸上画了一个长方形,记录下数字"11"。紧接着,他又找出蓝色瓦楞纸开始尝试。他发现,瓦楞纸上可以放的雪花片似乎更多。于是他小心翼翼地往上摞,这次不等纸张明显变弯,他就停了下来,然后用蓝色笔在记录纸上记录下"32"这个数字。

见辰辰完成了三个步骤,老师走了过去。坐到辰辰身边,轻声询问道:"你刚才试的三张纸中,哪一张纸放的雪花片最多?哪一张纸最少?"辰辰准确地找出了瓦楞纸和打印纸。老师又问:"那你能不能想办法,让这张打印纸上放的雪花片也多一些?"辰辰想了想,把彩色打印纸拿起来,将长边对折一下,放在了积木上。这次上面放了9片圆形雪花片,纸才开始弯下来。辰辰很高兴,老师接着又问:"还能再试试吗?"辰辰又把那纸张的短边对折一下放了上去,这次仍然是放了9片雪花片。老师又启发道:"刚才哪一张纸放的雪花片最多?看看它是什么形状的,好吗?"辰辰拿起瓦楞纸看了一下,好像明白了什么,很快拿起打印纸将它折成扇子的形状,再试了一下,果然能放几十片了。

新的发现让辰辰开心不已,于是,老师提议道:"要不,我们来进行一次比赛吧!比比哪一组搭的桥上面放的雪花片最多?"老师的提议得到了大家的热烈响应。幼儿开始合作搭建坚固的桥,各组都有了自己的新发现：第一组尝试将纸多次对折后，放的雪花片更多了；第二组尝试将桥墩（木块）的距离拉近，放的雪花片更多了……经过不断调整、不断尝试，幼儿深入探究的兴趣被大大地激发了出来。

案例中的活动主要倾向于高结构游戏一端，甚至和探索行为之间有时区分得并不清晰，这就决定了教师对幼儿游戏过程的控制程度总体会相对更强一些。为此，教师开始时主要采取了"注视"的指导方法，此时对幼儿游戏的介入程度很低。后来教师发现辰辰在游戏中成功地探索与比较了三种不同纸张承重力的不同，并且发现辰辰在游戏中出现了一个小"问题"，即"不等纸张明显变弯，他就停了下来，然后用蓝色笔在记录纸上记录下'32'这个数字"。为此，教师便直接选用了"教师指导方法连续体"上靠右端的"询问""提问"两种指导方法，引导辰辰进行了更富有挑战性的游戏探索，进而引发了多名幼儿之间的分组比赛游戏活动。教师之所以会直接选用介入程度较高的指导方法，主要是因为当时幼儿游戏主要倾向于高结构游戏一端，并且考虑到幼儿当时游戏的具体状况。总体来看，教师选用的"询问""提问"等指导方法是适宜的，有利于且有助于幼儿游戏向更高的水平发展。

（二）循序渐进

幼儿是游戏的主角，无论是在游戏内容的选择方面，还是在游戏情节的发展方面，教师都应当充分尊重幼儿的游戏意愿和游戏节奏，不能依据自己的主观判断，随意加快和调整游戏。同时，游戏中蕴藏着丰富的学习机会，幼儿要在不断的"试误"中成长，教师过快、过多、过强的指导会挤压和破坏幼儿的学习机会和成长空间。在"教师指导方法连续体"（见图3-2）上，越靠近左端的方法对游戏的干扰越小，相反，越靠近右端的方法对游戏的干扰越大。因此，教师在选择指导方法时，一般应遵循"先左后右"的顺序和原则，考虑、选择与运用"教师指导方法连续体"上的方法，这即是指导方法选择的循序渐进原则。在下面的案例①中，教师就优先选择和运用了"表情""动作"等靠近"教师指导方法连续体"左端的方法。

  在点心店里，浩浩站在烧烤架前已经有一会儿了。他很纳闷为什么没有人来光顾，不免有些失落。浩浩向老师投来了求助的眼神，老师对他微微一笑，用手指做了一个思考的动作，意思是让浩浩动动脑筋，想想怎样吸引顾客上门。浩浩拿了一串烤串，对经过点心店的同伴问道："要买吗？"由于声音有点低，两三个路过点心店的孩子根本没注意到。浩浩又一次用眼神求助不远处看着他的老师，老师仍旧微微一笑，向他握拳做了一个"加油，你能行"的动作。浩浩低头思考了一会儿，从下面的柜子里找出一个小喇叭，对着小喇叭叫卖起来："卖烧烤啦，卖烧烤啦！好吃的烧烤要不要吃？"这一阵叫卖引来了不少小客人，"我要我要！""我也要吃烧烤！""给我2串。"此时，浩浩充满了成就感，老师向他竖起了大拇指。

  案例中，当发现浩浩遇到困难向自己投来求助的眼神时，教师并没有直接上前告诉浩浩如何解决，而是通过表情、动作等对游戏干扰很少的指导方法，最终在几乎没有干扰游戏的情况下，鼓励与支持浩浩圆满地解决了问题。

（三）灵活组合

  在游戏指导实践中，因游戏类型不同，适合的指导方法也可能会有所不同，操作类游戏更适合非言语指导，语言类游戏更适合言语指导；幼儿个体差异方面，有的幼儿更适宜言语指导，有的则更适宜非言语指导。总之，游戏的情境性、灵活性和幼儿的个体差异性等决定了教师在指导游戏的过程中一般需要灵活组合使用多种方法，这即是指导方法选择的灵活组合原则。在案例"我要拿回我的彩纸"中，教师就综合运用了面部表情、讲解和建议等

---

① 此案例由浙江省慈溪市实验幼儿园徐爽老师提供，在此表示感谢。

方法。

　　游戏时间，形形向老师求助："小鱼儿把我的纸拿走了，不准备还给我。"老师说："你自己想办法把纸要回来，自己要学会跟别人说。"形形在老师的鼓励下准备去拿纸，可是没想到小鱼儿看到形形来要就跑开了。形形见状，又向老师求助。这时同伴汀汀也在旁边，倾听形形遇到了什么问题。老师说："刚好汀汀在，可以请汀汀帮你一起去拿。"形形向汀汀求助，于是两个好朋友一起去找小鱼儿。找到小鱼儿后，形形羞涩地不敢说话，朝老师看看。老师并没有走过去，而是朝形形笑着点点头，做了一个加油的动作。老师的动作和表情让形形明白，老师不会走过来直接帮她完成，而是希望她自己解决。受到鼓励的形形鼓起勇气大声对小鱼儿说："请把我的纸还给我，我自己也要玩！"小鱼儿听后，把纸还给了形形。形形满脸成功的喜悦。

第二节　把握互动的节奏性

　　游戏是儿童学习的"试验室"，其主角应是儿童，应由儿童主导与决定在"试验室"中开展什么以及如何开展。在此过程中，教师应尊重与遵循幼儿游戏的节奏，成为游戏的"支持者"而非游戏的"破坏者"。

一、游戏：儿童学习的试验室

　　一种文化在形成初期往往具有很强的开创性、开放性、创新性等特点，它一旦形成并成为一种传统，尤其是成为某一社会中的主流文化传统后，便经常具有了程度不同的保守性，儿童文化也同样如此。"从一个角度来看，儿童文化基本上是保守的。早已建立好的规则、价值和传统形式奠定了儿童文化的基础和框架，新出现的灵感、印象绝大部分被业已建立的程序和形式所吸收。但与此同时，儿童文化又有着一种需要打破老一套，来更改形式和规则。文化反叛这种对现存形式和标准的抗议因素，也就成为儿童文化的

'利刃'"①。儿童文化是保守性与创新性二者兼具。一方面，儿童文化的创新性主要源于儿童文化的未完成性或者说在"形成"中的特性。换言之，"习惯""传统"还未真正形成或者虽初步成形，但很脆弱，因而具有很强的可塑性。另一方面，儿童文化的创新性主要源于儿童文化和游戏之间天然的内在联系。游戏是儿童的一种存在方式和学习方式，是儿童的基本活动，而游戏又内在富含创新动力、创新因子和创新机制。此外，游戏中创新的代价远低于工作或现实生活中创新的代价。正因为如此，成人也往往倾向于认可、鼓励幼儿在游戏中创新。

"由于不是'日常的'生活，故游戏存身于需要和欲望的直接满足之外，它的确打断了欲望过程。"②游戏"重过程轻结果"的特点，决定了"当幼儿游戏时，他只注意活动或行为本身，不注重活动的目的……由于不用追寻目标，无形中压力也减少，让幼儿可尝试各种行为或方法"。这也使得游戏"富于变通"和"富有变化"③。因此，"在儿童忘掉了自己的全身心的游戏中，有着进行自我超越的钥匙。游戏就是学习的试验室，在这试验室里，儿童总是期待着对那看得见和看不见的世界的征服"④。正是在这个"试验室"中，儿童可以几乎没有压力地轻易挑战各种"习惯""传统"，尝试各种"大胆""新奇"甚至"疯狂"的想法、做法。如彝族比较流行的"顶牛"游戏中，儿童可以突破彝族传统文化中"不能触碰别人'天菩萨'（即囟门的头发）"的文化禁忌，游戏双方甚至还可以用手抓住对方的"天菩萨"。

在这个自由的、富有创新性的"试验室"中，儿童是主人，主导或决定

---

① 布约克沃尔德. 本能的缪斯——激活潜在的艺术灵性 [M]. 王毅，孙小鸿，李明生，译. 上海：上海人民出版社，1997：25.

② 胡伊青加. 人：游戏者——对文化中游戏因素的研究 [M]. 成穷，译. 贵阳：贵州人民出版社，2007：8.

③ JOHNSON J E, et al. 儿童游戏——游戏发展的理论与实务：第2版 [M]. 吴幸玲，郭静晃，译. 台北：扬智文化，2003：27-28.

④ 布约克沃尔德. 本能的缪斯——激活潜在的艺术灵性 [M]. 王毅，孙小鸿，李明生，译. 上海：上海人民出版社，1997：34.

了在这个"试验室"中开展什么游戏以及如何开展游戏,同时自然伴以儿童身体、知识、社会性和情绪等方面的学习与发展。这在案例"搭建停车场"中得到了较好体现。

  在建构区,森宝正专心致志地搭建着停车场。他将"砖块"组合在一起,建立了一个封闭的停车场。当驾驶着车前进时,他发现之前搭建的围墙拦住了前方的路。怎么办呢?森宝根据生活经验,将"门"设计为自动感应门,增添了一个新情节,即"当汽车朝门开去时,门就会自己打开"。而同伴的感慨——"果真很高级,如果能有标志显示往这里开就好了"进一步激发了森宝的灵感。森宝开始寻找做标志的方法。在思考和观察周围的材料后,森宝开始行动。他选择身边的雪花片材料搭建箭头。他将四个雪花片组合在一起,形成一个"A"字形,箭头朝左,形象地表达出要朝左转的意思。

  在整个搭建过程中,森宝根据游戏中出现的问题不断调整搭建内容和游戏情节,从"搭建停车场"到"设计自动感应门"再到"搭建箭头标志"。这一次次的调整是森宝基于自己对游戏中出现的问题的分析与思考,将实际生活中的相关经验创造性地迁移到游戏中,通过不断实践完成的。

  在游戏这一"儿童学习的试验室"中,儿童是主人,有其自身探索、尝试与发展的节奏。在此过程中,成人(包括教师)可以支持和帮助儿童,但切不可"揠苗助长"。这在一个名为克耶唐(简称"唐")的地道的挪威儿童,通过游戏以其自己的方式和节奏逐渐融入美国儿童文化的案例[①]中得到了较好体现。

  唐刚进入美国学校,时间一天又一天、一周又一周地流逝,他靠着一棵树站在那里,看着操场上美国儿童玩各种游戏,仔细地观察着。

[①] 布约克沃尔德. 本能的缪斯——激活潜在的艺术灵性[M]. 王毅,孙小鸿,李明生,译. 上海:上海人民出版社,1997:30-33.

"他开始感觉到了游戏的节奏,感觉到了那些孩子的激情和运动。他内心也开始了身体运动……他全神贯注地看着。发生的每一件事都被眼睛和身体的乐感记录了下来。"三个多月的时间,他就这样一直静静地仔细观察着。后来他向爸爸要了一个红色手球,拿到这个手球时,他很有感情地小心挤挤它,用手指抚摩球的外壳,边哼着歌边出去了。"我从起居室的窗户望去,唐走路都不一样了,像个美国小孩,屁股扭扭的,他的步子中有了新的节奏。他马上就和其他孩子玩了起来……掷球,闪避,在空中将球击中,奔跑……它有自己的一套术语。唐闪避、奔跑、发球,在这些美国孩子中间将球击中……他已经是美国味的奔跑、美国味的掷球、美国味的捕球,哦,我的天呀,甚至是美国味的站立和美国味的轮候上场了!被这一个球所解放,流畅地、与其他孩子和谐无间地,他浑身上下全是美国味地玩球了……这新的儿童文化的语码已被这孩子整个地化入自身了。"很快地,唐又说起了美国味的英语。"这个球释放出了一种新的身份证明,新的身体运动导致了一种新的游戏,新的游戏导致了新的语言,新的语言导致了新的人的归属和文化伙伴关系。"

在这个案例中,唐正是借助美国"手球游戏",按照自己的速度与节奏,一步一步地进入美国儿童的手球游戏中,进而感受与内化了美国儿童文化的规则和语码,将自身沉浸其中,真正成了其中的一员。

二、游戏的支持者或破坏者:教师的选择

教师适宜的指导可以支持与推动幼儿游戏水平的提升,可以将游戏促进幼儿学习与发展的功能充分激发出来。但这并不意味着教师的所有指导行为都能支持幼儿游戏的发展。有时,过度的指导不仅不会促进游戏的发展,还会适得其反,成为幼儿游戏的破坏者。成为幼儿游戏的破坏者还是支持者,取决于教师的选择。其中一个重要因素是教师指导的节奏是否与幼儿游戏的节奏相契合。

当教师急于用成人的眼光和标准审视幼儿及其游戏,急于推动幼儿的游戏进程,忽视幼儿游戏的速度和节奏时,"幼儿的游戏"往往会变成"教师的游戏",幼儿游戏也可能会堕落为"游戏"幼儿。此时,教师也就成了"游戏的破坏者"(如案例"扔沙包一"[①])。

一次户外游戏中,某大班教师组织本班幼儿开展冬季锻炼活动,如扔沙包、跑步等。该教师认为"扔沙包"游戏可以教幼儿学会测量。于是,她将幼儿带到地面由一块块方形橡胶砖铺成的户外。她先让幼儿自己扔沙包,然后问他们:"怎样才能知道扔得有多远?"幼儿回答说:"可以数地上的方块。""还可以用棍子、跨步、绳、布条等不同的方法。"该教师对这样的结果很满意,认为达到了教学目标。

案例中,教师按照自己心中"好"游戏的标准指导幼儿游戏,用教师的节奏代替了幼儿的节奏,最终成了幼儿游戏的破坏者。具体地说,教师能将扔沙包和学习测量联系起来,能发现扔沙包游戏的教育潜能并给予幼儿指导与启发,应该说是很有创意、很有智慧的。但没有把握好游戏指导的节奏,急于通过一次活动就达成预定目标,让幼儿在一次活动中说出所有可能的测量方法。于是,原本非常有趣的游戏活动变成在老师指挥下的教学活动,原本快乐的游戏变为索然无味的"课"。

与"游戏的破坏者"不同的是,当教师能真正关注幼儿的需要,自觉地根据幼儿的特点和游戏速度调整自己的指导方式,尤其是放慢指导节奏以适应幼儿的游戏节奏时,教师指导往往能起到支持幼儿游戏的作用。此时,教师也就成了"游戏的支持者"(如案例"扔沙包二"[②])。

另一次户外活动时,幼儿在户外"扔沙包"时最初的兴趣是扔沙包本身。幼儿在扔的过程中产生了"谁扔得远"的问题。这时,教师因势

[①] 改编自"浅谈游戏中师幼互动的节奏把握"[OL].[2011-04-10].
[②] 改编自"浅谈游戏中师幼互动的节奏把握"[OL].[2011-04-10].

利导地提出"怎样才能知道扔得有多远"的问题。可能是因为场地的关系,幼儿首先想到的是利用地面上的砖。一段时间过后,教师有意地更换了游戏场地,将幼儿带到了平坦的操场上扔沙包。因地面上没有了可以利用的自然测量工具——方砖,于是幼儿就面临着如何解决测量工具的新问题。这时,教师"很自然"地将标准测量工具(如皮尺等)介绍给了幼儿。

在案例"扔沙包二"中,教师放慢了脚步,"等待"幼儿在游戏中出现问题而无法独立解决时再自然介入。当幼儿在教师的支持下解决了这一问题时,教师也没有急于拓展新的测量工具与方法。而是耐心地等待了一段时间,通过更换游戏场地的方式,自然引发幼儿产生了如何在缺少"方砖"这一自然测量工具时进行测量的问题。此时,教师又顺势引入了标准测量工具。总之,在这个案例中,教师遵循了幼儿游戏的节奏,较为成功地扮演了"游戏的支持者"的角色。

三、教师指导:遵循儿童游戏的节奏

教师指导如何才能起到支持与助推幼儿游戏的作用呢?其中关键的一点是,教师要把握好互动的速度,留给儿童磨合、试误、探索的空间和时间。

教师与幼儿游戏的互动过程,就如同教师与幼儿一起走路的过程。如果教师不放慢自己的步速,幼儿就会在后面追得气喘吁吁;如果教师以略快于(以最近发展区为限)幼儿现有水平的步速走在幼儿前面,幼儿就能在自己能力限度内富有挑战地快速前进;如果教师以慢于幼儿现有水平的步速跟在幼儿后面,幼儿就可能悠闲地自然漫步。

因此,教师在指导幼儿游戏时,一定要放慢自己的速度以适应(慢于、同步或略快于)幼儿游戏的节奏,以幼儿"学"的速度来确定自己"教"的速度。具体地说,一方面,教师要学会站在幼儿的角度看问题,以"自己是个孩子"的心态来感受幼儿可能的兴趣与需要,以此为依据来设计游戏主

题与内容；在实际的游戏过程中，教师要敏感地察觉幼儿的游戏兴趣和需要，灵活调整游戏方案、步调和材料，以适应幼儿的水平。另一方面，教师要给予幼儿充足的时间和空间进行探索与思考，要提供条件，鼓励、支持幼儿验证自己的想法，即便是"错误的"想法。教师要允许幼儿"出错"——"失败是成功之母"[①]，更要给予幼儿试误、探索的机会，不能因害怕幼儿"出错"，而急于用成人"正确的"方法或观点限制幼儿的头脑与手脚。此外，每个幼儿都是独一无二的个体，每个幼儿发展的速度和到达某一阶段水平的时间点是不一样的，因此，教师不能采用"一刀切"的指导方式，而应让自己的指导适宜每个幼儿的游戏节奏。

在案例"扔沙包一"中，教师显然没能把握与遵循幼儿游戏的节奏，而是用自己的节奏主导了幼儿的游戏，最终破坏了游戏。类似现象在实践中并不少见（如案例"厨房里的音乐会"[②]）。

锅碗瓢盆是幼儿生活中熟悉的物品，厨房里这些物品发出的不同声音，对他们有着较大吸引力。为了让幼儿在浓厚的生活氛围中感受美妙的声音，教师在娃娃家中创设了"厨房里的音乐会"。教师为幼儿准备了各种厨房用具，如不同材质的碗、锅、勺、桶、杯、盆、瓢、锅盖等；还为幼儿准备了伴奏音乐《办家家》。教师的初衷是引导幼儿自由敲打各种厨房用具，并尝试用锅碗瓢盆为乐曲（如《办家家》）伴奏。

游戏开始了，只见幼儿兴奋地触摸各种用具，有的热衷于敲打一种器具，使其发出响亮的声音；有的喜欢听辨不同材质的物品发出的声音，如瓷器的声音清脆而明亮、竹箩的声音闷闷的、铁锅的声音硬邦邦

[①] 从边界的视角来看，错误、失败、不足和正确、成功、完美等二元之间是对立与封闭的，存在着无法逾越的鸿沟。但从边缘的视角来看，这些原本对立的二元只是处于不同阶段而已，可以相互转化，并且错误、失败、不足中蕴藏着丰富的发展价值，内在具有正确、成功、完美的"基因"或"因子"，能帮助个体突破自身局限，引发进一步思考，具有通往成功的可能性，并进而超越自身，不断发展，最终实现二元之间的转化。

[②] 此案例由浙江省慈溪市实验幼儿园蔡春玲老师提供，在此表示感谢。

的……幼儿玩得不亦乐乎。这时，教师在一旁观察后发现没有幼儿去按音响的开关，于是主动打开了音乐。这时，娃娃家里响起了《办家家》的音乐，幼儿开始手舞足蹈地唱歌、表演，非常快乐。教师发现幼儿始终无法朝着自己预设的目标前进，因为没有幼儿想到可以用厨房里的用品为《办家家》伴奏。

于是教师关闭了音乐，拿起一个平底锅和一把长勺，对幼儿说："小朋友们，你们看，我们还可以用这个工具为音乐伴奏呢，大家都来玩一玩吧！"在教师的引导下，幼儿挑选自己喜欢的工具开始为音乐伴奏。可练习几次之后，他们始终无法跟上节奏，每个人都按照自己喜欢的方式进行：有的快，有的慢，有的仍然沉浸在不停敲打的快乐中。教师又想出了新的策略——节奏卡。教幼儿先学会敲打与音乐相匹配的节奏型 ×× ｜ ××× ｜，再使用工具与音乐进行契合练习。几次练习后，幼儿纷纷表示不想在娃娃家玩了。

案例中的教师在娃娃家创设了"厨房里的音乐会"游戏，吸引了幼儿的积极参与。面对这些有趣的、操作性较强的材料，幼儿自由地尽情敲打、听辨，乐在其中。但教师生硬地介入幼儿游戏，将用厨房用具为《办家家》伴奏强加到游戏中，打乱了原本的游戏节奏，最终导致了幼儿纷纷离开。

在案例"扔沙包二"中，教师较好地把握与遵循了幼儿游戏的节奏。如果教师能遵循幼儿的游戏节奏，以渐进式、生成式的方法组织与指导，则既能让幼儿获得愉快的游戏体验，又能使其收获有益的学习经验。具体到"扔沙包"游戏，开始时幼儿的兴趣往往会聚焦于玩沙包本身。在游戏过程中，幼儿可能会专注于扔沙包游戏情节的探索与尝试，也可能会生成"比赛"的游戏情节。在比赛过程中，自然就会产生"谁扔得远"的问题。此时，如果幼儿能以自己的方式解决这一测量沙包远近的问题，则教师就没有必要介入。如果幼儿在测量沙包远近时出现了争执与分歧，并且相持不下，这时，教师可以通过询问、讲解、建议、面部表情、示范等方法介入，引导幼儿采用自然测量工具（如方砖）解决测量问题。在此过程中，教师可以提供纸、笔等记录材料，引导幼儿记录测量结果，在"统计"与"比较"中丰富有关远和近的认识。一段时间以后，教师就可以通过更换游戏场地、改变游戏内容的方法，例如，将幼儿带到没有方块的塑胶操场上扔沙包，以扩展、延伸游戏内容。塑胶操场缺少可以利用的自然测量工具——方砖，幼儿必然会遇到新的问题。这时教师就可以"很自然"地和幼儿一起探索其他测量工具。幼儿在游戏中不断利用场地中现有的自然测量工具以及主动到其他场地、家庭或社区中搜寻与利用自然测量工具，教师可以随之鼓励幼儿寻找与创造性地运用自然测量工具。随着幼儿在游戏中测量经验的不断丰富，教师可以适时开展有针对性的集体谈话活动，以提升与拓展幼儿的测量经验。当幼儿在测量中出现了因自然测量工具的非标准化而引发测量结果的争执与分歧时，教师便可以自然引入标准测量工具（如皮尺等）。总之，教师要尊重与遵循幼儿游戏的节奏，以富有挑战性与支持性的方式进行指导。

第六章　幼儿园游戏指导策略

教师指导渗透并贯穿于幼儿园游戏的始终，主要体现在创设游戏环境、实施有效观察、寻找干预契机、引导交流分享等诸多方面。教师如何支持和助推幼儿游戏走向更高水平呢？这里将主要从游戏时空、游戏材料和教师自身三种媒介入手，深入探讨教师指导的基本策略。

第一节　以游戏时空为媒介的指导

游戏时间的充分保障和游戏空间的合理设置，是幼儿园游戏正常运行与优化提升的基础和保障。游戏空间的设置和游戏时间的规划，是接下来将要探讨的焦点。

一、游戏空间的设置

幼儿游戏的方式、游戏情节的发展与游戏空间密度、空间安排、结构等有着密切关系。约翰逊等人综述了有关空间密度与空间安排等方面的一些相关研究，发现虽然空间设置（包括空间密度、空间安排等）和游戏之间关系的研究结果存在一些分歧（有的甚至截然相反），但还是明确指出"环境因子——适合游戏的空间、空间布置及玩具和设备的选择——皆可能对孩子的游戏行为产生影响"[①]。在实践中，如何实现空间利用的最大化已然成为许

[①] JOHNSON J E, et al. 儿童游戏——游戏发展的理论与实务：第2版[M]. 吴幸玲，郭静晃，译. 台北：扬智文化，2003：446-471.

多教师面临的一个问题。这里将从以下五个方面对游戏空间的设置问题进行探讨。

（一）空间的合理布局

游戏空间布局的合理性直接影响到空间利用的效率以及游戏的状态。约翰逊等人介绍与分析了一个关于空间安排调整与幼儿游戏行为关系的个案研究，并指出该个案研究对室内空间安排或布局的一些启示[①]：

（1）如果希望降低跑及粗野嬉戏的游戏，可以用分隔物或家具将广大的开放空间分隔开来。

（2）将有冲突的角落（如吵闹的音乐角和安静的图书角）分开，将互补的角落（如娃娃家和积木角）放在一起。

（3）划出教室内清楚的动线。

（4）运用分隔物及家具为不同的游戏角落清楚地划分范围。

（5）使用物理提示（如家具、画架、水族箱等）和表征提示（如海报、相片等），清楚地定义或描绘不同的游戏角落。

（6）将需要用水的角落（如美劳角等）靠近水源。

（7）将可能脏乱的角落（如点心角等）放在有瓷砖的地板，在需要温暖或会造成吵闹的积木角铺地毯。

总之，一个游戏空间中存在着许多内容不同、复杂性各异的游戏区域，如何实现复杂程度、动静程度、内容以及需求等方面各异的游戏区域和谐共生？这是摆在教师面前的一个无法回避的挑战。

1. 动静分开

一个班级中的游戏区域会呈现多种复杂程度及性质，产生的游戏氛围、喧哗程度各不相同，且每个游戏区域都有自身对动静的要求。此时，为了避

[①] JOHNSON J E, et al. 儿童游戏——游戏发展的理论与实务：第 2 版 [M]. 吴幸玲，郭静晃，译. 台北：扬智文化，2003：470.

免各游戏活动之间相互干扰，应尽量动静分开。如较为喧哗的"小舞台"不能与安静的"小小图书馆"邻近，在具体设置时，"小舞台"可设置在走廊或午睡室，而"小小图书馆"则可设置在安静不吵闹且采光较好的靠窗角落等。

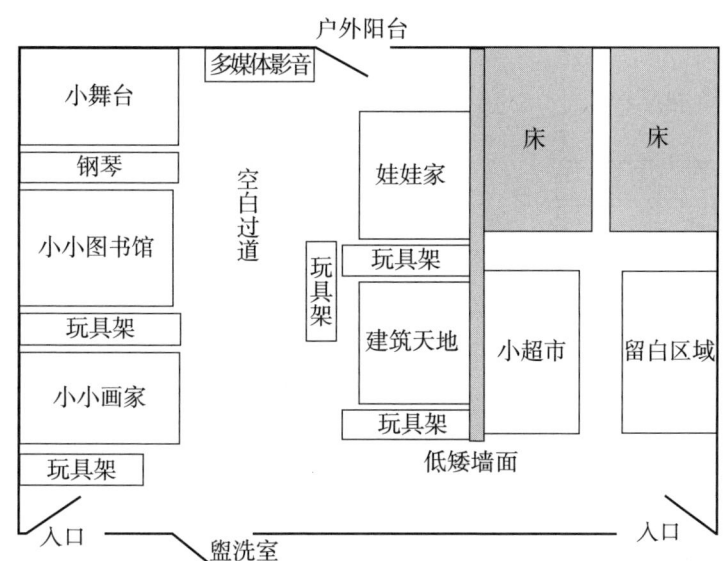

图 6-1　某小班室内游戏区域空间布局图（调整前）

以图 6-1 为例，此室内空间总体为长方形布局，其中包含活动室及午睡室，中间有低矮墙面作为隔断。教师沿着墙面设计了若干游戏区域，因此呈现较为整齐、明显的划分。但在具体的区域空间设置时，由于对多媒体影音设备与舞台表演结合运用的思考，教师将小舞台设置在活动室的角落，并且以钢琴为隔断，在邻近区域设置了小小图书馆。这显然违背了动静分开的基本要求，气氛热烈的小舞台常常会打扰在小小图书馆看书、讲故事的小朋友们。经过观察与思考，教师将游戏区域空间布局进行了调整（见图 6-2）。

图 6-2 显示，相较于图 6-1 中的游戏区域空间布局，教师将小小图书馆迁至靠窗角落，即原来小舞台的位置；同时将小舞台迁至户外阳台处，既与多媒体影音设备邻近，又能与安静的图书馆分离。

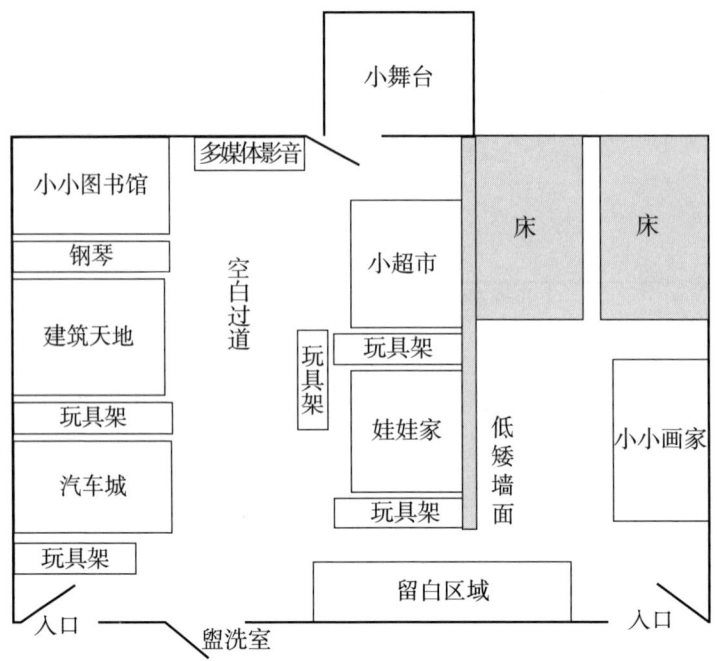

图 6-2　某小班室内游戏区域空间布局图（调整后）

2. 相关邻近

不同游戏活动之间的相关程度存在差异。为了引发与支持不同游戏活动之间产生有意义的互动，教师应将相关程度较高且容易引发互动、进而形成新游戏组合的游戏区域邻近设置。如图 6-2 中的"汽车城"与"建筑天地"因具有较高相关性而邻近设置，由此便易于引发有意义的互动。

　　小二班的"汽车城"与"建筑天地"是"隔壁邻居"。东东在汽车城摆弄一个轮胎掉落但还没"维修"好的小汽车。这辆小汽车放在维修台上无法开动。东东望着不能开动的小汽车想了想，没一会儿就去隔壁"建筑工地"借来了长方形木板当作斜坡，架在维修台上，把三个轮胎的小汽车放在长方形木板上，只有三个轮胎的小汽车从木板上滑了下来。东东高兴地说："没轮胎，我也能让小汽车滚动起来！"

　　案例中，邻近区域"建筑天地"中的长方形木板激发与帮助"汽车城"

中的幼儿找到了游戏中解决问题的方法，进而通过组合材料最终解决了问题，支持与助推了幼儿游戏水平的提升。

对于"相关"的判定经常存在视角的差异，尤其是教师与幼儿视角的差异。在游戏空间设置之初，教师经常根据以往经验，判断不同游戏区域之间是否存在相关以及相关的程度，进而根据这种判断使自己认为相关程度高的不同游戏区域在空间方面"邻近"。这主要体现了教师视角中的"相关"。但在游戏开展的过程中，教师所判断或预期的"相关"可能并没有出现。此时，教师需要从幼儿的视角判断，哪些游戏区域之间相关以及相关的程度如何，进而将幼儿在游戏过程中内在需要"相关"或自然而然"相关"的游戏区域进行"邻近"设置。此时的"相关"便体现了幼儿的视角，是幼儿游戏中真正需要且顺其自然的"相关"。

在此过程中需要注意的是，教师视角中的"相关"有时也会引导或转化为幼儿视角中的"相关"。换言之，教师将自己认为存在较大相关的、不同游戏区域在空间方面邻近设置，有时也会引发和支持这些空间邻近区域中的幼儿之间产生有意义的互动。当然，不同游戏区域之间是否会相关以及相关的程度如何，最终是由幼儿在游戏中决定的。

"相关"除了存在视角的差异之外，还具有动态性。具体地说，游戏的主题、情节、材料等因素均可能影响"相关性"，或者说不同游戏区域之间的"相关性"会随着多种因素的变化而动态变化。因此，原本没有相关或相关程度较低的游戏区域之间可能会变得相关程度很高，反之亦然。这就要求教师不断观察与判断（尤其是幼儿视角）不同游戏区域之间的相关性，进而根据"相关邻近"原则，对游戏区域的空间设置进行必要的调整。

以图6-1与图6-2中的游戏区域空间设置为例，开始时，教师发现幼儿用"建筑天地"中的管道玩具，拼出了娃娃家中的水龙头，于是便将娃娃家与"建筑天地"邻近设置，并在"建筑天地"中投放家具等图片，目的是为了引发幼儿拼搭能够放在娃娃家中的家具等作品。但这样设置了一个月后，幼儿既没有拼搭出家具，也没有产生教师想要的效果。娃娃家的"爸爸""妈妈"更喜欢推着婴儿车去超市买东西。于是，教师便将设置在低矮墙壁旁的小超市迁到了娃娃家的旁边，娃娃家的家人们成了小超市的常客。

案例中，"幼儿用'建筑天地'中的管道玩具拼出了娃娃家中的水龙头"，使教师推测与判断"建筑天地"和"娃娃家"两个游戏区域之间存在相关，因此将其邻近设置。但在后来的游戏过程中并没有再发生有意义的互动。教师观察到娃娃家中的"爸爸""妈妈"喜欢到超市购物，因而又推测与判断"娃娃家"和"小超市"具有较高相关，由此便对游戏区域空间设置进行了调整，使"娃娃家"和"小超市"空间邻近。事实证明教师的这次判断和调整是成功的，"娃娃家的家人们成了小超市的常客"。

3. 避免死角

在游戏空间的布局过程中，一定不能为了盲目追求空间大小而忽略了安全因素。实践中，有些教师在设置游戏空间时常常陷入空间过小的困境，为了解决此问题，教师通常会采用利用午睡室或户外空间的方法。这虽能有效扩大游戏空间，但出于安全考虑，所有游戏区域均应处在教师的视线范围内，避免盲区或死角的出现。这样既能较为有效地保障幼儿游戏时的安全，同时也能保证教师观察到幼儿的游戏行为，从而做出进一步的指导。

值得注意的是，"私密空间"的设置和"避免死角"的要求之间在根本上是不矛盾的。在幼儿园，设置相对独立、自由、隐秘的私密空间能满足幼儿的心理需求。这样的空间从幼儿的视线高度看是"私密空间"，但从教师的视线高度看是"一览无余"的，因此并不矛盾。

（二）封闭与开放相结合

每个游戏区域首先是一个相对独立的空间，便于幼儿在其中不受外界干扰，开展游戏活动，这就决定了不同游戏空间具有相对的独立性与封闭性；但不同游戏区域空间应是开放的，便于幼儿自由出入不同游戏空间，这就决定了不同游戏空间具有内在联系和开放性。"正是基于区域的开放性,生态式幼儿园区域活动中虽然各个区域之间也可能会以矮柜、隔离栏或桌子等相隔,但这只是为了让各个区域形成一个相对独立的空间与'舞台',便于区域中的幼儿开展活动。但是,各区域之间是相对独立的,在需要的时候随时可以拆除这些'隔离物',随时可以对这些区域进行'加减乘除运算',随时可以拆分与合并区域,随时可以在各个区域之间进行交流。总之,各个区域的门永远是随时'敞开'的。"①

游戏区域空间封闭性与开放性的程度和幼儿年龄有一定关系。一般的规律是,幼儿年龄越小,封闭性相对越强;随着年龄增长,开放性逐渐增强。除此之外,游戏的结构化程度往往也会对游戏空间封闭性与开放性的程度产生一定影响。如户外游戏是低结构游戏的典型表现,它主要由幼儿主导与控制,彼此之间的流动性也相对更强。与此适应的是,户外不同游戏区域空间的开放性相对更强,而封闭性相对更弱。

如何才能更好地遵循与实现游戏空间设置的封闭与开放相结合呢?第一,将游戏空间划分成界限清晰、标志明确的区域空间是非常必要的。正如美国学者爱泼斯坦在谈到高宽课程室内学习空间设置时所指出的那样:"这种教室清晰地分为兴趣区或学习中心。每个区域都有一个简单的名称,如娃娃家或艺术区,并用标签显示。标签上可以使用词语、图片或实物。"②第二,不同游戏区域空间分隔物的选择和运用也是非常重要的。"教师可以使用低矮的分界物来将各个区域分隔开来。这些分界物可以是矮架子、地毯、地板上画的过道或粘的胶带等。"③值得一提的是,不同分隔物或分界物的通透性

---

① 秦元东,王春燕. 幼儿园区域活动新论:一种生态学的视角[M]. 北京:北京师范大学出版社,2008:42.
② 爱泼斯坦. 学前教育中的主动学习精要——认识高宽课程模式[M]. 霍力岩,郭珺,等译. 北京:教育科学出版社,2012:69.
③ 爱泼斯坦. 学前教育中的主动学习精要——认识高宽课程模式[M]. 霍力岩,郭珺,等译. 北京:教育科学出版社,2012:73.

不同，所营造的空间的封闭性与开放性也不同。这就需要教师综合考虑游戏区域空间的封闭性与开放性程度，以及分隔物自身的通透性等因素，选择和运用适宜的分隔物。

（三）空间的共享使用

一般来说，游戏空间（即户内外游戏总空间）的大小很难改变，换言之，空间密度及人均占有面积都较难改变。此时，共享区域的利用便成了挖掘与拓展游戏空间潜力的一个突破点。教师应挖掘和利用幼儿园中一切现有的与潜在的空间资源，如室外的走廊、过道、大厅等共享区域。这些共享区域凝结了全园教师的智慧，投放了各式各样幼儿乐于探索的游戏材料；同时，这些共享区域的利用使幼儿走出教室，打破了班级的固有模式，让班与班之间有了联动与沟通，互相传递经验，在丰富幼儿活动内容的基础上有更为深远的发展意义。

幼儿园大厅左侧的衣架上挂着许多消防服和消防工具，供幼儿园的小朋友们共同开展游戏。消防局游戏开始了，按先后顺序，这次老师选定了6名幼儿作为消防员，穿上消防员的服装，进行短暂的"岗前培训"，要求选出一名队长，带领所有队员开展灭火任务。大班的小茗和中班的诚诚都想当队长。当老师问他们当队长要做什么时，诚诚摸了摸脑袋说出不来，而小茗则大声说："我要带着大家一起去灭火、拿印章。"最后通过投票，小茗成了消防队的临时大队长，带领另外两名大班幼儿和三名中班幼儿组成了小小消防队。

正式出发前，小茗队长在消防局进行了一次整队，明确了队员的人数、实际出发人数。在任务开展的过程中，他们在过道处发现一处着火点，队长就带领全体队员进行灭火。遇到要上下楼或改变行进方向时，队长会大声提醒队员："消防员现在都去楼上，你们跟我走！"结束的时候，小茗队长再次进行了整队，一个一个数清楚消防员人数，发现没有队员掉队，就将消防服换下，拿取奖励的印章。队员们认真地照着队长的样子换下消防服，开心地拿着印章回教室了。诚诚认真地看了小茗哥哥当队长的样子，开开心心地回教室了，还说："下次我也要这样当队长。"

幼儿园大厅等共享区域不仅有助于空间资源的充分利用，更为重要的是，这些空间具有公共性、开放性与共享性，为幼儿带来了一些新的机遇和挑战，如参与幼儿的年龄、经验等更加复杂多样，这也给游戏的多样化和复杂化提供了可能。如案例中大班的小茗和中班的诚诚相比，在语言表达能力、游戏的目的性和合作意识等方面都略胜一筹，因此获得了其他幼儿的肯定。对诚诚来说，这次游戏是一种机遇和挑战，一方面能学习小茗当队长的经验，另一方面在调节"想当队长而不得"的心理以及学会合作方面也是一种挑战。

除了室外走廊、过道、大厅以及户外游戏空间等共享游戏区域的创设与运用之外，空间的共享使用还体现在室内游戏区域空间的共享使用。具体地说，游戏区域空间的开放性决定了幼儿原则上可以自由出入任一游戏区域。换言之，任一游戏区域空间原则上不属于某一幼儿独享，而是可以被所有幼儿（一般是本班幼儿）共享的。当然，目前也有幼儿园尝试开展年级联动游戏和全园联动游戏。此时，某班的游戏区域除了可以被本班幼儿共享外，还可以被本年级或本园幼儿共享。

如何才能有效实现空间的共享使用呢？第一，不同游戏区域空间对于幼儿应是显而易见的，这是基础和前提。对于室内游戏区域空间，"儿童要能够从房间的不同位置看到各个区域"[1]，并且通往各个游戏区域的路径是清晰可见的；对于室外游戏区域空间，幼儿要知道（最好能熟悉）不同游戏区域的空间位置以及通往不同游戏区域空间的道路。这也是不同游戏区域空间之

---

[1] 爱泼斯坦. 学前教育中的主动学习精要——认识高宽课程模式[M]. 霍力岩，郭珺，等译. 北京：教育科学出版社，2012：73.

间选择和运用低矮、通透的分隔物的一个重要原因所在,便于幼儿"一览无余"地看到与发现不同游戏区域空间。同时,清晰可见和富有标志性的区域标签也便于幼儿发现不同游戏区域。"每一区域都有一个大的标签,标签上展现的可能是一个真实的物品(这个物品可以在该区域找到)、材料或者在该区域进行的典型活动的图片(可以是画的图片或照片),或者手写的该区域的名称。"[1]

第二,游戏材料的存储方式要便于幼儿发现、使用与归还。共享使用空间的核心即是材料的共享使用。高宽课程中学习环境最重要的原则是,"儿童要能够自己发现、利用和归还个人所需的材料"。为此,教师可以使用三个策略或指导方针,对材料进行管理与标志,即"将相似的材料放在一起""使用透明的、可以抓握的容器""用儿童能够理解的标志来标记容器"。此外,教师在为材料(以及区域)做标识(或标记)时可以遵循以下指南:使用儿童能理解的名称和标志;让儿童参与新材料的命名;字要写得大而清楚;儿童能理解的标志包括材料本身、材料的轮廓图、图片、图片目录、照片和影印图片;用透明胶带将标签的两侧粘住,注意要让标签很容易粘贴到架子或容器上。[2]

(四)空间的动态变化

游戏空间并不是一成不变的,而是会随着幼儿需要、兴趣、游戏情节以及环境等多种因素的变化而动态变化,主要体现在游戏空间的位置与大小两方面。

首先,游戏空间位置的动态性体现在教师对游戏区域设置位置的选择,不再局限于教室中某个固定角落,而是拓展到了幼儿园所有可利用的现实与

---

[1] 爱泼斯坦. 学前教育中的主动学习精要——认识高宽课程模式[M]. 霍力岩,郭珺,等译. 北京:教育科学出版社,2012:70.

[2] 爱泼斯坦. 学前教育中的主动学习精要——认识高宽课程模式[M]. 霍力岩,郭珺,等译. 北京:教育科学出版社,2012:83-84.

潜在的空间，能够根据需要，有效挖掘与利用幼儿园的空间资源；其次，游戏空间位置的动态性还体现为调整的可能性，即教师可根据实际情况，对某游戏区域的具体位置随时进行动态调整。如相较于图6-1中游戏区域空间布局，图6-2中的"小超市"的空间位置就发生了调整变化。这种调整源于幼儿游戏的需要，目的是为了支持与推动幼儿游戏的发展，这在下面的案例中得到了较好体现。

第一次观察：君君爱当娃娃家的爸爸。这天，他决定在娃娃家门口上班——以厨师的身份在家门口开一家饭店。于是他拿起炉灶上的锅放在娃娃家的门口，盯着炉灶看了一会儿，从底下的柜子里挑选了一些"蔬菜"，放进锅里炒了炒。但娃娃家的食材太少了，于是他跑到位于午睡室旁边的小超市去买菜。他挑选了一只肥美的"鸡"，付了钱后一路跑回了饭店。过了一会儿，他好像又缺了些什么，来到小超市一边挑挑拣拣，一边嘟囔着："跑来跑去累死我了。"

第二次观察：小超市搬到娃娃家旁边后，君君兴奋地又跑到超市大采购。这次他推着婴儿车，带着宝宝一起来逛。他手上拿着购物篮，停下来挑了一些"水果"，没一会儿购物篮就满了。他一手拿着购物篮一手推婴儿车不太方便，于是就往隔壁的娃娃家喊道："你快把宝宝接回去！"娃娃家的形形"妈妈"听到君君"爸爸"的呼喊就跑过来推婴儿车，她对君君"爸爸"说："离得这么近，可以让超市的师傅送回家啊！我妈妈以前买了大米，太重了，也是让送回家的。"

案例中，娃娃家和小超市两个游戏区域原本分别位于活动室和午睡室。教师根据自己对幼儿游戏需要的理解与判断，适时对游戏区域的空间位置进行了调整。具体地说，娃娃家还固定在原有位置，而将小超市的空间位置调整到了娃娃家的旁边。这克服了距离较远的问题，便于幼儿链接生活经验，支持和助推幼儿游戏的发展：当东西拿不了时，住得近能让超市员工送货上门，这给幼儿游戏带来了新的刺激与活力。

实践中，许多教师经常会遇到某个（些）游戏区域"人满为患"，同时也有某个（些）游戏区域"门庭冷落"，甚至"无人问津"的现象。一次，一位幼儿园教师问了这样一个问题：她班上建构区出现了"人满为患"的现象，而建构区的空间有限，怎么办呢？这一问题的根源是将游戏区域的空间大小视为是静态的、不可改变的。因此解决类似空间闲置与空间紧缺并存的问题的核心是，根据需要灵活调整游戏区域空间的大小。具体地说，对于那些"人满为患"的游戏区域，教师应尽可能扩大其空间；而对于那些"门庭冷落"，甚至"无人问津"的游戏空间，教师则可以适当缩小甚至暂时撤销，以便将"省"下的空间资源让给那些"人满为患"的游戏区域。这样就在总的游戏空间资源不变的情况下，满足了不同游戏区域对空间的差异化需求。这便是游戏空间在大小方面动态性的体现。具体地说，游戏空间的大小需要根据幼儿的需要、主题的需要、游戏自身发展的需要等多种因素灵活调整。在下面的案例中，建构区空间大小的动态变化较好地满足了幼儿游戏的需要。

"美丽的杭州我的家"主题正在火热进行中，中五班的孩子们参观学习了"新西湖十景"后玩起了参观游戏。最初，这个游戏仅仅在建构区进行。航航先将建构区的小长方形木条一层层慢慢垒高，堆成了他最喜欢的"雷峰塔"，还招呼"游客"们快来参观。大家听到航航这个建筑师兼导游的招呼后，纷纷前来参观"雷峰塔"，但乐乐在一旁不高兴起来，说："你这个雷峰塔怎么是四四方方的呢？我看到的雷峰塔是尖的，你这个一点都不像。"说完就拿着一些长方形小木条到花店门口的空地上也默默地搭了起来。他先用小木条在地上围了一个圈，到了第二层，他把木棒架在第一层的两根木棒中间，慢慢变成了锥形的建构作品，看起来真像一座塔！第二天，他在修复缺损的部分后也招呼小伙伴们前来参观，解说得有模有样。

在交流分享时，老师与孩子们分享了这两位小小建筑师兼导游的经历。飞飞跳起来说："我想搭一个三潭印月，妈妈带我去参观过，我对那里可了解了!"后来,在小朋友的商讨和老师的建议下,许多小朋友或分组或独自搭起了自己最喜欢的西湖十景之一。这次"新西湖十景"建筑与观光大比拼,从小小的建构区逐渐延伸与拓展到半个活动室。"新西湖十景"的游戏区越变越大,非常壮观!

案例中,随着主题活动"美丽的杭州我的家"的深入开展,以及在幼儿实地参观游览经验的激发下,原本在建构区发起的小范围游戏逐渐发展壮大,从建构区一角拓展到半个活动室。游戏空间的位置和大小均适时发生了动态变化。这是以幼儿兴趣为导向的良性变化,既是主题的引导,也是幼儿的选择。

总之,游戏空间应是动态变化的。教师需要仔细观察幼儿游戏的具体情况,及时根据幼儿的兴趣和需要等多种因素,对游戏空间的位置与大小适时进行动态调整,以顺应、支持和助推幼儿游戏。

(五)空间的巧妙留白

结合游戏指导的"留白"策略,教师在游戏空间的设置过程中应为幼儿巧妙留白。空间留白的核心是教师不要将活动室内外可以利用的游戏空间全部事先安排与设置好,而应保留一些空间,使其处于未被"开发"与"利用"的"空白"状态,以吸引、鼓励与支持幼儿参与未被利用空间的开发,即由幼儿主导与决定这些"空白"空间的开发与利用。总之,空间留白的核心与实质是,游戏空间的设置权由教师独霸转向教师与幼儿共享,甚至幼儿主导。空间留白为幼儿发起新游戏提供了空间支持,且操作相对简便。教师只要有意识地为幼儿保留一些未被占用的"空白"空间,幼儿就可以根据自己的兴趣和想法,开发这些"空白"空间,从材料百宝箱中选取所需的游戏材料,对该区域空间进行布置,进而开展游戏。

因幼儿参与空间设置的程度不同,空间留白相应地存在层次差异(见图6-3):

（1）如果教师将所有游戏空间都设置好，幼儿主要参与使用，那此时就几乎没有留白，或者说属于留白的最低层次，即第一层次。

（2）如果教师已将活动室的游戏区域空间进行了具体清晰的划分与界定，幼儿主要在现有的游戏区域空间中开展活动，在活动过程中可以对空间设置进行微调，那此时的留白程度有所增加，属于留白的第二层次。

（3）如果教师只是划分、搭建活动室，确定了初步的、大的、粗线条的游戏区域空间框架，而具体的游戏区域空间划分并不清晰与固定，幼儿可以在现有的空间框架内自由划分与创设小的、具体的游戏区域空间，那此时的留白程度就有所增加，属于留白的第三层次。

（4）如果教师虽已事先划分了活动室，确定了游戏区域空间框架，但幼儿可以突破这个空间框架的限制，对活动室的游戏区域空间进行重新划分，那此时的留白程度则更大，属于留白的第四层次。

（5）如果教师事先并没有划分活动室与确定游戏区域空间框架，幼儿完全可以从"零"开始，自由地划分与确定游戏区域空间，那此时的留白程度达到最大化，属于留白的最高层次，即第五层次。

如图6-3所示，"留白"的五个层次在空间设置权方面，儿童主导的成分自下而上呈依次递增的关系，在此过程中，伴随着教师的逐渐退出和幼儿的逐渐主导。需要说明的是，在任一层次的留白中，原则上不排斥幼儿的参与，同时需要教师的帮助和支持。"留白"的实质是幼儿能不同程度地参与游戏空间的设置，由在教师设置好的游戏空间框架体系中开展游戏，到主动参与甚至主导游戏空间框架的设置。由此也可以发现，"留白"往往不是有与无的问题，而是程度的差异问题。由此可以推测，实践中许多教师会自觉或自发地让幼儿不同程度地参与游戏空间的设置，关键在于度的把握以及从自发到自觉的转变。

此外，图6-3的金字塔形还暗含着在过去、目前甚至未来相当长一段时期的实践中，留白的五个层次的比例自下而上是依次递减的关系。一般情况下，自下而上，即从最低层次到最高层次，在实践中的比例依次递减。

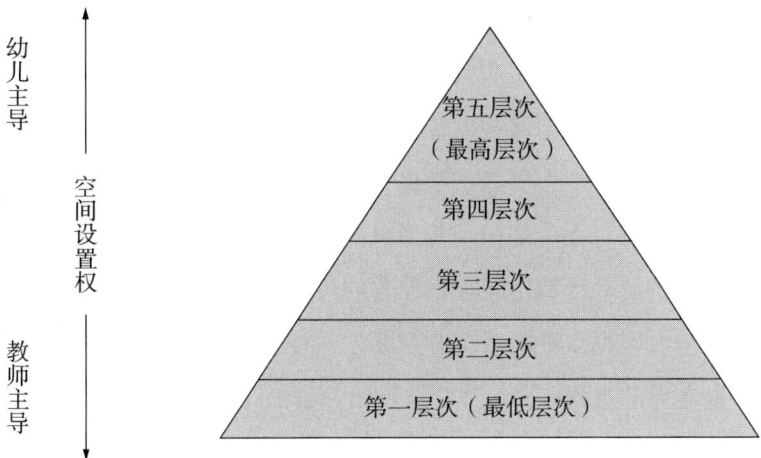

图6-3 幼儿园游戏空间留白层次图

某幼儿园在小班游戏空间设置中开展了较高层次"留白"的实践探索。在班级游戏区域中仅保留娃娃家一个固定区域，其余区域的材料和设备统一按照大小及属性，分类放置在"百宝箱"区域，供幼儿自由取放，保留很大的"空白"空间，便于幼儿自由主导、设置不同游戏区域空间。观察过程中发现，娃娃家明显受到班级大部分幼儿的青睐，幼儿争抢着要进入娃娃家；也有部分幼儿能从百宝箱中随意拿一些材料并开展诸如"野餐""消防员"等游戏，但总体呈现不知该玩什么、怎么玩的状态。

案例中，教师在游戏空间设置过程中自觉地运用了留白策略，但因小班幼儿自主性水平低、游戏经验不足等多种因素的制约，致使小班幼儿无法有效地独立创设游戏区域空间。由此可以发现，游戏空间留白的适宜层次受到幼儿自主性水平、教师观念等多种因素的影响，同时空间留白也内在需要教师的帮助和支持。因此，教师要在仔细分析与把握本班幼儿自主性发展水平、游戏水平的基础上，选择适宜的留白层次，引导与支持幼儿成功参与游戏区域空间的创设。随着幼儿水平的提升，教师可以选择逐渐退出，同时不断提升留白的层次。

　　游戏空间留白的过程实质是一个赋权、增能的过程。赋权的实质是空间设置权由教师向幼儿不同程度的转移，增能的实质是幼儿在参与游戏空间创设的过程中，各方面能力得以不断提升。值得注意的是，空间留白内在需要教师的帮助与支持，无论是在幼儿创设游戏区域空间的过程中，还是在后期不断对所创设的游戏区域空间进行完善的过程中。当然，教师帮助与支持的时机、程度等要根据多种因素综合判断，并且总体来看是一个教师逐渐退出和幼儿不断主导的过程。

二、游戏时间的规划

　　作为教师对幼儿园游戏指导的一部分，游戏时间同样对幼儿游戏的进行与发展有着重要影响。充足的自由活动时间是幼儿能够深入展开游戏的先决条件。在幼儿在园的有限时间内，如何合理规划游戏这一基本活动的时间是教师需要不断思考的问题。这里主要从作息的合理调整、时间的弹性变化以及时间的灵活留白三方面，对游戏时间的规划进行探讨。

（一）作息的合理调整

　　一直以来，"科学合理安排幼儿一日活动，提高幼儿一日生活的有效性"是许多幼儿园教师关注的一个重要议题。在游戏时间规划中，幼儿一日生活中的游戏总时长并不是越长越好，合理、有效的游戏时间安排才是我们追求的目标。合理、有效的游戏时间安排经常具有游戏时间安排总量相对合理、突出年龄特点、模块化、稳定性与灵活性兼备、动静交替等特征，其中游戏时间安排总量、突出年龄特点、模块化、动静交替等特点在作息安排表上就能体现出来。

　　在游戏时间安排总量与模块化的问题上，需要正确处理整体与部分的关系，即一日生活中的游戏总时间与一次游戏的单位时间（以下简称"单位游戏时间"）的关系。在整体上，教师应在每天上午、下午分别为幼儿安排充足的自由活动时间，便于幼儿开展游戏。一般情况下，开展游戏所需时间较长，幼儿需要足够的时间才能完成准备、分配游戏材料以及制订游戏计划等。总之，在一日生活中，游戏时间的总量必须充分，只有这样，才能为幼儿的游戏提供时间保障。在部分上，单位游戏时间的安排尽量避免碎片化与零散化，应尽可能做到模块化，便于幼儿能在单位游戏时间内专注和持续地开展复杂的高水平游戏。

如表6-1所示，尽管幼儿园有意识地将游戏时间模块化并保留较长的单位游戏时间，如晨间自由活动与自助点心时间为8:00—9:10，但由于幼儿入园时间不统一，一入园就进行自由游戏实际上并不能保证所有幼儿较为完整、充足的游戏时间。实践中发现，幼儿一般会在8:00—8:30入园，甚至有些幼儿将近9:00才入园。那么自由游戏时间就从教师预设的1小时左右压缩到了约半小时甚至更少，部分幼儿甚至玩不到游戏。为此，教师经过思考后，尝试将作息时间进行了调整（见表6-2）。

表6-1　某幼儿园小班春秋季作息时间（调整前）

时间	内容	备注
7:45—8:00	来园活动	
8:00—9:10	自由游戏、自助点心	8:35 交流；8:50 点心
9:10—10:10	运动、生活活动	9:10 做操
10:10—10:30	学习活动（集体/分组）	
10:30—15:00	餐前活动、生活活动（盥洗、午餐、午睡、午点）	10:50 午餐；11:30 散步；12:00 午睡；14:25 起床；14:40 吃点心
15:00—15:30	游戏、分室活动	15:20 交流
15:30—16:00	运动、生活活动	15:50 做操
16:00—	整理、离园	16:15 离园

表 6-2 某幼儿园小班春秋季作息时间（调整后）

时间	内容	备注
7:45—8:00	来园活动	
8:00—9:00	户外活动（运动 40 分钟）	8:40 做操
9:00—10:20	自由游戏、生活活动（盥洗、自助点心）	10:05 交流
10:20—10:40	学习活动（集体/分组）	
10:40—14:45	餐前活动、生活活动（盥洗、午餐、午睡、午点）	10:50 午餐；11:30 散步；12:00 午睡；14:20 起床；14:30 吃点心
14:45—15:20	户外活动（运动 20 分钟）	14:50 做操
15:20—16:00	生活活动、自由游戏	15:50 交流
16:00—	整理、离园	16:15 离园

表 6-2 显示，经调整，自由游戏时间从入园后的"8:00—9:10"（见表 6-1）调整为了"9:00—10:20"，这不仅在时间安排表上显示单位游戏时间比调整前多出了 10 分钟，而且排除了入园时间难以控制的因素，切实保证了单位游戏时间，让幼儿的游戏时间更加富于模块化。

（二）时间的弹性变化

游戏时间往往是反映游戏水平的一个指标。如果没有足够的时间，幼儿还没有进入游戏的想象情节和互助合作阶段，游戏就被宣布结束，那幼儿就不能尽兴，游戏的水平也会受到很大限制。幼儿在游戏过程中难免会出现进度不一的问题，同时也会出现幼儿游戏兴趣正浓时却因时间等原因被打断的情况。这不仅会影响幼儿当次游戏的效果，同时也会影响幼儿的心情。因此，教师应思考如何在不对一日生活中其他环节造成太大消极影响的前提下，实现时间的弹性变化，为幼儿游戏的发生、发展、交流、提升提供灵活的时间基础与保障。

针对主体的不同,时间的弹性变化具有两层含义:一是实践中教师可以根据具体情况,灵活调整作息安排,即相对于作息安排而言,实践中游戏时间的弹性化,这是针对教育者而言的;二是不同幼儿或游戏群体游戏时间的弹性化,这是针对游戏者而言的。

实践中经常出现正当许多幼儿专注于自己的游戏时,却因"时间到了"等原因,游戏被人为地打断或终止的现象。"时间到了"中的"时间"主要是"制度的时间",而非"幼儿的时间"。此时,一日生活安排中规定的"制度的时间"压制与限制(而非支持与促进)了"幼儿的时间"。面对类似现象,是"幼儿的时间"服从"制度的时间"呢?还是"制度的时间"根据"幼儿的时间"进行灵活调整呢?这里所说的时间的弹性变化主张采取后一种做法。

具体地说,针对教育者而言,游戏时间的弹性变化意味着教师将事先制定的作息安排作为一种参考,实践中根据实际情况,对包括游戏时间在内的时间安排进行必要的、灵活的调整。换言之,"制度的时间"是为"幼儿的时间"服务的,因而需要根据"幼儿的时间"来灵活调整。在此过程中,教师需要观察幼儿的游戏情况,从游戏情节的发展、幼儿的专注程度等方面,综合思考与判断是否需要调整游戏时间。

针对游戏者而言,不同年龄段的幼儿、游戏群体或不同幼儿的游戏时间存在一定弹性。一般来说,小班幼儿的游戏可以陆续开始,单位游戏时间稍短;大班幼儿的游戏则可以同时开始,单位游戏时间稍长。教师应根据不同年龄幼儿游戏合作水平的特点等多种因素,合理安排游戏的开始时间及单位游戏时间。因此,小班幼儿游戏前可以安排自助生活活动,如吃点心等,根据幼儿的速度弹性地进入游戏;而中大班幼儿由于平行游戏、合作游戏的发展,应鼓励他们和同伴合作进行喜欢的游戏,则可安排他们同时进入游戏。

实践中除了自助生活活动能帮助幼儿灵活地把握游戏开始时间之外,灵活的过渡环节同样可以做到。教师可投放一些对自由游戏的开展有益的书籍、图片、玩具等，给已准备好进入游戏的幼儿。这些资源一般来源于前期游戏交流分享或是前期生成的内容，可以在短暂的过渡环节帮助幼儿回顾以往的经验或者产生新的启发，然后根据需要可选择同一时间或不同时间进入游戏。前面所谈主要是不同幼儿或游戏群体游戏开始时间的弹性变化。除此之外，不同幼儿或游戏群体游戏结束时间也可以根据需要弹性变化。

实践中，针对教育者和游戏者的两种时间的弹性变化，有时区分较为清晰，但有时又会交织在一起。在下面的案例中，教师针对游戏者喆喆，对游戏结束时间进行了弹性调整，这往往也会导致整个游戏时间（相较于作息安排中"制度的时间"）的延长，进而出现了针对教育者的时间弹性变化。

喆喆今天搭了城堡，当他的城堡初具雏形时，他微笑着坐在地毯上欣赏自己的作品，若有所思的样子。他一边看看城堡，一边看看筐里的积木，拿了自己最想要的积木，再继续搭上去，满意地笑笑，再继续拿。

游戏已经进行了近40分钟了，喆喆依旧沉浸在搭建中，不断地丰富、充实自己的作品，等到游戏时间快结束的时候，却出现了一个小状况。走过来的煜哲不小心把城堡撞塌了。喆喆一下子就不开心了，露出了生气的表情，但并没有说什么。他担心煜哲对自己作品的进一步"攻击"，因此还站起来保护自己的作品。但当煜哲说"我是不小心的，对不起"之后，喆喆很大方地说了声"没关系"，就转身继续搭城堡了。

推倒又重新搭建后，喆喆的搭建材料不够了。但这时游戏结束时间已经到了。老师见他认真思考的样子，实在不忍打断，于是先到其他游戏区域进行交流分享，让喆喆和积木区的其他幼儿继续游戏。喆喆还沉浸在游戏中，想了好一会儿，他跑去向一旁的女孩借积木。刚开始时，他拿着积木站在一旁对女孩笑笑，看女孩没反应，于是说："这个可以借我一下吗？"成功取得积木后，他继续向上垒高，搭建城堡。看到新搭的城堡，喆喆终于又满意地笑了。

案例中，教师通过对幼儿（尤其是喆喆）游戏情况的观察，判定幼儿仍然十分专注，并且正在思考、解决问题。根据"制度的时间"，此时虽已"时间到了"，但若宣布游戏结束，显然会打断幼儿游戏，使被推倒城堡的幼儿再一次遭受"破坏"的打击。因此，教师决定"先到其他游戏区域进行交流分享"，而"让喆喆和积木区的其他幼儿继续游戏"。教师针对不同幼儿或游戏群体的具体情况，对游戏结束时间进行了灵活调整。根据作息安排，"游戏时间到了"，所以教师的这种调整势必会使这次全班游戏的时间比"制度的时间"规定的要长，因而出现了针对教育者的时间弹性变化。案例中的教师采取了分组交流的形式，较好地解决了不同区域中幼儿游戏结束时间不同的问题。

（三）时间的灵活留白

类似于前面"空间的巧妙留白"，教师也可以尝试在游戏时间方面进行灵活留白。时间的灵活留白的核心是，游戏时间的安排权从教师独霸到师幼共享，再到幼儿主导的转变，即幼儿不同程度地参与游戏时间的安排。在下面的案例中，上海市某幼儿园就进行了一周一次的"游戏自主日"的实践探索。

上海市某幼儿园对游戏时间自主化进行了大胆探索，尝试推出了"游戏自主日"活动。其具体内容是在不违背幼儿发展规律及年龄特点，以及一日生活中必备环节的前提下，循序渐进地让幼儿参与，进而主导与决定活动时间的安排，慢慢达成真正意义上的自由游戏。在"游戏自主日"之初，幼儿经历了一些混乱场面，如一上午除了吃点心和户外运动都在玩游戏等。但尝试两次后，一些幼儿开始意识到玩游戏需要有计划、有目的地进行才会更有趣，并提出"一整天都玩游戏可以吗"的问题。对此许多幼儿都有自己的想法，有的说一整天玩游戏就没时间学其他本领了，有的说一整天玩游戏实在太棒了。于是在老师的建议下，他们采访了幼儿园的门卫叔叔、老师、厨师、保健老师等相关工作人员，了解了如果一整天都玩游戏，不仅食堂的饭菜会凉，而且一直玩游戏对身体也没有益处等。于是在接下来的几周里,每到"游戏自主日",孩子们就会先计划自己要玩什么游戏、在哪里玩、和谁玩,当然还包括上午和下午的游戏何时开始、何时结束。尽管会有许多不同意见,但在老师或伙伴的协调下,大家总愿意去尝试和修改,让"游戏自主日"变得更加快乐。

  上学期,幼儿发现"游戏自主日"当天制订计划和准备游戏所需材料会花费很多时间。为此,新学期时,他们决定在每周"游戏自主日"之前,利用其他时间为"游戏自主日"的开展制订计划,进而协商制订出本周的"游戏自主日时间安排表"。此外,他们还在保证每天游戏的同时,利用自由活动时间制作本周"游戏自主日"中所需的材料。每次"游戏自主日"结束后,幼儿都会进行分享交流,反思遇到的问题,并不断进行调整与改进。如有必要,每周的"游戏自主日时间安排表"都会进行一定的修改完善。经过一段时间的尝试,我们发现幼儿能自觉遵守自己协商制定的"游戏自主日时间安排表";能积极参与交流分享,大胆表达自己的游戏情况和想法等。总之,从班级幼儿在游戏中的表征行为、建构行为、规则行为以及合作行为来看,游戏总体呈现出较高水平。

  案例中,该幼儿园开展的"游戏自主日"探索的核心内容就是让幼儿参与,进而逐渐主导与决定"游戏自主日"的时间安排,即时间的灵活留白的一种有益尝试。当然,受幼儿计划性等方面发展水平的影响和制约,相对空间的留白,时间的留白对幼儿的挑战更大。因此,教师要注意通过提供材料、总结提升等多种方式,鼓励、支持和帮助幼儿。

  和空间的留白具有不同层次类似,时间的留白同样也会因幼儿参与或主导游戏时间安排程度的不同而具有不同层次,并且同样也可以区分出类似图6-3所显示的五个不同层次。实践中,许多教师自觉或自发地遵循和运用了时间的灵活留白策略,但关键在于需要因人、因园、因时而异,灵活把握留白的"度"以及逐渐实现从自发运用到自觉运用的转变。

第二节 以游戏材料为媒介的指导

主动学习或主动参与式学习应满足五个要素,即材料、操作、选择、儿童语言和思维(即儿童描述他们所做与所理解的)、成人的支持。[①]其中,具有充足、多样和适宜的操作材料是主动学习的基础和前提。游戏在本质上属于主动学习,也必须以丰富适宜的游戏材料为基础。约翰逊等人也将玩物(即游戏材料)视为一种重要的游戏资源[②]。总之,材料是幼儿开展游戏的重要物质基础,既是幼儿的隐性教师,也是教师指导的重要媒介。这里将主要从游戏材料投放的原则和游戏材料调整的技巧两方面,具体探讨教师如何以游戏材料为媒介,实现对游戏的指导。

一、游戏材料投放的原则[③]

为了更好地发挥游戏材料的价值,教师在材料投放过程中应注意遵循安全性、就地取材、废物利用、富于探索性、一物多用、多层次性六个原则。

(一)安全性

3—6岁幼儿处于身心发育的基础期,生长发育迅速,但还未完善,安全意识薄弱,自我防护能力较差,极易受到环境中危险因素的影响与伤害。

[①] 爱泼斯坦. 学前教育中的主动学习精要——认识高宽课程模式[M]. 霍力岩,郭珺,等译. 北京:教育科学出版社,2012:13.

[②] 游戏资源主要包括玩物、时间、空间、预先的经验。引自 JOHNSON J E, et al. 儿童游戏——游戏发展的理论与实务:第2版[M]. 吴幸玲,郭静晃,译. 台北:扬智文化,2003:366-372.

[③] 秦元东,陈芳,等. 如何有效实施幼儿园主题性区域活动[M]. 北京:中国轻工业出版社,2013:68-74.

游戏材料是幼儿在幼儿园中直接接触且摆弄较多的物品,可以为其带来快乐,帮助其获得发展,但劣质、危险的游戏材料也可能成为"杀手"。因此,安全性原则理应成为幼儿园游戏材料投放的首要原则。《3—6岁儿童学习与发展指南》(以下简称《指南》)也强调安全性,在多处专门谈到安全问题。

引导幼儿注意活动安全。比如:

· 为幼儿提供的塑料粒、珠子等活动材料要足够大,材质要安全,以免造成异物进入气管、铅中毒等伤害。提供幼儿用安全剪刀。

· 为幼儿示范拿筷子、握笔的正确姿势以及使用剪刀、锤子等工具的方法。提醒幼儿不要拿剪刀等锋利工具玩耍,用完后要放回原处。

——《指南》,2012,p.9

《指南》中的这两段内容主要涉及安全问题,可以细分为两个层面,分别涉及安全的两层内涵,即"消极安全"与"积极安全"。

第一段内容对材料的材质、外形、所含有害物质(如重金属等)、儿童适宜性等方面提出了要求,主要涉及"消极安全"。

(1)从消除安全隐患的角度看,投放的材料应符合国家安全卫生标准(如甲醛、铅等有害物质含量必须符合国家相关标准),不妨害幼儿身心健康或威胁幼儿生命安全,并且不会造成幼儿畸形发展。为此教师投放游戏材料时,对游戏材料要严格把关与筛选,尤其是在目前倡导游戏材料废物利用的背景下,要对废旧材料进行严格消毒后方可投入使用。

(2)从降低安全隐患的角度看,投放的材料还需考虑和遵循幼儿的身心发展特点,符合幼儿人体工程学的要求,例如,适宜于幼儿高度的桌、椅及用作百宝箱的储物柜,以及虽然存在安全隐患,但在幼儿能力应对范围之内的幼儿用安全剪刀。

第二段内容对幼儿正确使用材料的规则与方法技能等方面提出了要求,主要涉及"积极安全"。"消极安全"中虽消除或降低了游戏材料的某些安全隐患,但在使用过程中仍存在一些处于幼儿能力应对范围之外的安全隐患。

这就要求教师注意引导幼儿学习正确使用材料的规则与方法，以提高幼儿应对安全隐患的意识与能力。这即是"积极安全"的核心内涵。

"消极安全"是从降低甚至消除材料中潜在危险的角度而言的，是保障幼儿安全的基础，但不能无限夸大和强调"消极安全"，否则容易造成"因噎废食"的现象，如使用剪刀对幼儿具有潜在的危险，因此就不允许幼儿接触剪刀等。长此以往，当幼儿处于有潜在危险的环境中而不知如何应对时，更增加了其受到伤害的可能性。因此应适度强调"消极安全"，重点关注"积极安全"，即帮助幼儿培养与提升应对材料中潜在危险的意识与能力。下面关于德国某幼儿园的案例较好体现了"消极安全"与"积极安全"的统一。

在德国某幼儿园中，园内许多幼儿在开展诸如荡秋千等"大幅度"的运动游戏。参观教师看后向园方提出了很关心的安全话题，请园长谈谈对安全的看法以及她们是如何做好安全的。对此，园长首先强调安全的确非常重要，接着谈了她们采取的一些措施：第一，家长是在理解与认同幼儿园运动特色的基础上，自觉选择将孩子送到幼儿园的。这些家长也很重视运动及其在幼儿发展中的价值，同时也理解运动中出现一些小的磕碰是正常的。这就为教师提供了一个宽松、理解与支持的安全环境。第二，幼儿园会定期（一般每年一次）聘请社会第三方安全监测机构，对幼儿园环境（包括游戏环境）的安全性进行评估，并提出整改意见。第三，幼儿园会定期（一般一个月一次或几次）采用清洗、暴晒等方法对游戏材料进行消毒。第四，教师会关注与强调一些游戏规则、方法、技能等，如荡秋千的一些必要规则与正确方法。除了园长介绍的这些内容之外，参观教师发现幼儿园还采取了其他一些必要的安全防护措施，如秋千下面一般会铺上松软的木屑、沙子等。

案例中，园长提到的定期安全监测、消毒、安全防护措施等主要涉及"消极安全"；游戏规则、方法、技能的学习主要涉及"积极安全"。而家长在理解与认同运动特色的基础上自觉择园，也有助于为教师营造一种宽松、理解与支持的氛围，这是实现"积极安全"的重要支持条件。

家长的理解与支持是教师实践与实现"积极安全"的重要外部支持条件。幼儿园要注意通过多种途径与方法引导家长树立正确的安全观，而不要一味抱怨。事实上，只要方法得当，态度诚恳，家长的观念是可以转变的。一位园长曾讲过这样一件事情：一名幼儿在活动过渡环节摔倒骨折。事情发生后，家长找到幼儿园讨要说法。幸好幼儿园安装了监控录像，通过回放录像发现，该幼儿是在没有任何外界干扰（如同伴推、拥挤等）的情况下，自己从椅子上站起来时不小心摔倒而骨折的。事实摆在面前，但家长依然要求园方赔偿。后来园长告诉家长："赔偿可以，但有两个选择：一是我们幼儿园不适合您的孩子，请转园；二是为了您孩子的安全，以后我们不会让您的孩子参与任何活动，而是让他只坐在座位上。"家长听后，自动放弃了索赔的要求。家长之所以放弃索赔，一个很重要的原因就是意识到园长给出的第二种选择虽短时间内可以保证自己孩子的安全，但从长远看最终不利于自己孩子的成长。园长给出的第二种选择即是对"消极安全"的极端强调而导致的"因噎废食"。从这个故事中可以看出，家长能意识到"消极安全"走向极端时的弊端以及"积极安全"的必要性。

总之，"消极安全"与"积极安全"并不矛盾，二者相辅相成，缺一不可。其中，"消极安全"是基础和前提，"积极安全"是根本和旨归。教师应适度强调"消极安全"的重要性，但涉及卫生等问题时应严格强调，如将医院所用废旧针管投放到游戏前一定要严格消毒。此外，要积极为教师营造一种敢于强调与尝试"积极安全"的宽松、理解与支持的氛围。具体地说，从幼儿园管理的角度，注意制定出台一些支持性规章制度；从家长的角度，注意引导家长树立正确的安全观，为幼儿园教师提供一种理解的宽松环境。

（二）就地取材

游戏材料是社会文化历史经验传承的一个重要载体。幼儿园游戏材料投放的就地取材，首先遵循与体现了幼儿园教育的生活化原则。因地制宜、就地取材得来的材料是幼儿在日常生活中所熟悉的，有利于幼儿将生活中的经验与游戏相结合，助推游戏走向更高水平。此外，就地取材有利于幼儿了解富有地域特色的材料，从而萌发与培养幼儿对当地文化的认同感。在全球化的背景下，文化间的交流与碰撞日益频繁，为我们带来积极融合的同时，也对本国或本民族文化造成了一定的冲击，年轻一代有时会出现"崇洋媚外"的心态与行为，形成儿童发展的文化安全问题。"走出儿童发展文化安全危机的关键在于强化儿童对民族文化的认同感。"[1]因此，材料的就地取材便于幼儿游戏时置身于地方文化的浸润中，自然而然地受到地方文化的熏陶，进而逐渐萌发与培养对地方文化的熟悉感与亲切感，为日后产生对地方文化的认同感奠定坚实的基础。此外，就地取材也便于家长、社区的参与。

首先，游戏材料的就地取材强调选择当地富有地域特色的材料，如浙江省湖州市某幼儿园将当地特色的竹制品和竹材料等融入幼儿园游戏中，体现了浓厚的地方竹文化；浙江省舟山市某幼儿园运用当地特色的捕鱼材料，如渔网、蟹笼、箩筐等，开展丰富的幼儿园游戏，提高幼儿对家乡生态特色、文化特色的理解，传承当地的"渔"文化；云南省昆明市某幼儿园结合当地民族特色，运用民族布艺、石头、飞盘、木跷、弹弓、陀螺等材料开展游戏，从游戏入手渗透彝族特色与文化，丰富传承形式和内容。其次，游戏材料的就地取材还强调便利性，即当时当地现有的材料（包括富有当地特色的材料、购买的成品材料等），便于获取并投放到游戏中，如布料、吸管、纸盘、可乐瓶、易拉罐、纸箱等废旧材料。

总之，就地取材主要是从材料的来源角度说的。就地取材不等于自然材料，也不仅仅局限于当地特色材料。材料的就地取材一方面强调从当时、当

---

[1] 秦金亮. 全球化背景下儿童发展的安全文化[J]. 幼儿教育，2004（7-8）：5.

地幼儿常见的、熟悉的现有材料中选取游戏材料；另一方面强调富有地域特色，增强文化熟悉感和亲切感。

（三）废物利用

《指南》中明确指出，要"多为幼儿选择一些能操作、多变化、多功能的玩具材料或废旧材料"。废旧材料的选择和运用即是游戏材料投放的废物利用原则的要求和体现。无论是从经济角度，还是从培养环保意识的角度，抑或从游戏中幼儿替代物的使用、动手操作能力和创新思维的发展等角度，废物利用都极富意义。例如，上海市闵行区某幼儿园巧妙地收集食堂为幼儿准备的小饼干包装盒，经过消毒处理后投放到班级游戏中。幼儿把纸盒当作"砖头"垒高、由饼干纸盒引发了开超市的游戏行为、改装饼干盒等。这些材料激发了幼儿的创意，同时也培养了幼儿的环保意识。除了这里提到的小饼干包装盒外，收集的牛奶罐、饮料瓶、吸管等都可以作为游戏材料投放到游戏中，给予幼儿机会，充分挖掘、利用废旧材料的价值。

必须注意的是，废物利用时教师一定要严格遵循"安全原则"，一定要进行严格的消毒、打磨等安全处理，如将废旧材料（如带有小刺的竹筒）的功能性锐利边缘打磨平滑等。

（四）富于探索性

幼儿园游戏材料应富于探索性，其意义在于引发幼儿与材料间的互动，一方面能让幼儿在玩的过程中提高动手操作能力，另一方面给幼儿留下大量参与、创造的空间与可能，有利于创新思维的发展。

材料的结构性很大程度上会影响幼儿探索使用材料的空间。一般情况下，高结构材料（亦称高结构性材料、高结构化材料、强结构性材料等）的用途或玩法相对固定或具有特异性，本身包含一定的玩法和规则，往往比较单一；而低结构材料（亦称低结构性材料、低结构化材料、弱结构性材料等）的用途或玩法则是非特异性和多样化的，游戏者可以根据自己的想法和需求,以多种方式创造性使用。国内已有研究结果显示,"强结构性物质材料不利于幼儿角色行为的持续发生"[①],"非专门化玩具或游戏材料可以促进幼儿在游戏中的想象和发散性思维。应当注意为中大班的幼儿提供非专门化的材料"[②]。

材料的结构性为什么对幼儿探索使用材料的空间具有如此大的影响呢?刘焱关于儿童在象征游戏中使用低结构材料和高结构材料[③]时心理过程差异的研究可以给我们一些启示。刘焱研究发现,儿童在使用高结构材料时经历了从"这是什么"直接到"它可以用来干什么"的过程,而使用低结构材料时多了一个"它像什么"的中介环节。[④]正是这一中介环节的存在,赋予了儿童在象征游戏(包括角色游戏)中使用低结构材料的多种可能。但象征游戏中"以物代物"的象征功能"不是一种孤立的心理机能,它与人的心理活动的随意机能、抽象概括机能有着密切的关系与联系。受这些心理机能的发展水平的影响,象征性功能也有一个从具体到逐渐抽象,从不随意或随意性较差到具有较强的随意性的个体发展过程"。[⑤]也就是说,个体在象征游戏中实现"以物代物"的心理过程,对两个"物"之间相似度的要求和个体的心理发展水平呈反比。具体地说,个体年龄越小,心理发展越不成熟,两个"物"之间的相似度要求越高;个体年龄越大,心理发展越成熟,两个"物"之间的相似度要求越低。正因如此,约翰逊等人在谈到"玩物"(即游戏材料)时就指出:"成人也需要注意儿童使用玩物之真实性及结构性。因为二至三岁之幼儿其表征能力仍未成熟,所以需要与事实生物较相似形体之真实玩物来当作象征物⋯⋯当儿童渐渐成长,到四至五岁时,可以鼓励他用去除

[①] 刘雪. 角色游戏中幼儿使用物质材料状况的研究[D]. 南京:南京师范大学,2007:23.

[②] 刘焱. 儿童游戏通论[M]. 北京:北京师范大学出版社,2004:621.

[③] 刘焱在研究中使用了两类材料:一种是模拟实物的形象逼真的玩具,如炊具、玩具餐具等;一种是半成品、废旧品,如瓶盖、雪糕棍等。虽然她没有明确使用"高结构材料和低结构材料"或"强结构性材料和弱结构性材料",但实质是相通的,可以纳入这里的分类框架。

[④] 刘焱. 象征游戏和学前儿童的智力发展[J]. 北京师范大学学报(社会科学版),1986(6):60-62.

[⑤] 刘焱. 象征游戏和学前儿童的智力发展[J]. 北京师范大学学报(社会科学版),1986(6):64.

脉络化之玩物,例如较不具真实性(外表相似)或低结构化之玩物来当作象征物,以增加其表征能力及创造力。"[1]

从"留白"思想的角度看,低结构材料之所以富于探索性,主要在于其契合与体现了"留白"思想。换言之,低结构材料其功能、用途与玩法的非特异性,为幼儿以多种方式探索和使用留下了空间。在下面"点心店"的游戏案例[2]中,前台桌面上放在箩筐中的大量半成品材料就较好地体现了富于探索性的原则。

在"点心店"的墙壁上,教师张贴了各地特色美食照片,同时还请大班幼儿创设了美味的菜式,用绘画的形式画下来贴在周围。教师用图文并茂的方式设计了"点心店"的菜单,用可爱的图画和易懂的数字表示"点心店"提供的食品种类和价格。在前台的桌面上,教师还投放了许多箩筐,里面摆满了各种半成品材料,如方形的白布、各种颜色的长条形海绵纸、不同弹性的橡皮筋等。教师在周围的墙面上还张贴了自己绘制的美食制作步骤图。

"欢迎光临,请坐,请问你要吃些什么啊?""服务员"热情地招呼"小客人"。"小客人"答道:"我要吃炒面。""小厨师"看了看箩筐里的各种材料,拿起一把橡皮筋放在了锅里,用铲子不停地翻炒,装盘后还放了几片绿色的纸片点缀,"面好了,请慢用。""小客人"用调羹舀着吃完,付完钱离开了。"宝宝家"的"妈妈"带着"妹妹"来吃点心了,"服务员,我们要吃寿司。""妈妈"说完拉着"妹妹"坐了下来。"好的,请等一下。""服务员"答道,然后把顾客的要求告诉了"厨师"。"厨师"看了看寿司的制作步骤图,先拿起了箩筐里的长条形黑色海绵纸放在最下面。第二步,按照图示自由选择喜欢的白色、橘色、绿色海绵纸,一条一条叠加上去。第三步,把所有的海绵纸卷起来。最后用橡

---

[1] JOHNSON J E, et al. 儿童游戏——游戏发展的理论与实务:第2版[M]. 吴幸玲,郭静晃,译. 台北:扬智文化,2003:371.

[2] 此案例由浙江省慈溪市实验幼儿园洪世瑾老师提供,在此表示感谢。

皮筋把卷好的海绵纸扎起来,一个"寿司"就完成了。"厨师"又按照图示制作了很多"寿司",然后摆满了一盘,送给顾客品尝。

案例中,箩筐里的各种半成品材料(如方形白布、各色长条形海绵纸等)富于探索性,为幼儿的探索与使用留下了广阔空间,引发与支持了幼儿多样化的游戏需要和游戏行为。如当"小客人"需要"面"时,橡皮筋就成了"小厨师"手中的面条;当"小客人"需要"寿司"时,橡皮筋就变成绑住"寿司"的材料。除了这些半成品材料具有"留白"的特点之外,墙壁上张贴的美食图片、步骤图等也符合与体现了"留白",进而富有探索性。具体地说,这些美食图片、步骤图既为幼儿提供了一些基本的"实"的线索,同时又给幼儿留下了自由创造的"虚"的空间。正是这种"虚实相生",才使得这些美食图片、步骤图等既是刺激幼儿自由创造的线索,又因被"虚"的空间赋予了开放性而具有了一种"虚怀若谷"的特质。也正因如此,"小厨师"在制作"寿司"的过程中才可能"自由选择喜欢的白色、橘色、绿色海绵纸,一条一条叠加上去"。此外,案例中的许多游戏材料还遵循与体现了就地取材、废物利用等原则。

总之,幼儿园游戏材料应富于探索性,以自然材料、半成品材料及其组合而成的低结构材料为主,以成品材料等高结构材料为辅,便于幼儿与材料之间充分互动,以多种方式进行探索与使用。但值得注意的是,在象征游戏中,小班与托班幼儿的材料应以高结构材料为主,而中大班幼儿应以低结构材料为主。此外,即使在中大班幼儿象征游戏中,在以低结构材料为主的同时,也往往会为幼儿提供少量高结构材料。此时的高结构材料主要是象征游戏中某一职业场所或角色的标志性材料,如医院游戏中的红十字、厨师的帽子等。

(五)一物多用

幼儿园游戏材料的数量一定程度上会影响幼儿的游戏行为。当游戏材料增多时,幼儿争抢游戏材料的行为会减少,但与此同时,社会性交往行为也会减少，过多的材料也会让幼儿陷入选择的困境；当游戏材料减少时，幼儿社会性交往行为往往会增多，同时攻击性行为也可能会增多。但在投放游戏材料时，除了关注材料的数量之外，还要关注材料的质量。和前面所说的"富于探索性"密切相关的另一个原则是"一物多用"。"一物多用"和"富于探索性"实质是相通的，核心都是关注与强调材料的功能、用途、玩法的非特异性和多元化。下面案例中的"纸牌"就较好地实现了一物多用。

"有趣的扑克"学习活动后，大一班幼儿迷上了纸牌。教室里多了许多纸牌，分别有大中小三种尺寸，它们被投放进了各个游戏区域。经过孩子们的探索，小小纸牌大变身，有了好多用处。浩浩是超市老板，他用纸牌替换了原来用手工纸做的钱币，还说："纸牌比手工纸好用多了，手工纸总是软软的。"在美工区玩的涵涵，把纸牌上的花纹剪了下来，贴了要装饰的纸箱屋上，加上扭扭棒、彩珠、亮片等，涵涵的小屋变得既漂亮又特别。子涵和星星用纸牌玩着比大小游戏，由于牌里还有J、Q、K的牌，他们还分不清大小，于是自己商量规则，决定遇到J、Q、K牌就算平局。玩得最不亦乐乎的莫过于建筑工地的小工人腾腾了，他先用杯子和纸牌造高楼，杯子倒扣，并在两个杯子间横放一张大纸牌，不一会儿，就真的搭成了一座高楼，还兴奋地叫老师过去欣赏。但他的建造任务还没有结束，他想在高楼最上层搭尖尖的屋顶，找了好久没有找到像尖顶的东西，最后用大纸牌对折的方法做了一个，并开心地把它放在了顶上，有尖顶的高楼最终落成了。

案例中，三种尺寸的纸牌对于幼儿来说没有固定的玩法，幼儿探索出了多种玩法，比大小、做装饰、当钱币，还可以拼一拼、折一折变成高楼。

（六）多层次性

在《指南》倡导的背景下，"尊重幼儿的个体差异，促进每个幼儿富有个性的发展"已然成为一种教育共识和趋势。为满足幼儿的个体化差异和需求，幼儿园游戏材料投放时应注意多层次性。这里所说的层次性是指教师投放材料时要注意体现由浅入深、由易到难，以满足不同水平幼儿的需要。

首先，材料投放的多层次性体现在不同年龄段材料的层次性。以角色游戏为例，小班初期一般会提供易于幼儿链接生活经验的高结构材料，如小床、被子、碗等逼真材料；小班后期可适当增加可操作、可切割的木制玩具、半成品饭菜等供幼儿随着游戏情节的发展进行操作；此外，小班游戏材料避免种类过多，而相同种类的材料数量要充足。中班则需教师在幼儿已熟悉的环境中投放新的材料，如娃娃家中的电话等能引发新游戏情节的材料，当然可供幼儿进行再改造的半成品材料、自然材料等也必不可少。为大班幼儿提供游戏材料时要注意以自然材料、半成品材料及其组合而成的低结构材料为主，并且在数量、品种方面均需增加。

其次，材料投放的多层次性还体现在同一区域中材料的层次性。每个游戏区域都会有不同发展水平的幼儿参与其中，尤其是具有公共性、开放性的室外"共享区域"。教师应充分考虑每个区域材料投放的层次性，以尽量满足不同水平幼儿的需要。以"建筑工地"为例，形状简单、体积大的清水积木尤为适合搭建技能较弱的幼儿，完成简单垒高、围合的搭建作品，但搭建目的强且搭建技能较高的幼儿不仅需要教师添加现成的人物、动物玩具等辅助材料、各种社会标志、专用桌面材料、废旧材料及纸、笔等，还需要有一些适合组合搭建的材料，如纸杯、垫板等能够引发幼儿进行架空、间隔、对称、辐射等搭建技能的材料。

总之，幼儿园游戏材料投放时应关注幼儿的个性化需求与发展，从而思考材料投放的多层次性。教师应通过观察、评估每一个幼儿的发展状况，为不同发展水平的幼儿提供不同层次的材料，使材料与幼儿发展水平相适宜。

二、游戏材料调整的技巧

实践中，频繁更换游戏材料的现象并不鲜见，这既加重了教师的负担，又强化了幼儿对外部动机的依赖。许多教师频繁更换材料的一个重要原因是，担心旧的材料因新奇感的弱化而对幼儿的吸引力衰退甚至消失，因而通过经常更换游戏材料吸引和维持幼儿的兴趣。此时，教师主要依赖与强化幼儿的感官兴趣。感官兴趣属于外部动机，在根本上不利于游戏的发展，会削弱甚至破坏游戏。这是因为游戏的动机主要是内部动机，而非外部动机。因此，这种频繁更换游戏材料的做法既无助于幼儿游戏的发展，也可能增加教师的负担。

影响材料价值的因素至少有三个方面，即材料、材料使用者以及二者关系。这三个要素中的任何一个或多个发生了变化，材料的价值也将发生变化。因此，同一材料对不同幼儿或处于不同时空中的同一幼儿的价值不同，而且同一材料对同一幼儿的意义，也会因材料和幼儿关系（如材料使用方式）的变化而变化。[①]总之，游戏材料是一个系统，"牵一发而动全身"，任何局部要素或要素关系的改变、材料使用者的变化，都会使处于和材料使用者关系中的材料系统的价值发生变化。因此，教师可以采用添加材料、删减材料、组合材料、回归策略[②]等对游戏材料进行调整。

（一）添加材料

添加材料，指"教师在原有材料的基础上增加一部分新材料，使游戏出现新的转机，产生新的含义，引发幼儿新的探索活动的方法"[③]。幼儿园游戏材料的添加并不是简单增加材料数量、种类，而是要根据幼儿游戏的需要、主题的变化以及游戏情节的不断推进适时增加。

在小超市游戏中，买卖东西是幼儿最喜欢的事情。教师把塑料制蔬菜、半成品蔬菜串均放置在"购物架"上。幼儿刚开始时乐于分类整理、购买蔬菜，甚至出现讨价还价的情况。过了一段时间，教师发现幼儿的兴趣有所下降。此时，教师并没有把蔬菜全部撤出，而是根据某次

[①] 秦元东. 幼儿园区域活动材料观的转变［J］. 幼儿教育（教育科学），2008（12）：29.
[②] 秦元东. 幼儿园区域活动材料观的转变［J］. 幼儿教育（教育科学），2008（12）：29-30.
[③] 李建君，主编. 区角，儿童智慧的天地［M］. 上海：上海社会科学院出版社，2011：38.

游戏中幼儿提到的"超市里有没有水果"的提问,结合季节特点添加了水果、螃蟹等多样食物,并且适时添加了记录表,让超市人员记录各类商品的销售情况,与其他商店比一比谁是最佳商店。

案例中,教师观察到幼儿对超市的兴趣有所下降,根据观察中捕捉到的幼儿潜在的兴趣(对水果等其他商品的兴趣),链接幼儿相关生活经验,及时添加了秋天的水果与热卖的螃蟹,还通过添加记录表改变了原来只有各类蔬菜分类的超市。这让超市中的材料系统发生了翻天覆地的变化,不仅是商品类型的增加,还打破了原有的分类、购买系统,并通过记录表对幼儿的游戏提出了新挑战。幼儿不仅要记录各类产品的销售情况,还要根据记录情况争取最佳商店,从操作技能、情感态度等多方面给予幼儿新的刺激。总之,案例中的教师在洞察与捕捉到幼儿潜在的兴趣后"顺势而为",通过添加"水果"推波助澜,适时支持幼儿生成了新的游戏情节。同时,"螃蟹"以及"记录表"的添加,又自然地引发幼儿产生了新的游戏行为,拓展了游戏情节。

添加策略除了可以改善与优化游戏材料系统外,还意味着游戏材料的投放是一个循序渐进的过程。实践中笔者经常发现,有些教师在学期初便将购买或收集的所有材料全都投放到游戏区域中。这有时会适得其反,过多的材料反而会产生干扰作用。总之,教师要在仔细观察与准确洞察幼儿游戏状态的基础上,通过适时添加相关材料,来支持与助推幼儿游戏的不断发展与提升。

(二)删减材料

删减材料,指"教师在原有材料的基础上减掉一些材料,使游戏出现新的问题情境,从而产生新的游戏的方法"[①]。同样,删减并不等于简单撤除,

---

[①] 李建君,主编. 区角,儿童智慧的天地[M]. 上海:上海社会科学院出版社,2011:39.

也需要在仔细观察的基础上，敏锐地洞察与捕捉幼儿在游戏中遭遇的平淡期或瓶颈期，进而适时删减某些材料，为幼儿营造新的问题情境，支持与推动新的游戏情节的产生。

游戏开始时，幼儿都在银行门口排起了长龙准备取钱，银行职员忙得不可开交。以往，银行一直为幼儿提供一元、两元、五元的纸币，但今天教师把一元、两元的纸币都放到了各个商店中，排队取钱的顾客只能取到五元的纸币。银行职员细心地为顾客们解释着："今天银行只有五元的，要兑换可以到商店去，你要取多少？"取到了两张五元纸币的元宝高高兴兴地来到了烧烤摊，点了两串羊肉串。营业员说道："羊肉串每串两元，你点两串的话就要给我四元。"元宝看着五元纸币，过了一会儿说："我给不了正好四元，因为今天银行没有两元纸币，我没有取到两张两元，我能给你一张五元吗？"营业员接过五元纸币并说道："这样我找你一元就可以了。"

在以往的游戏中，教师在银行提供了大量一元、二元、五元的纸币，幼儿在消费时通常会用一元、两元等较好计算的方式支付，当然也会出现在五元基础上叠加的类似"先数一部分，再接着数"的情况。虽然在数学活动中幼儿都较好地掌握了"5"的分合，但在游戏中不常使用。案例中的教师将银行里的一元、两元纸币全部拿走并放到其他游戏区域中，在银行只留有五元的纸币，这就为幼儿创造了新的更富有挑战性的问题情境，并引发了新的游戏情节。案例中的元宝在烧烤摊消费了两串羊肉串，需要支付四元，但他没有一元、两元的纸币，只有五元的纸币。以往有一元、两元的纸币时，他通过简单叠加的方式即可成功付钱。但此时只有五元的纸币，如何正确支付四元就成了一项挑战。这同样也给烧烤摊的营业员提出了新的挑战，并由此引发了运用"5"的分合进行找钱的游戏情节。

(三) 组合材料

组合材料，指的是"教师将原有的两组或两组以上的游戏材料组合在一起，形成一个新的游戏，引起幼儿新的活动的方法"[①]。组合的形式可以是两种关联性较强的游戏材料，如纸杯和纸盘、交通标志和小汽车等；也可以是关联性较弱的两组或两组以上的游戏材料，如光盘和小汽车等。无论关联性是强还是弱，组合均打破了原有材料系统要素之间的关系，有助于引发新的联想与创造。

组合的核心是将原本分属于不同游戏中的材料，根据游戏的需要，创造性地组合在一起。在组合材料的过程中，教师的介入程度不同，相应地幼儿参与材料组合的程度也不同，由此便出现了组合的不同层次。

1. 教师参与的组合

教师参与的组合是第一层次的组合，指教师根据自己对幼儿游戏需要的理解与判断，将原本分属于不同位置（尤其是不同游戏区域）的、具有潜在关联性的游戏材料放在一起（尤其是同一游戏区域），以引发幼儿新的游戏行为和情节。这种层次的组合完全由教师参与和主宰，而幼儿只是与教师组合产生的新的游戏材料系统产生互动，以引发、支持与助推幼儿游戏。

> 新年就要到了，在户外建构游戏中，小朋友们尝试搭建了"年货一条街"。如果"年货一条街"只有商铺，没有商品，则无法开起来。于是，活动前老师为他们拿来了原本放在建构区的雪花片、饮料瓶；餐厅的汉堡、蔬菜、水果；娃娃家的锅碗瓢盆；美工区的颜料、手工作品和装饰品等材料，作为店铺的商品，看看幼儿会开什么样的店铺。
>
> 游戏开始了，大家一起讨论了自己想开的店铺。瑞瑞和佳佳自发组成了一组，她们想开一个饮料店，正好有一筐饮料瓶。游戏开始啦，两位小朋友尝试运用长板积木和长方体积木组合成三层货架。瑞瑞摆上了饮料瓶代表饮料，并用两个长方体和一块长板搭建了一把顾客的椅子。

[①] 李建君，主编. 区角，儿童智慧的天地 [M]. 上海：上海社会科学院出版社，2011：40.

佳佳用积木搭建了一个小小收银台。这时，瑞瑞发现还有一些长板，于是她把长板平铺，还找来了长方体积木，对佳佳说："我们用长方体和长板搭一些沙发吧，这样我们累了就可以坐在上面休息。"于是，他们在里面做了一个简易沙发。他们一起商量给饮料店起了一个好听的名字，叫作"甜甜饮料店"。

佳佳把一个个饮料瓶摆放整齐后看了看，发现瓶子里没有水，于是拿了两个饮料瓶到洗手池里灌了些水，看到一旁的颜料，她转头问瑞瑞："你想喝什么口味的饮料？"瑞瑞说要草莓味的，佳佳开心地拿了红色的颜料往瓶口挤了一点。不一会儿，水就变成了粉红粉红的，真的成了"草莓味"的饮料呢！

在她们的共同努力下，卖各种颜色、各种"口味"的饮料的"甜甜饮料店"终于顺利开张啦！

案例中，教师以"年货一条街"的主题统整了原本放在建构区的雪花片、饮料瓶；餐厅的汉堡、蔬菜、水果；娃娃家的锅碗瓢盆；美工区的颜料、手工作品和装饰品等材料，启发幼儿开一间创意店铺。瑞瑞和佳佳在教师的启发和支持下，组合使用了来自建构区的瓶子和来自美工区的颜料，制作出了不同"口味"的饮料，最终使她们的"甜甜饮料店"得以顺利开张。

2. 师幼参与的组合

师幼参与的组合是第二层次的组合，指教师和幼儿共同参与材料的组合，根据游戏需要将原本分属于不同位置的游戏材料放在一起。在这种层次的组合中，教师和幼儿各自参与的程度与发挥的作用有所不同，因而出现了几种亚类型，即教师主导幼儿配合的组合、教师与幼儿合作的组合、幼儿主导教师支持的组合。

下面的案例主要属于幼儿主导教师支持的组合，具体地说，幼儿在教师的启发和引导下，根据自己游戏的需要，主动到其他游戏区甚至幼儿园、社区或家庭中寻找自己需要的材料，并将这些材料和原有材料组合使用。

游戏开始时，老师问圆圆今天想玩什么。她说："我想玩旋转木马，周末，爸爸妈妈带我去了游乐场，玩了旋转木马，可好玩了！"可旋转木马到底要怎么做呢？只见圆圆把几把小椅子围成圈，手扶靠背反坐在椅子上，并叫来好朋友晓晓和大宝一起坐下，喊"1，2，3"之后同时开始用脚蹬着往前走，自动版"旋转木马"就这样诞生了。

但大宝说："我以前坐的旋转木马，中间还有一个大大的像帐篷一样的东西，那个也会转，很漂亮的！"她们开始思考旋转木马的美化问题。老师问她们："旋转木马中间的'大帐篷'可以用什么做呢？撑开来像什么呢？可以在教室里找一找。"在教师的启发下，三个人分头在教室里寻觅撑开来像大帐篷一样的东西。不一会儿，晓晓就在百宝箱找到了一把伞，说可以试一试。但是伞柄太细了，根本不能立起来，只能拿在手上。三人又开始苦思冥想，实在想不出来，又问老师："老师，我们想把伞立起来，可是这个柄太细了，站不住。"老师回答说："你们能不能找东西把它插进去，或者用什么东西把伞柄夹住呢？"根据老师的提示，她们找来小椅子试一试，两把椅子背靠背放，把伞柄夹在中间，一人用手先固定伞柄，另外两人用胶带在接口处绕了几下，伞柄就固定住了！旋转木马有了中间的大伞变得更漂亮了。三人还找来小玩偶，用绳子将其挂在伞的边缘。一个人在游戏时，工作人员专门牵动伞的边缘，让伞转动起来，这一转真的有了"旋转木马"的感觉！

案例中，在教师的提示下，幼儿根据自己的游戏需要找到了伞和椅子，解决了游戏中对旋转木马的美化问题。在此过程中，教师只是通过语言等方式引导，以开放性的提问或线索的提示引发幼儿思考，帮助其在一定范围内寻找材料并组合使用后解决问题。总之，这些材料组合的过程主要是由幼儿主导，教师则是启发、支持与推动游戏。值得注意的是，案例最后幼儿能主动找来小玩偶挂在伞的边缘，这实际上已经是完全由幼儿参与和主宰的组合了，是第三层次的组合。

3. 幼儿参与的组合

幼儿参与的组合是第三层次的组合，是完全由幼儿参与和主宰的组合，指在没有教师帮助的情况下，幼儿根据游戏的需要，主动将原本分属于不同位置的游戏材料放在一起，尤其是主动到其他游戏区，甚至幼儿园、家庭中寻找所需材料。在下面的案例①中，建构区的小建筑师遇到问题后，主动到"奥运资料馆"选取自己所需的材料，最终成功解决了难题，这便是幼儿参与的组合的一种典型表现。

> 幼儿收集、自制图书，办起了"奥运资料馆"。小馆长和借阅管理员还为这些新的图书和资料重新编排了书号。建构区的小建筑师们在搭建游泳馆的跳台时遇到了问题——搭出来的跳台总是立不住。于是他们想到了到"奥运资料馆"查一查相关的场馆建设资料、看一看真正的跳台是怎样设计的，并和小馆长提出想把书借走。这让小馆长有些为难：能不能借给他们呢？怎样借呢？小馆长和管理员进行了商量，最终决定要办理借书证。当小建筑师遇到挑战时，通过和"奥运资料馆"的互动解决了问题。

材料组合的三个不同层次，实质上体现了教师、幼儿在材料组合过程中的参与度，从第一层次、第二层次（包括三个亚类型）到第三层次共同构成了幼儿园游戏材料组合层次图（见图6-4）。

如图6-4所示，幼儿在材料组合中的参与程度自下而上逐渐增大，直至最终完全主宰，同时也是教师从完全主宰到逐渐弱化，直至最终完全退出的过程。在实践中，一般的发展方向是自下而上，但并非一定依次上升，有时也可能会跳过其中若干层次，并且在某些游戏情境（如陌生的游戏情境、专制的游戏情境、复杂的游戏情境等）中也可能会出现自上而下的暂时性"倒退"。

---

① 此案例由北京市朝阳区劲松第一幼儿园提供，在此表示感谢。

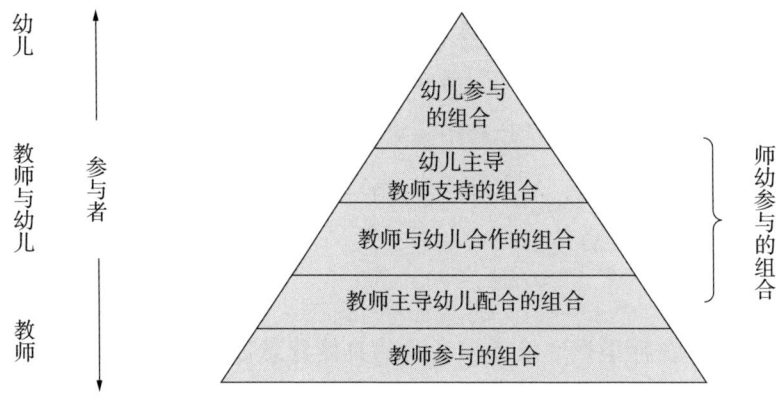

图 6-4 幼儿园游戏材料组合层次图

（四）回归策略

回归策略，指的是教师有意识、有目的地将之前投放过的材料，"重新"投放到游戏区域中。材料不是独立于材料使用者的客观存在，而是一种处于和材料使用者关系中的意向性[①]存在，材料的质量、意义和价值是一个关系范畴，是相对于具体的材料使用者而言的。因此，当幼儿的知识经验和活动需求等发生变化时，虽然教师有意识地"重复"投放幼儿之前玩过的游戏材料，但此时的材料使用者（即幼儿）却发生了变化。这些"旧"的材料和"新"的使用者之间也将产生新的互动意义。换言之，当这些"旧"的材料和"新"的使用者发生关系时，将呈现出新的价值。

在美工区中，教师投放了牛奶罐、饮料瓶、易拉罐等材料，在"变废为宝"活动中，幼儿在这些奇特的废品中寻找自己的最爱，创造自己

---

① 意向性，指意识活动总是指向某个对象，不存在赤裸裸的意识，不存在将自身封闭起来的意识，意识总是对某种东西或对象的意识。这克服了主体与客体的分离，因意识离开了它的对象、离开了世界，也就变成了无，就没有了意义；同时，对象、世界也不能没有意识，离开了意识，对象、世界同样也不具有意义。因此，意识就在对象中，同时对象就在意识中。引自全增嘏，主编．西方哲学史：下册 [M]．上海：上海人民出版社，1985：759；叶朗，主编．现代美学体系 [M]．2 版．北京：北京大学出版社，1999：448．

的奇迹：牛奶罐变成了楼房，饮料瓶变成了各种花瓶，易拉罐变成了小高跷。后来，在"滚动"活动中，幼儿探索物体的滚动获得了很多经验，教师将幼儿之前玩过的牛奶罐、饮料瓶、易拉罐等材料，再次呈现在幼儿面前。此时，幼儿对这些材料有了新的玩法，利用这些材料开展物体滚动的小实验。

案例中，教师根据"滚动"活动的具体背景以及幼儿的兴趣需要，将"变废为宝"时玩过的牛奶罐、饮料瓶、易拉罐等材料再次投放给幼儿。虽然材料还是原来的，但"滚动"活动中幼儿的知识经验、兴趣等相较于之前"变废为宝"时已有了变化，因此，"新"的使用者便会以不同的方式探索与使用"旧"的材料，挖掘与实现了"旧"材料的"新"价值。

幼儿园游戏材料调整的四种技巧，即添加、删减、组合与回归，在实践中既可以单独使用，也可以综合使用。教师需要在仔细观察与理解幼儿游戏的基础上，综合采用一种或多种调整技巧，让材料"活"起来，并不断焕发出新的活力，以引发、支持与助推幼儿游戏的不断发展。

第三节　以教师自身为媒介的指导

教师除了借助游戏时空、游戏材料实现对游戏的指导外，还可以以自身为媒介实现对游戏的指导。约翰逊等人区分与探讨了六种不同介入强度的角色，即未参与者、旁观者、游戏管理者、共同游戏者、游戏指导者以及指挥者/教导者（见图2-1）。其中，两端的两种角色（即未参与者和指挥者/教导者）属于问题介入的角色，而中间四种角色则属于支持性角色或辅助者角色。[①] 这里将主要探讨教师如何以四种支持性角色指导幼儿游戏。

[①] JOHNSON J E, et al. 儿童游戏——游戏发展的理论与实务：第2版[M]. 吴幸玲，郭静晃，译. 台北：扬智文化，2003：373-383.

一、旁观者

旁观者，指教师站在幼儿游戏之外，以教师身份观察幼儿游戏，对游戏的主题、材料、规则等很少干预，甚至没有干预。具体地说，"成人当作旁观者并不融入儿童游戏之中，而是在儿童游戏空间的一旁观赏（看）儿童进行游戏，给予一些非语言互动的表情，如点头、微笑表示对儿童游戏的支持，并且在口语上给予儿童支持。成人有时也会询问儿童在做什么。不管如何，旁观者之成人角色不参与儿童游戏，也不干扰儿童进行游戏"[①]。那么，作为旁观者，教师主要"观"什么呢？

作为一名旁观者，首先要观安全。幼儿在游戏过程中会出现许多安全问题，如剪刀的使用、玩具的争抢、奔跑时的冲撞等。此时，教师应时刻警惕，眼观六路，耳听八方，注意关注这些安全问题，进而判断是否介入以及如何介入。

作为一名旁观者，其次要观需求。在游戏中，幼儿最喜欢哪些游戏材料？该游戏材料导致了怎样的游戏行为？教师为幼儿提供的游戏时间和空间是否合适？材料的投放存在什么问题？幼儿需要补充哪方面的经验？幼儿近来游戏的兴趣是什么？等等。这些都是教师观察幼儿游戏时应关注的问题。

作为一名旁观者，再次要观亮点。目前实践中广受关注的新西兰学习故事，特别注重关注幼儿的"哇"时刻，发现幼儿身上优秀的学习品质与闪光点，并通过注意、识别、回应的系统分析与思考，为幼儿提供进一步的支持。实际上，幼儿游戏中存在许多的"哇"时刻，教师需要细心关注幼儿在游戏中的闪光点。

作为一名旁观者，最后还需观困难。幼儿在游戏中既有大量闪光点，也会存在瓶颈或困难。此时，教师需要关注幼儿遇到的难处、解决的方法或未

[①] JOHNSON J E, et al. 儿童游戏——游戏发展的理论与实务：第2版［M］. 吴幸玲，郭静晃，译. 台北：扬智文化，2003：375.

解决的原因。

　　"昨天红绿灯被人弄坏了,都堵车了,我都送不了比萨了!"外卖员妖妖对着汽车公司的工作人员喊道。这时职员小伊说道:"那你就开飞机送呗!"在一旁的老板东东想了想说:"我们造一个又能在地上开,又能飞的汽车吧,那么,堵车的时候就可以直接飞起来了,飞机不用看红绿灯的。""这主意不错,那我们就叫它飞行汽车吧!"

　　说干就干,三个孩子找来了一个大纸箱,一起探讨着如何制作"飞行汽车"。他们把纸箱打开,将顶部长边的两块长方形纸盖折叠外翻,变成飞机机翼,短边的两块纸盖其中一块做挡风玻璃,但另一块纸盖似乎没什么用。老板东东说:"把它剪下来做个螺旋桨吧!"他吩咐妖妖去拿剪刀,又对小伊说:"我们男孩子剪螺旋桨,你去画车轮吧,一起做快一点!"于是,他们就开工了。小伊去百宝箱找来了四个大小相同的圆盘,开始画车轮,而东东和妖妖从纸板的两边一起开始剪。纸板较厚,他们发现越靠近中间越难剪,于是便向老师借了一把大剪刀,还用戳洞、划纸板的方法剪下了纸板,并画出了螺旋桨的图案。两个人拿着纸板剪晃来晃去,不好剪。于是东东又叫了公司里的小伊和萱萱一起帮忙,从四个方向一起朝中间剪。但纸板太厚,越靠近中间越难剪,东东对女生们说:"你们扶好纸板的两边,我们男生来剪吧,这个剪起来手蛮痛的。"通过合力制作,螺旋桨终于完成了。他们把螺旋桨用双面胶贴在纸箱的后面,再把四个车轮贴好。小伊和萱萱把所有的剪刀和笔放进收纳盒,东东和妖妖把剪下来的废纸板扔进了垃圾桶。"飞行汽车"终于大功告成!①

　　上述案例来源于教师作为旁观者观察游戏后所写学习故事中的注意部分。该教师作为游戏的旁观者,细心观察幼儿游戏中的对话和行为,不打

---

① 此案例由上海市闵行区莘庄幼儿园王峰美老师提供,在此表示感谢。

扰幼儿的游戏,并针对游戏行为进行识别,从表征行为、建构行为、规则行为以及合作行为四方面,分析了幼儿在游戏中的闪光之处,并提出了后续办法。

总之,旁观者不参与游戏,而是细心观察。这种观察既可以让教师知道幼儿在做什么以及他们是如何做的,还可以传递给幼儿一个信息,即教师关注、重视他们的游戏。当然,作为旁观者,教师除了观看之外,有时也会通过点头、微笑等方式给予一些非言语互动。

二、游戏管理者

游戏管理者介入幼儿游戏的程度略高于旁观者,即教师帮助幼儿布置情境,并主要在游戏材料、环境创设等方面协助幼儿。从"游戏管理者"的英文"stage manager"来看,其实质是舞台(这里即游戏场景)管理者,"不介入舞台的表演(儿童的游戏活动)。但是,游戏管理者比旁观者扮演更主动、积极的角色来做情境布置并提供协助。游戏管理者要回应儿童对玩物的要求,帮助他们建构道具、准备扮演服装及协助组织整个游戏情节。同时游戏管理者也会提供儿童相关主题游戏脚本的建议来延伸孩子正在进行的游戏"[1]。在此过程中,主要由幼儿主导,教师协助,并且幼儿可以自由地接受或拒绝教师的建议或帮助。与旁观者相同的是,游戏管理者不直接参与幼儿游戏,处于游戏的边缘;但不同的是,游戏管理者要协助或帮助幼儿为游戏做准备,并时刻准备为幼儿游戏提供帮助。

元宝将小灶台变成售票处的第二天,新的游戏开始了。已经坐下的小观众都被元宝叫过来买票。他们互相做着买票、刷票的动作,却不见票到底在哪里。终于,到璇璇买票的时候,元宝也做了一个递票的动作,璇璇却问:"可是你没有票啊?"元宝愣了一下,说:"我们假假地

---

[1] JOHNSON J E, et al. 儿童游戏——游戏发展的理论与实务:第2版[M]. 吴幸玲, 郭静晃, 译. 台北:扬智文化, 2003:376-377.

卖。"显然这个回答没有说服璇璇，两个人都愣在了那里。元宝说："老师，璇璇想要票，可是我没有。"老师回答："票是什么样的呢？我们可以用什么当作票？"她很快说出用纸制作票的方法，跑去拿来了手工纸，又带来了一件新玩意儿——水果店的收银机！坐下来后，她发现票好像不是正方形的，自己试着撕了撕，发现纸片被撕的看不出是什么形状了，于是向老师寻求帮助。她清楚地说："要撕成长长的，像票一样的。"老师一边帮着撕，一边教她对折的方式，并在售票处投放了一些手工纸和水彩笔。

案例中，教师除了前期的游戏环境创设之外，在幼儿的游戏中随时准备帮助幼儿解决问题，如通过开放式提问，启发幼儿思考票可以用什么代替，通过教授的方式帮助幼儿学习撕纸的方法，及时为幼儿游戏提供帮助。此外，教师在售票处投放了手工纸和水彩笔，以帮助幼儿扩充材料。总之，教师主要协助幼儿布置游戏情境。

三、共同游戏者

共同游戏者，是指教师加入儿童游戏的行列并成为游戏的一员。"共同游戏者的功能如同儿童之玩伴般，通常在儿童扮演游戏中扮演较不重要的角色，如顾客、乘客，与儿童（扮演主要之角色如店员或司机）之角色较不相同。当成人扮演共同游戏者之角色参与儿童的游戏时，主要让儿童扮演主角，成人只是依循其游戏进展与儿童一起游戏"[①]。在此过程中，儿童是主角，教师是配角。这在下面的案例中得到了较好体现。

中二班小舞台上，丁丁和悦悦正在跟着音乐高兴地跳着《冰雪奇缘》的舞蹈，但当音乐放到一半时，她们两人都忘记了下面的动作，只

[①] JOHNSON J E, et al. 儿童游戏——游戏发展的理论与实务：第2版[M]. 吴幸玲，郭静晃，译. 台北：扬智文化，2003：378-379.

好重新开始前面的动作。她们看到老师站在一边,就邀请老师这个跳舞高手一起来跳,说:"老师,你能和我们一起来表演吗?"于是老师也变成了一位"舞蹈演员",和她们一起随着音乐舞动。到了那个关键点的时候,老师还是按照节奏跳着,于是丁丁和悦悦也学着老师的动作一起跳。大概跳了三遍后,丁丁和悦悦已经跳得很顺畅了,便对老师说:"那我们这次算正式开始表演吧!"

案例中,教师因遇到困难的丁丁和悦悦的邀请而加入小舞台的表演,十分巧妙地以舞蹈演员表演的形式,链接了丁丁和悦悦的舞蹈经验,帮助她们回顾动作。

总之,如果受到幼儿邀请以共同游戏者的身份进入游戏,教师的指导和互动会十分自然;如果没有受到幼儿邀请,教师则可做出与情境有关的游戏行为加入游戏。当然,这并不表示教师要频频介入幼儿游戏,教师的过度介入或不适当介入会干扰幼儿游戏的正常开展。

四、游戏指导者

在四种支持性角色中,介入程度最高的就是游戏指导者。从英文"play leader"来看,实质是游戏领导者。作为游戏领导者的教师,会通过调整游戏材料、提问、角色扮演等方式,引入新的游戏主题或拓展原有游戏情节。总之,"游戏指导者运用更多的影响及采取更精化的步骤来扩充及延伸儿童的游戏情节。老师可以建议玩新的游戏主题或介绍新的道具或玩物来延伸现有的游戏主题"[①]。与共同游戏者不同的是,游戏指导者的目的性与有效性更强,通常是游戏难以进行下去时,教师作为游戏指导者加入幼儿游戏,有意识地采取措施,拓展与丰富游戏情节。在下面的案例中,教师就作为游戏指

[①] JOHNSON J E, et al. 儿童游戏——游戏发展的理论与实务:第2版[M]. 吴幸玲,郭静晃,译. 台北:扬智文化,2003:380.

导者，拓展与丰富了小医院游戏情节。

今天，轩轩是小医院的医生，平时热闹的医院现在却冷冷清清，轩轩只好摆弄着自己的听诊器和病历本并开始东张西望起来。过了五分钟，老师见轩轩还是坐在那里没有新的游戏动作，于是就拿起电话走到轩轩看得见的地方，假装给小医院打电话："喂，是小医院吗？这里有病人要马上送医院急救！"轩轩看着老师，也听到了电话是打给小医院的，于是拿起小医院的电话也说了起来："是小医院！哪里有病人？"老师说："娃娃家的宝宝生病了，发高烧，快派救护车来接他吧！"轩轩医生听了这句话马上出发，把娃娃家的宝宝接来医院，非常熟练地检查、打针。

案例中，教师观察发现，五分钟的时间里轩轩一直处于等待状态，并且已经开始东张西望起来。为此，教师便以"病人家属"或"路人"的游戏角色，拨打120呼叫急救车，由此引入了新的游戏情节，引发与拓展了小医院游戏情节。

在旁观者、游戏管理者、共同游戏者以及游戏指导者四种支持性角色中，教师对游戏的介入程度呈现依次增加的态势（见图2-1）。四种角色各有特色与要求，同时也各有其独特价值。因此，关键不是哪种角色更好，而是在某一特定情境与时刻哪种角色更适宜。这就需要教师在仔细观察幼儿游戏状态的基础上，选择适宜的角色进行指导，以更好地引发、支持和助推幼儿游戏。

第七章　幼儿园中结构游戏指导案例：角色游戏

中结构游戏介于高结构游戏和低结构游戏之间，又包含多种亚类型。在此类游戏过程中，教师主要扮演游戏管理者、共同游戏者、游戏指导者中的一种或多种角色。总体来看，教师对中结构游戏的指导重点是游戏的外部支持系统，同时游戏的保障系统与内部支持系统也是中结构游戏顺利开展不可或缺的。幼儿园区域活动经常是中结构游戏的典型表现，而角色游戏[①]又是幼儿园非常普遍并广受幼儿喜爱的一种区域活动。因此，这里将以角色游戏为例，具体探讨中结构游戏指导系统（包括保障系统和支持系统）的构建与优化。

为了研究的方便，我们以目的性抽样的方式选取了杭州市某幼儿园C班[②]，在该班进行了为期一个月（2013年6月3日至2013年7月3日）的观察（每周三天，即周一、周三、周五）。基于对观察所得资料的仔细分析，针对发现的问题，采取行动研究，对C班"角色游戏教师指导问题"进行了深入探讨[③]。基于该行动研究，这里提炼与总结出了角色游戏的教师指导系统，包括保障系统和支持系统（包括外部支持系统和内部支持系统）。

[①] 角色游戏是一种常见的幼儿园游戏，指"幼儿通过扮演角色，通过模仿、想象，创造性地反映现实生活的一种游戏。其中扮演的是熟悉的、了解的角色；模仿的主要对象是教师、成人、伙伴等；强调游戏中自主性、主动性、创造性的发挥"。（引自邱学青. 学前儿童游戏［M］. 南京：江苏教育出版社，2008：292-293.）

[②] C班是杭州一所公办幼儿园中班（9月份升为大班），有25名幼儿（其中男孩13名、女孩12名）。该班配备2名教师并与隔壁班共用一名保育员。主班教师A拥有10多年教龄，学历为本科；配班教师B工作3年多，学历为专科。

[③] 白碧玮. 幼儿园角色游戏的教师指导现状与对策的个案研究：生态学的视角［D］. 杭州：浙江师范大学，2014.

第一节 角色游戏的保障系统

角色游戏的顺利开展有赖于一定的保障系统,如教师课程自主权、教师自身理念、幼儿园管理制度、幼儿园园所文化等方面。这里结合角色游戏指导行动研究中的发现与体会,将重点介绍教师课程自主权和教师自身理念两个方面。

一、赋予教师必要的课程自主权

在实践中,幼儿园教师一般会通过制订"周计划"(如表7-1)的形式,对接下来一周的课程事先做出较为明确的安排,此外还会通过"一日活动安排计划"对一天中不同时段的活动及其时间进行事先"规划"。

表7-1 某幼儿园中班一周主要活动安排

第(10)周 2016年11月21日—11月25日 <u>小树二班</u> 教师:_____

主题教学	主题名称:多彩的秋天——香香的蔬菜 主题目标:①知道几种常见蔬菜的名称与外形特征。 　　　　②感受多种多样的蔬菜。	
周工作重点	班级工作	1. 师幼一起继续丰富有关"多彩的秋天"主题的班级环境。 2. 在巧手吧投放彩泥、模具、彩纸、泥工小刀、画笔等材料,供幼儿自由选择喜欢的材料,制作各种各样的蔬菜。 3. 请家长与幼儿一起进餐时告诉幼儿蔬菜的名称和对人体的益处,注意培养幼儿荤素搭配、多吃蔬菜的良好饮食习惯。
	常规培养	生活常规:引导幼儿饭后自觉擦嘴、漱口、擦香香。 学习常规:引导幼儿注意倾听别人的发言,养成倾听的习惯。 活动常规:引导幼儿整理自己的环保袋,能够及时收纳好自己的物品。
晨间活动		自由运动内容(周一、周二、周五):玩圈圈、羊角球、走高跷。 体能锻炼游戏(周三、周四):跳房子、飞飞飞。

续表

星期	一	二	三	四	五
上午活动	户外自由游戏	户外自由游戏	分组①教学： A组：蔬菜比比会 B组：各种各样的蔬菜	分组教学： A组：各种各样的蔬菜 B组：蔬菜比比会	户外自由游戏
	游戏故事分享	游戏故事分享	A组区域活动：重点指导美食吧 B组图书阅览室：多吃蔬菜有营养	A组图书阅览室：多吃蔬菜有营养 B组区域活动：重点指导建构吧	游戏故事分享
	主题教学：蔬菜一家子	主题教学：彩色牛奶	健康活动：大型玩具	★②体育游戏：送菜忙	主题教学：买菜
餐前活动	益智游戏	才艺展示	动画欣赏	▲③环保谈话：蔬菜本领大	手指游戏
下午活动	区域活动：重点指导科学吧	区域活动：重点指导巧手吧	户外自由游戏	户外自由游戏	区域活动：重点指导运动吧
	体育游戏：投篮小高手	★体育游戏：水果运输员	游戏故事分享	游戏故事分享	体育游戏：勇敢的小兔
离园活动	音乐游戏	手指游戏	自带玩具分享	故事欣赏	歌曲串烧
雨天备选活动	1. 音体室：拍皮球、玩地垫。 2. 一楼大厅：冰冻人、揪尾巴。 3. 教室：打野猪、抢椅子。				

---

① 将班级中所有幼儿分成两组，分别为A组和B组。在日常生活活动中，全班所有幼儿在一起活动。在集体活动中，一般以A和B为单位依次组织开展活动，具体地说，先由一名教师带领A组幼儿开展某一内容的活动，同时另一名教师带领B组幼儿开展另一内容的活动；然后再由前一名教师带领B组幼儿开展前一内容的活动，同时由后一名教师带领A组幼儿开展后一内容的活动。至于A组和B组幼儿活动轮换的具体时间，可以在同一天轮换，也可以在不同天轮换。

② 专指新教的体育游戏。

③ 专指所有类型的环保活动。

虽然这种课程（尤其是课程计划）的确定性有利于教师（尤其是新手教师）有计划地组织与实施课程，但有时也会对课程（尤其是游戏）的开展产生不利影响。如角色游戏的外部支持系统中涉及角色游戏与集体教学、家庭、社区等之间的关系，而其中很多是生成性的，是无法事先（尤其是提前一周）计划和确定的。

要想有效解决这种确定性和生成性之间的矛盾，教师就必须具有或被赋予一定的课程自主权。课程自主权属于教师专业自主权，指"教师对教材内容的选择、教学目标的制定、教学方法和过程的设计、教学的引导和教室的布置等方面有决定权"[1]。当教师具有或被赋予了一定的课程自主权时，教师便能根据具体情境和需要，对包括课程计划在内的课程相关事宜进行一定的调整。具体到角色游戏中，教师便可以根据游戏的需要和当时的具体情境，对事先制订的"周计划"进行调整，临时生成针对性的集体教学、家庭或社区等方面的相关活动。此外，教师还可以根据具体情况（尤其是幼儿游戏的需要），对一日活动安排计划中的角色游戏及相关活动的时段或时长进行一定的调整。

但实践中的教师课程自主权不是没有任何限制的，而是需要（而且应该）受到一定的限制。有研究者分析了基础教育中教师实施课程的权力限制，包括"课程管理政策的限制"和"课程标准的限制"。[2] 还有研究者从两方面分析了教师课程自主权的结构限制问题，"一是受教育政策的规定、学校组织的运作、资源的分配、课程的评价等的制衡；二是受教师专业素养、道德品质、终身学习、对新教育理念的理解等的制衡"。其中，前者对教师课程自主权的限制是"一种显现的、带有强制性的限制，教师必须尊重服从"；而后者对教师课程自主权的限制则是一种"隐性的、深层次的限制。这种限制考验着教师坚持课程自主权的信念，也考验着教师的意志品

---

[1] 李沂颖. 以高效课堂为目标的教师课程自主权的现状与对策研究[J]. 河南教育学院学报（哲学社会科学版），2012, 31 (3): 75-76.
[2] 鲍同梅. 从课程实施的视角看教师课程自主权[J]. 教育实践与研究，2004 (1): 19.

质"。除了这种结构限制之外,"学校系统内课程领导者与教师的权力关系,使教师受到学校领导的限制。同时,教师之间的专业差异、能力差异、理念差异,导致教师群体之间很难达成共识。这些都会对教师课程自主权形成钳制"[1]。总之,包括幼儿园教师在内的教师课程自主权在实践中需要而且应该受到一定的限制。

具体到幼儿园教育领域,幼儿园教师在行使课程自主权时应自觉接受幼儿园"课程管理政策""课程标准"(如《幼儿园教育指导纲要(试行)》《指南》等)、幼儿园的组织运行等方面的"强制性"限制,也要批判性地接受幼儿园课程领导者(如园长等)以及同事的限制,积极突破与超越自身专业素养等方面对课程自主权产生的"隐性"与"深层次"限制。因此,为了便于教师合理地运用课程自主权,一方面需要外部(尤其是幼儿园及其他教育行政管理者)主动赋予教师一定的课程自主权,另一方面需要教师通过提升自身综合素养,有效与合理地行使课程自主权。

二、提升教师游戏理念的科学性

教师要自觉地通过多种途径(如各种职后培训、文献查阅等)不断提升自身综合素养,尤其是游戏理念,以有效合理地行使课程自主权,进而能更顺利高效地组织与开展角色游戏。

首先,教师要认真学习与准确把握幼儿园相关的"课程管理政策""课程标准"的理念,以使自己在行使课程自主权的过程中,自觉地遵循与体现国家相关教育政策与理念。

其次,教师要不断提升自身专业素养,尤其是游戏理念,以使自己在行使课程自主权的过程中做出更专业、科学、合理的课程决策,进而对角色游戏进行高效合理的指导。

---

[1] 李沂颖. 以高效课堂为目标的教师课程自主权的现状与对策研究[J]. 河南教育学院学报(哲学社会科学版), 2012, 31(3): 76.

第二节　角色游戏的外部支持系统

游戏的外部支持系统旨在丰富、完善与优化游戏资源。格里芬认为成人在设定游戏阶段时，应为儿童准备好必要的游戏资源，主要涉及时间、空间、玩物、预先的经验四方面[1]。具体到幼儿园角色游戏领域，其中预先的经验主要涉及幼儿关于角色游戏中相关职业、角色以及不同角色之间关系等方面的经验。而丰富、提升与拓展这方面经验的主要途径会涉及家庭与社区资源的利用以及集体教学的介入等。因此，结合行动研究中对角色游戏指导现状的了解与具体行动研究过程中采取的相应策略，这里将重点从游戏时间的提供、游戏材料的提供、集体教学的介入、家庭与社区资源的利用四方面，深入探讨角色游戏外部支持系统的构建与优化问题。

一、提供充足与合理的游戏时间

游戏时间的长短会影响幼儿游戏的数量和品质。[2] 研究者注意到，当幼儿有充足的游戏时间去自主玩耍时，他们与玩伴间的互动、交流会更多，而且会探索出多样的操作游戏材料的方法，游戏情节也更丰富。因此，为了保证幼儿游戏的品质，教师应为幼儿提供充足的游戏时间，让幼儿从容自主地探究材料、熟悉玩伴，拓展与丰富新的游戏内容。约翰逊等人在谈到游戏时间时就明确指出，"足够的时间才能使幼儿从容地玩"。"我们坚决建议幼儿园的游戏时间至少要有 45 分钟以上，从游戏的立场来看，时间愈长，效果愈好"[3]。

---

[1] 转引自 JOHNSON J E, et al. 儿童游戏——游戏发展的理论与实务：第 2 版 [M]. 吴幸玲，郭静晃，译. 台北：扬智文化，2003：366.

[2] 黄瑞琴. 幼稚园的游戏课程 [M]. 台北：心理出版社，1994：85-86.

[3] JOHNSON J E, et al. 儿童游戏——游戏发展的理论与实务：第 2 版 [M]. 吴幸玲，郭静晃，译. 台北：扬智文化，2003：366，367.

对收集的12个角色游戏样本（包含9次班级常规角色游戏、2次社会一条街①角色游戏和1次全园混龄角色游戏②）分析发现，在游戏主体环节中游戏时间的提供以30～35分钟为主，占比达到了66.7%；游戏时间不多于40分钟的比例更是达到了91.7%。虽然目前对游戏时间到底应该多长并没有达成普遍共识，但是从总体来看，30～35分钟还是偏短的，和约翰逊等人所说的"45分钟以上"还有一点差距。

实践中，教师可采用将零散活动时间（如餐后活动、晨间活动等）与整块活动时间（如区域活动、游戏课程等）相结合的方式（见表7-2），以保证幼儿在一天中至少有一次不少于45分钟③的连续完整游戏时间，以便幼儿有充足的机会接触与持续深入地开展游戏活动。

表7-2 大班一日活动安排表

作息时间	活动内容
7:50—8:20	晨间接待、整理、晨间活动
8:20—9:10	户外游戏、早操
9:10—9:30	喝水、盥洗、点名、晨间谈话
9:30—10:00	教学活动
10:00—10:10	吃点心时间

---

① 社会一条街是该幼儿园统一设置的角色游戏区，有军营、理发店、超市、医院、餐厅、娃娃家6个区域。
② 全园混龄角色游戏为该幼儿园的特色活动。进行游戏时，每个班级自选一个角色游戏主题（如餐厅、医院等），进行环境创设与材料投放，成为一个角色游戏区。幼儿分为两部分，一部分做工作人员，另一部分作为游客去同楼层的各个班级旅游，体验不同主题的角色游戏。
③ 浙江省"一级幼儿园实地考察评估用表"之"班级保育和教育"中提到"自由游戏"时明确指出，"至少有一次机会可以连续进行45分钟以上的自由游戏"（浙江省教育评估院. 浙江省幼儿园等级评定专家评估手册. 2015：17）。

续表

作息时间	活动内容
10:10—10:50	区域活动
10:50—11:10	户外游戏
11:10—11:20	盥洗、餐前安静游戏
11:30—12:30	幼儿用餐及餐后活动
12:40—14:40	睡前安静活动及午睡组织
14:40—15:20	起床组织、护理及点心
15:20—16:30	角色游戏
16:30—17:30	离园接待

表 7-2 显示，幼儿可以在 7:50—8:20 的晨间活动时间、10:10—10:50 的区域活动时间、11:30—12:30 的餐后活动时间以及 15:20—16:30 的角色游戏时间这四个时间段根据自身需要进行游戏。其中，午睡起床后长达 70 分钟的整块角色游戏时间安排，给予了幼儿充足的时间进行游戏。当然，这并不意味着每天都要安排 1 小时左右的整块游戏时间。教师可根据幼儿的年龄特点，保证每周至少有 1～3 次长时间进行角色游戏的机会。

二、发挥游戏材料"活"的价值

对角色游戏观察收集的资料进行分析发现：

表7-3 班级角色游戏区的材料投放状况

材料类型 \ 区域名称		点心店	娃娃家
商品材料	强结构性材料	模拟日常生活用品若干，如电话机、立体式厨具、吹风机、化妆用品等；大量的仿真蔬菜、水果若干。	各种造型的动物玩具、手偶玩具。
	弱结构性材料	餐具若干，如调羹、叉子、碗、碟等。	柔软靠垫若干。
自制材料	弱结构性材料	少量自制食物，如荷包蛋、豆腐干、馄饨、水饺等。	无。

（1）游戏材料数量方面，总体看比较充足。如表7-3所示，"点心店"中投放了各种各样的仿真蔬菜水果，"娃娃家"中投放了各种造型的动物玩具等。

（2）游戏材料结构性方面，总体看以强结构性游戏材料为主。游戏材料根据结构性可分为"强结构性游戏材料和弱结构性游戏材料"。其中，强结构性游戏材料是指外形形象逼真，可以直接代替或者模拟其他物体进行游戏，且结构相对固定、不易改变、功能也相对封闭单一的游戏材料。弱结构性游戏材料是指结构可变、稳定性不强、功能相对开放和丰富的游戏材料。[①]表7-3显示，教师在角色游戏区投放的游戏材料多为强结构性的商品玩具材料，教师自制的弱结构性游戏材料仅占少数。这在一定程度上不利于幼儿（尤其是中大班幼儿）角色游戏的开展。观察中的一个现象也佐证了这一点：在"点心店"玩烧菜游戏的幼儿总是简单地将仿真蔬菜、水果放置在餐盘后就代表烹饪完毕，随后兴味索然地离开，整个游戏时间持续较短。而玩与之相似的做蛋糕游戏的幼儿，则选用了弱结构性的插塑玩具，除了自己动手拼搭不同样式的蛋糕外，还会根据客人的需求选择不同颜色的插塑材料以代表

---

① 虞永平. 物质材料与幼儿园课程[J]. 幼儿教育（教育教学），2006（1）：12.

不同的口味。整个游戏时间持续较长且幼儿保持着高昂的游戏兴趣。

（3）游戏材料的稳定性方面，总体看材料的稳定性强且变更性弱。具体地说，除了"社会一条街"角色游戏和全园混龄角色游戏的材料会每周进行一定的调整外，班级内两个常规性角色区（包括点心店与娃娃家）的材料在观察的一个多月内无任何变化。

（4）游戏材料的维护与管理方面，总体看不够理想。这主要表现在两方面：一是游戏材料的管理情况欠佳，游戏材料未分类储存，如"点心店"将吹风机、化妆用品等美容用品与仿真蔬菜水果一同摆放。二是游戏材料的维护情况欠佳，部分游戏材料出现破损情况，如"点心店"中自制的荷包蛋中填充的海绵露出表面等。

针对幼儿园角色游戏材料在结构性、维护与管理、稳定性等方面存在的具体问题，这里将主要从以下几方面探讨如何充分发挥游戏材料"活"的价值。

（一）投放弱结构性游戏材料，激发幼儿想象力

游戏材料是角色游戏实施与开展的核心。在投放游戏材料时，根据中大班幼儿特点，教师可多准备些开放性的弱结构性游戏材料，如雪花片、积木、面粉、橡皮泥等，便于幼儿充分想象与调整材料形状、结构，以满足游戏需要。例如，在餐厅区，教师投放了面团以及相应的辅助工具，如擀面杖、包饺子工具、蛋糕模具等（见图7-1）。可塑性强的弱结构性面团一会儿被"面点师"做成红豆蛋糕，一会儿被做成玉米蛋糕（见图7-2），一会儿又被做成鸡蛋煎饼（见图7-3）……幼儿的想象力与创造力在通过对面团的塑形中得到了充分发挥。餐厅中的"面点师"角色也成为幼儿争相扮演的热门角色。

图7-1　餐厅区一角

第七章 幼儿园中结构游戏指导案例：角色游戏

图 7-2 红豆蛋糕与玉米蛋糕　　图 7-3 鸡蛋煎饼

（二）适时调整游戏材料，激发幼儿的活动兴趣

"仅仅丰富而没有变化的游戏材料无法长久地引发幼儿的探索欲望"[①]。在实际观察中，研究者注意到了这样一则案例：班级娃娃家内的游戏材料丰富充足，但缺少变化。因此幼儿去娃娃家玩耍的兴趣并不高，很多时候娃娃家都呈现出一种冷冷清清的景象。然而当娃娃家多了新成员"熊宝宝"后，幼儿的游戏表现发生了变化。幼儿朵朵发现了这个新玩具后，拿着它兴高采烈地询问起 B 老师："老师，这是谁的啊？是老师放在娃娃家的新成员吗？"可见幼儿非常关注游戏材料的调整与变化。总之，游戏材料的投放是一个动态变化的过程，教师需要根据幼儿游戏的具体情况，灵活运用添加、删减、组合、再现（或回归）等策略[②]，及时调整游戏材料，以引发、支持与拓展幼儿游戏活动。这在班级"银行"游戏案例中得到了较好体现。

教师最初创设角色区时，只是构思了超市和餐厅两个区域，并未设置银行区。随着游戏的发展，幼儿提出了疑问，如朵朵问道："幼儿园里玩超市游戏时怎么没有钱？我和妈妈在家里玩的时候自己制作了钱币呢。"针对幼儿提出的疑问，教师与在美工区活动的幼儿一起为超

[①] 秦元东，王春燕. 幼儿园区域活动新论：一种生态学的视角[M]. 北京：北京师范大学出版社，2008：143.

[②] 秦元东. 幼儿园区域活动材料观的转变[J]. 幼儿教育（教育科学），2008（12）：29-30.

市制作了"1元""2元""5元"和"10元"等不同面值的钱币（见图7-4）。钱币制作好后，需要有个专门的区域进行存放，并方便幼儿领取。由此，"银行"（见图7-5）便应运而生。

图7-4 幼儿绘制的四种面值的钱币

图7-5 初步创设的银行区

【即时分析】随着游戏情节的发展，幼儿对用于购买商品的"钱币"产生了需求，提出自制钱币的诉求。教师把握住幼儿的游戏需求，运用添加、组合策略对游戏材料适时进行调整。具体地说，教师在原有"超市"与"餐厅"的基础上，添加了"钱币"与"存钱柜"。之后，教师又将这些材料与原先放置在超市但利用率不高的蘑菇台、电话机材料组合在一起，形成了一个新的游戏——银行游戏，引发幼儿新的游戏活动。

银行创设好后，教师经过观察幼儿游戏的表现后发现，目前的银行存钱柜过高，不方便幼儿取钱。因此与C班教师讨论后对银行区进行改进，调整如下（见图7-6）。

图7-6 调整后的银行区

教师选取了一个"小蜗牛"(幼儿喜爱的动物形象)柜子作为银行，并和幼儿一起用纸盒自制了四个储钱盒放置在蜗牛的"肚子"中，方便"银行柜员"给"顾客们"发放钱币。

【即时分析】 游戏材料的投放与使用要考虑幼儿的兴趣和需要并便于操作。初步创设的银行投入使用后，教师发现过高的柜台导致幼儿取钱不便，由此引发的不必要的排队等待，造成了幼儿游戏时间的隐性浪费。因此，教师将之前的四方柜台更换为幼儿喜爱的小蜗牛柜台，并重新制作储钱盒，方便幼儿使用。

然而解决完钱币发放不便的问题后，又出现了新的问题。来银行取钱的顾客产生了新的需求："我取的10元钱没花完怎么办？可以存入银行吗？"面对顾客的普遍性需求，教师与幼儿经讨论决定再次丰富银行区，在银行区投放存折（见图7-7和图7-8），开通存钱、取钱两项业务。

图7-7 幼儿正在制作存折　　　图7-8 制作好的存折

【即时分析】 面对角色游戏中出现的问题与幼儿的需求，教师运用添加策略，在原有材料的基础上添加了"银行存折"。这不仅解决了游戏中的问题，满足了幼儿的需求，而且丰富了银行游戏的内容，增加了幼儿活动的兴趣。

银行区的从无到有、从草创到初步完善的过程是跟随幼儿探索与发展的脚步，不断调整与动态变化的过程。在此过程中，教师依据幼儿的游戏情况，结合教育意图，适时调整游戏材料，让游戏材料"活"起来，不但真正满足了幼儿的游戏需要，而且引发、支持与助推了游戏活动。

（三）鼓励与支持幼儿参与游戏材料的投放与管理

在投放游戏材料的过程中，如果采用由教师单方面策划、布置，对幼儿简单说"请进"的做法，只会在无形中扼杀幼儿的主体性、创造性和参与精神。[①]幼儿参与游戏材料的收集、制作与管理，不仅能获得参与活动的机会，满足自我表现的愿望，发展想象力与动手操作能力，而且在参与过程中会萌发出一种"主人翁"意识，与所投放的游戏材料之间建立一种特殊的情感联系，生发出更为浓厚的游戏兴趣。这在"超级卖场"案例中得到了较好体现。

在主题"超级卖场"游戏中，教师请幼儿收集游戏材料，投放一些"商品"到幼儿园的超市区。得知要在班级开超市后，幼儿纷纷从家中带来了各种各样的物品，有废旧的饮料瓶、沐浴露瓶、美味的糖果、可爱的玩具等。此外，幼儿还和教师一起亲手制作了手工作品（见图7-9），投放到超市中……各种各样的物品极大地丰富了班级超市中的商品种类。

图7-9　幼儿与教师一起制作花朵

[①] 邱学青. 给幼儿园教师的101条建议：游戏指导［M］. 南京：南京师范大学出版社，2011：117.

幼儿总会骄傲地向教师和伙伴们介绍自带或自制的玩具材料，生发出一种自己是超市主人的情感。之后一系列让幼儿亲身参与、制作、布置与管理游戏材料的活动——给商品定价格和贴标签（见图7-10）、将自己带来的商品摆放到相应的货架上（见图7-11）、给超市起名字等，使幼儿的"主人翁"意识变得更加强烈。幼儿参与角色游戏的兴趣非常高，由衷地发出了"超市游戏真好玩"的感慨。

图7-10　给商品定价格、贴标签

图7-11　给商品上架

三、适时开展针对性的集体教学

对角色游戏的观察发现，总体来看，角色游戏与集体教学间呈现双轨并行的特点。角色游戏与集体教学犹如在各自的轨道上平行行驶的两辆列车，相互封闭、割裂。具体地说，在一个多月的观察中，班级开展了以"快乐叠高"与"数字档案袋"为主题的活动，班级的集体教学都围绕这两个主题展开，而班级常规角色游戏仍是幼儿自定主题。教师既没有将其与"快乐叠高"或"数字档案袋"主题活动相联系，也未针对幼儿角色游戏开展相应的集体教学，以帮助幼儿梳理游戏经验与丰富、拓展游戏内容。

教育改革的核心是利用联通克服分裂。"从儿童时代起，就要通过'联通'克服学校和文化有意无意地强加给学生的种种分离和分裂。如果以往教育的主旋律是'分',教育改革的主旋律就应该是'联'。"①"联"的实质就是平等、开放、交流与对话。因此,面对集体教学与角色游戏两种不同类型的活动,教师需要打破两者之间分裂与对抗的局面,综合利用两种活动各自的优势,适时开展针对性的集体教学,以实现角色游戏与集体教学的积极互动,从而丰富、深化幼儿的角色游戏。

(一)适时开展针对性的集体教学,以解决角色游戏中的共性问题

幼儿在角色游戏中获得个性化体验的同时,也会暴露出一些共性的问题。此时,教师便可以充分利用集体教学经济高效、能在短时间内获得较大信息量的特点,开展针对性的集体教学,以解决幼儿游戏中出现的共性问题,进而提升游戏水平。例如,在下面的案例中,研究者通过组织集体谈话活动,解决了游戏中的共性问题。

在主题"超级卖场"和"彩虹餐厅"游戏中,教师观察后发现幼儿在游戏时存在三个共性问题:①对超市里工作人员的职责分工不够明确。做导购员的幼儿领到工作证后会询问大老板②:"导购员是做什么的?"②餐厅里的客人离开后,服务员未及时收拾餐桌,整个桌子上都是"吃剩的饭菜"。③餐厅里人数超载,特别拥堵。针对以上三个共性问题,教师组织了一次谈话活动,让幼儿集思广益,通过讨论解决问题。

问题1:围绕超市里导购员的职责进行讨论。

大老板:超市里的导购员要做什么?

朵朵:有些客人不知道这个商品怎么用,你要告诉他。

豆豆:你要介绍商品,当客人拿了一样商品但后来又不想要的时候,你要把它放回去,要摆放整齐。

……

---

① 滕守尧. 生态式艺术教育与联通 [J]. 幼儿教育(教育科学), 2006 (1): 6-8.
② 研究者在角色游戏中扮演了"大老板"的角色,故在以下具体案例中均以"大老板"的身份出现。

问题 2：围绕餐厅里服务员的工作职责进行讨论。

大老板：谁知道餐厅里的服务员要做些什么事情？

豆豆：你要把客人点的菜告诉厨房。

乐乐：客人有要求的时候，你要帮助他解决问题，而且发现餐具掉到地上时，你要捡起来。

钥钥：服务员要打扫卫生，客人走了之后要擦桌子。

金豆：要把剩菜剩饭都放在篮子里送回厨房，在客人来之前，你还要把餐具摆放好。

……

问题 3：围绕餐厅里人数超载现象进行讨论。

大老板：餐厅里人数过多，客人坐不下怎么办？

金豆：可以有两个服务员，一个负责叫号，人多的时候要先排队领号，等叫到你后再进去；另一个负责点菜。

宇宇：而且排队等待时，你可以在外面先看看点菜单。进餐厅的时候要一个跟着一个进去。

……

通过对游戏活动中幼儿行为的观察，研究者发现幼儿在日常生活中已积累了一些相关生活经验，但这些经验还较为零散且未被充分调动，因此在游戏中会暴露出一些共性问题。通过适时开展针对性集体谈话活动，幼儿分享了彼此的经验。通过观点之间的补充与完善，幼儿的相关经验得到了梳理、总结与完善。

（二）关注角色游戏中幼儿的需求，适时生成针对性的集体教学

角色游戏充分体现了幼儿的活动兴趣与需求。教师可以关注其中具有潜在价值的兴趣需求，适时生成新的针对性集体教学。例如在"超级卖场"游戏进程中，幼儿萌发了想要与别人分享、宣传自己的超市游戏的需求。此时研究者便抓住这一契机，开展了美术集体教学。

　　教室里的超市区创设完成后，幼儿对装修一新的"超市"的喜爱与骄傲之情溢于言表，萌发了向同伴或家人介绍、宣传班级角色游戏"超市"的需求。"玩游戏时可以邀请爸爸妈妈来吗？""可以带我的好朋友来参观我们的超市吗？"……针对幼儿想向自己家人、朋友宣传班级超市游戏的需求，研究者组织了一次内容为"制作超市宣传海报"的美术集体教学（见图7-12、图7-13）。

图7-12　幼儿正在制作宣传海报　　图7-13　幼儿拿着海报在大一班宣传

四、巧妙地利用家庭与社区资源

　　研究者对角色游戏的观察发现，总体看幼儿园角色游戏与家庭、社区等外部资源之间有一定联系，但这种联系主要体现在幼儿家庭是角色游戏材料的提供者，且以幼儿自发联系的形式为主，并未上升到教师有意识地自觉挖掘与利用家庭资源。具体地说，班级开展角色游戏时会与"玩具分享"活动结合，即幼儿可以将家里带来的角色玩具与自己的好朋友一起分享、玩耍。如有的幼儿会从家里带来化妆玩具，眼影、口红、护肤霜等一应俱全，班级进行角色游戏时，几位爱美的女孩子就会围坐在一起玩化妆游戏；有些幼儿会从家里带来自己心爱的布娃娃，与好朋友一起在"娃娃家"里聊天。家庭资源拓宽了角色游戏材料的来源，使幼儿拥有更多选择的余地，游戏主题也更加丰富。但这种联系多以幼儿自发、教师默许的形式出现。因此，教师应自觉地、有目的地、有计划地巧妙利用家庭与社区资源。

（一）捕捉幼儿在家庭、社区中经验的"亮点"，生成新的角色游戏

除了在幼儿园学习、生活外，幼儿大部分时间都是在家庭和社区中度过的。在家庭、社区中，幼儿也会获得一些有益经验。教师可以关注并捕捉这些经验中的"亮点"，筛选出幼儿感兴趣的主题，生成新的角色游戏。如假期过后，很多幼儿的发型都发生了改变，同伴间围绕"理发"这一话题展开了交流讨论："我是边看视频边剪头发的。""理发师一手拿梳子，一手拿剪刀，剪得很仔细。""吹好头发后，我还编了辫子呢……"这时教师便可抓住幼儿感兴趣的内容，生成"美容理发馆"的角色游戏。

（二）以多种方式吸引与支持家长以"主人翁"意识参与角色游戏

幼儿园角色游戏与家庭要在平等的基础上相互作用。教师在吸引与支持家长参与时，不应简单地让家长作为"资源提供者"，仅仅为角色游戏提供材料，而应告诉家长幼儿园目前开展的角色游戏的目的、内容、意义等，让家长以一种"主人翁"意识，主动地参与幼儿园角色游戏。具体可以通过倡议书、家园联系栏、班级QQ群、亲子游戏、半日开放活动等方式吸引和支持家长参与。例如，在"我们的超级市场"游戏中，研究者就利用倡议书这一形式较为成功地将家长吸引到了活动中。

> **倡 议 书**
>
> 亲爱的家长朋友：
>
> 　　您好！
>
> 　　环境是重要的资源，良好的教育环境对幼儿的身心发展具有重要价值。"超市"是幼儿日常生活中经常接触的社区资源，又是孩子们经常讨论与感兴趣的话题。因此我班将开展主题游戏活动"我们的超级市场"，借助孩子感兴趣的事物，充分发挥其对幼儿身心和谐发展的价值。
>
> 　　游戏活动中我们需要您的支持哦，特聘您为我们的：
>
> 　　引导员：希望您能抽空带孩子去超市逛逛，了解超市的一些基本信息，比如，超市里有什么？超市里的货物是怎样摆放的？超市里各类货品的价格大致是多少？
>
> 　　银行家：教幼儿认识10以内的钱币。
>
> 　　供应商：您可以把家里废旧的牛奶罐（饮料瓶）、饼干盒（最好是铁盒）、月饼盒、闲置的玩具、可食用的坚果、超市的宣传海报等材料投放到"我们的超级市场"中。此外，还请您为孩子准备一个环保购物袋，供游戏使用哦！
>
> 　　智囊团：您对本主题有什么好的建议或者想法，都可以与我们分享哦，我们非常期待您的金点子！

　　家长们收到倡议书后，都非常热心地关注并支持班级的角色游戏"超市"，不仅带来了相应的材料投放到班级的超市区，而且积极与教师沟通，主动关注班级角色游戏"超市"的进展情况。

　　果果妈："老师，我们班超市什么时候开张啊？我们想带点东西过来。"

　　朵朵妈："我还可以为超市做点什么呢？最近我和朵朵在家也开始

玩超市游戏了,朵朵很喜欢玩。"

宇宇妈:"昨天我问 A 老师要带点什么,A 老师说吃的已经很多了,所以我们就带来了日用品。这样超市可以卖,孩子们还能用。"

……

家庭与角色游戏之间建立起积极互动的关系后,家长、幼儿与教师三者形成了合力,为角色游戏环境的创设与情节的丰富出谋划策,这样做不仅可以激发幼儿参与游戏的积极性,而且可以有效提高幼儿游戏的质量。

(三)通过"请进来"与"走出去"两种策略利用社区资源

当幼儿在角色游戏中因缺乏必要的生活经验而停滞不前时,教师可以有针对性地开展相应的社区活动,以丰富幼儿的相关经验,从而促进角色游戏不断丰富与深化。具体地说,教师既可以采用"请进来"策略——邀请社区的工作人员参与角色游戏,也可以采用"走出去"策略——组织幼儿到社区有目的地参观调查,从而使角色游戏与社区之间建立起双向互动的关系。例如,在"超市"游戏中,研究者就利用"走出去"策略丰富了幼儿的相关经验。

在"超市"游戏中,研究者发现幼儿在游戏过程中还存在一些问题:一方面,游戏材料的整理情况不够理想,一些物品未归类摆放且陈列较为杂乱;另一方面,幼儿购物时的排队意识还不够明确。针对这些问题,研究者在 C 班老师的帮助下,组织幼儿参观现实生活中的超市(见图 7–14),了解真实超市中商品的摆放规律并体验购物流程(见图 7–15)。

图7-14 去超市参观啦　　　　　图7-15 探寻超市里商品摆放的秘密

参观完毕后，研究者与幼儿进行了集体谈话："你发现超市里的商品是怎么摆放的？"幼儿纷纷发表意见："同样的东西是放在一起的。""吃的和吃的放在一起，用的和用的放在一起。""超市里有很多东西，但是看起来一点都不乱，很整齐。"……幼儿七嘴八舌地将超市中商品的摆放情况说了个大概。这些有益经验让幼儿在之后的角色游戏中有意识地将游戏材料按类摆放并陈列整齐，付钱时的排队意识也更加明确。

第三节　角色游戏的内部支持系统

角色游戏的内部支持系统主要指游戏进程中所有的指导行为，旨在解决游戏进程中的问题、助推游戏进程的顺利开展。这里结合行动研究中对角色游戏指导现状的了解与行动研究过程中采取的相应策略，重点从游戏中教师指导语的运用和游戏讲评环节的组织两方面，深入探讨角色游戏内部支持系统的构建与优化问题。

一、灵活运用适宜的指导语

在借鉴我国学者徐彩华研究成果[①]的基础上，结合本研究中收集的教师指导语资料的具体情况，这里将教师指导语划分为指令性语言、解释性语言、了解性语言、角色语言、肯定语言、否定语言六种类型。具体地说：

（1）指令性语言，即命令性语言，指教师用命令的形式直接告诉幼儿该有何种行为或该做什么，例如"你快去排队"。

（2）解释性语言，指教师为幼儿讲解、介绍与游戏内容有关的规则、知识、材料等，例如对"顾客"说："你买完东西要先说谢谢才能走。"

（3）了解性语言[②]一般以疑问句的形式出现，指教师询问幼儿有关游戏内容、计划等方面的情况，包括教师以了解游戏进展为目的的一般性询问（"你们谁是爸爸，谁是妈妈？"）和蕴含教育意图的有目的的提问（"我没有带钱，怎么办？"）。

（4）角色语言，指教师加入幼儿游戏中，以某一游戏角色的身份说的话，如"老板，我想买份烧烤"。

（5）肯定语言，指教师用表扬、鼓励、赞许的方式评论幼儿在游戏中的行为表现，如"你们盖的楼又高又稳"。

（6）否定语言，指反对、批评、制止、指责幼儿某些言行，如"不准用剪刀相互打闹"。

通过对观察资料的分析发现，教师在游戏主体环节中采用的指导语以解释性、了解性及指令性语言为主，出现的比例依次为29.4%、21.9%和21.0%。

[①] 徐彩华. 角色游戏中教师指导语类型及作用的研究［J］. 心理发展与教育，1993（1）：50.
[②] 徐彩华在论文中所说的了解性语言仅涉及这里所说的"一般性询问"。此处在借鉴邱学青关于"询问式语言"相关论述（邱学青. 学前儿童游戏［M］. 南京：江苏教育出版社，2008：166-167）的基础上，结合本研究的需要，特对了解性语言的外延进行了一定扩展，除了包括徐彩华所说的"一般性询问"之外，还增加了"有目的的提问"。

我国学者徐彩华曾以儿童的合作水平为指标，运用实验法探讨了不同类型指导语的功能，研究发现：否定语言显示出教师对角色游戏的消极控制，会明显打击幼儿的游戏积极性。指令性语言与解释性语言体现了教师强迫教育的意图，间接损害了幼儿的游戏兴趣：一方面限制了幼儿的言行，另一方面将幼儿从游戏情境中拉回到现实情境。而了解性语言、肯定语言与角色语言显现出教师对幼儿游戏行为的兴趣与关注，在维护幼儿游戏情境的同时实现了教师的教育意图。"直接地指令、否定和讲解容易中断幼儿游戏思路、降低幼儿游戏的兴趣和主动性、增加幼儿独自游戏及无所事事的可能性。间接婉转的提问、角色语言、赞美则能在保持幼儿游戏兴趣的同时体现教师的指导因素，是角色游戏中教师进行指导的适当形式。"[1]据此审视本研究中教师指导语的运用情况，便会发现教师使用的指令性语言、解释性语言与否定语言过多，占比达到了57.1%。因此，教师指导语还有待进一步优化。

在众多指导语类型中，指令性语言、解释性语言、否定语言是教师直接控制角色游戏的方式，而了解性语言、角色语言、肯定语言则是间接地关心、指导游戏的策略。因此，根据中大班幼儿的年龄特点，以及加强其合作能力的培养目标，教师在具体指导时应灵活运用多种指导语，一般情况下应尽量选择和运用了解性语言、角色语言和肯定语言，以优化指导效果。研究者在"彩虹餐厅"案例中就运用角色语言对幼儿的游戏进行指导。

彩虹餐厅刚刚送走了一批客人，服务员看到"大老板"（研究者扮演）前来巡视，热情地招呼道："我们这里的饭菜味道特别好，生意很火爆。快点进来尝一尝吧！""大老板"应邀走进了餐厅，准备点菜，品尝美食。看着桌子上乱糟糟的一堆剩菜剩饭，"大老板"皱着眉头说道："这里的卫生好像不太好，我有点担心会吃坏肚子。"服务员听后不好意思地笑了笑，连忙回应道："我们这里的环境很好，前面的客人刚走，所以还没来得及收，你看我马上就整理好了"。一边说着，一边开

---

[1] 徐彩华. 角色游戏中教师指导语类型及作用的研究［J］. 心理发展与教育，1993（1）：53-54.

始整理桌面。很快，原本摆满饭菜的桌面被收拾得干干净净。"这是新的餐具，"服务员一边说着，一边开始摆放新的餐盘，还不忘贴心地询问："要不来杯茶水吧？""大老板"满意地点点头，肯定道："这里的服务真好！"受到夸赞的服务员干得更起劲儿了！

研究者以"大老板"的游戏角色身份介入幼儿游戏，运用角色语言进行指导，减少了直接生硬的指令性语言、解释性语言与否定语言的使用，既提出了完善游戏的意见，又保持了幼儿的游戏兴趣，维护了游戏情境。

需要指出的是，尽管这里强调一般情况下应以了解性语言、角色语言和肯定语言为主，但并非否定和禁止使用指令性语言、解释性语言、否定语言。事实上，指导语本身并无绝对的好与不好之分，只有适宜与否。因此，教师应在了解不同指导语类型的特点与优缺点的基础上，结合当时的游戏情境与教育目标等多种因素，灵活选择和运用适宜的指导语。

二、灵活开展针对性的游戏讲评

讲评环节是角色游戏的最后一个环节。在此环节中，教师会根据常规，提醒幼儿停止游戏活动，协助幼儿整理游戏材料，并针对本次游戏状况进行经验的分享交流。通过对观察资料的分析发现，总体看以"缺少讲评，以整理游戏材料结尾"[1]为主。在不多的讲评中，教师的讲评语言以肯定语言为主，评价具体、细致。具体地说，基于收集到的两次讲评案例，研究者发现，教师在讲评时主要采用肯定语言，对幼儿的游戏表现进行鼓励、表扬，且评价语言具体、细致，避免了空洞的"泛泛而谈"。这在案例"小雨是最佳服务员"中得到了较好体现。

A：这位理发师非常有责任心，一直坚守在工作岗位上。没有人的

---

[1] 在研究中，我们将教师在讲评环节的组织归纳概括为三种类型，即缺少讲评，以整理游戏材料结尾；整理材料时加入讲评；安排独立的讲评环节。

时候她就坐着等或者玩别的玩具。有人的时候呢，她很有礼貌地询问客人，"你是要什么香味的洗发水？""你是要吹头发，还是理发？"她做得非常好。我们给小雨鼓鼓掌。

此外，在以鼓励、表扬为主的肯定性氛围中，教师也会根据幼儿的实际表现，指出游戏的不足，提出下一次的游戏期望（见案例"军人还需加油"）。

A：今天几位男生玩的是军营，他们责任心很强，角色意识也不错，一直从头玩到尾，而且把衣服叠好，玩具收好，还把买的东西送回去才离开。但是美中不足的地方是，这些军人不够有军人的风范。所以，你们还需加油。

但我们也发现教师在讲评过程中存在一些值得注意的问题。

（1）讲评内容方面，以游戏角色为主，占比达到了47.4%。在讲评环节中，教师会针对幼儿的游戏表现进行针对性讲评。我们将教师的讲评内容归纳为游戏规则、游戏角色、游戏情节、游戏材料四种类型。研究者观察发现，教师主要围绕"游戏角色"进行讲评。具体地说，教师会评论幼儿的角色行为是否符合角色期待，如"厨师"烹饪的菜肴是否美味、"收银员"是否尽心尽职、"理发师"的服务是否周到等；会与幼儿交流他们的角色意识是否明确，是否具有坚持性，如扮演军人的幼儿是否可以一直扮演军人，而不改变角色，扮演医生的幼儿是否明确自己的医生身份，而不与"理发师"抢工作等。

（2）讲评主体方面，较为单一并且以教师为主导。具体地说，在讲评环节中，教师往往会将游戏中观察到的现象直接讲给幼儿听，对幼儿的游戏表现（如是否遵守游戏规则、角色行为优劣等）一一点评。幼儿主要扮演倾听者的角色，缺少相互交流分享的机会。虽然有时教师也会给予幼儿一定的机会，交流他们的发现，但所占比例较低，且多是教师主导下的分享，话语权仍在教师手中。这从案例"小辛，你来评价一下自己"可以窥见一斑。

　　A：小辛，你来评价一下自己今天管钱管得好吗？哪里还需要改进？

　　小辛：嗓门太大了。

　　A：我多次看到顾客走进来，可是收钱的人不在，你干吗去了呀？

　　小辛：叫人（来我们班买花）。

　　A：哦。（去外面）叫人，（那）教室里就没人（收钱）了。叫人的出发点是好的，可是要先把钱收好。还有，钱没拿稳，晃来晃去地掉在地上，这点要改正啊。

　　案例中，表面上教师给予了幼儿与他人分享交流的机会，但实际上已经给幼儿预设好了交流的内容和框架。幼儿的分享只是在为教师未讲的话"填补空白"，不是真正意义上的平等交流与分享。

　　针对观察中发现的相关问题，结合行动研究中采取的具体措施，这里重点从讲评主体和内容、讲评方法两方面，介绍教师如何灵活开展针对性的游戏讲评。

（一）讲评主体和内容

　　讲评主体方面，应转变教师"一言堂"的现状，让幼儿成为分享与交流的主体，所有游戏参与者都能平等参与和交流讨论；讲评内容方面，可让幼儿分享游戏中的所见所闻，就其中发现的问题集思广益，一起商讨解决办法。这从下面的案例中可以窥见一斑。

　　大老板：你扮演的是什么角色？玩了些什么？你觉得自己哪里玩得好或者在玩的过程中发现了什么问题？

　　月月：我今天做的是银行里的柜员，我负责发钱和收钱。今天我在玩的时候发现辉辉老是来银行存取钱，来了好几次，我头都疼了。

　　辉辉：我是因为一次性把10元钱都取光了，取得太多了，所以我又放回去一些。后面我发现又没钱了，所以又到银行取钱了。

大老板：看来我们在取钱之前要好好计划一下要取多少钱、要买些什么东西，而且下次我们可以用银行卡记录下我们的存取钱情况。

　　赵赵：我做的是餐厅里的厨师，我做了很多好吃的菜肴。在最后关门的时候，我把自己玩的游戏材料、工作台都收拾好了。而且我发现做面点的地方有很多顾客也在帮着工作人员收拾材料。

　　大老板：赵赵的眼睛真亮。今天大老板也发现了有几位顾客非常热心地帮我们的工作人员一起收拾游戏材料……

　　案例中，研究者先是作为讲评导入者，通过提问的方式让幼儿分享游戏中的所见所闻，表达自己的游戏体验。之后作为梳理者，帮助幼儿归纳、梳理在游戏中遇到的问题。最后作为补充者，补充幼儿的游戏发现。在整个讲评过程中，幼儿与教师都平等参与、交流与讨论。需要注意的是，案例中还可以进一步强化与发挥幼儿的主体地位与作用，如当"辉辉"解释完自己为什么多次到"银行"存取钱的原因后，"大老板"不要急于将自己的建议直接告诉幼儿，而是将这一问题抛给幼儿，让幼儿讨论如何解决。在此基础上，"大老板"再梳理与提升幼儿的相关经验。

（二）讲评方法

　　讲评方法是多种多样的，如情景再现法、情节描述法和绘画交流法等，教师可根据具体需要，灵活选择与运用适宜的讲评方法。

1. 情景再现法

　　情景再现法，是指"把幼儿的游戏过程利用照片拍摄、摄像录音等方式记录下来，等到游戏评价的时候，再呈现给全班孩子"[1]。此方法能够让幼儿在视觉或听觉上获得满足，帮助幼儿回忆游戏过程，激发他们对讲评的兴趣，让幼儿乐于分享，爱上交流，并愿意全神贯注地参与其中。例如在玩

---

[1] 吕美英. 利用策略提高自主性游戏讲评的有效性［J］. 考试周刊，2016（24）：190.

"超市"游戏时,"大老板"利用手机将促销员吸引顾客前来购物的视频拍了下来。在游戏讲评环节,原本沉默静坐的促销员看到自己的身影出现在大屏幕上时,非常兴奋,高举手臂要分享自己的游戏经验。此时座位上的听众也都非常专注地倾听同伴的分享,并不时与促销员互动交流。

2. 情节描述法

情节描述法,是指"教师将游戏中观察到的典型案例,以介绍情节或讲故事的方式描述出来,引导幼儿通过倾听进行讨论,帮助幼儿将在游戏中出现的错误经验或违反规则的行为进行纠正"[①]。和情景再现法中主要由幼儿作为游戏情节的介绍者不同,情节描述法主要由教师作为游戏情节的描述者。此外,情景再现法的媒介主要是仪器设备(如手机、摄像机等),而情节描述法的媒介则主要是语言。教师的情节描述可以有效引导幼儿聚焦于某一游戏事件,引导幼儿在倾听中发现问题,有针对性地解决存在的问题。在下面的案例中,教师便以介绍游戏现象的方式,引导幼儿发现并完善游戏中不适宜的行为。

大老板:今天大老板发现了一个现象,就是我们有些工作人员一会儿在自己的岗位上,一会儿又跑到其他人的岗位上,总是换来换去的。

琪琪:是的,今天我看到小宇一会儿做超市的导购员,一会儿做超市的收银员,一会儿又跑去银行当工作人员。

小宇:我换了两个角色,是因为我一开始没想好。

大老板:大家觉得这种现象怎么样?

阳阳:不好,工作人员不见了,就不能玩了。

小宇:那万一工作人员有急事要去喝水怎么办?

大老板:对,万一工作人员有急事怎么办呢?有什么好办法呢?

赵赵:离开前做个标记,告诉别人去哪儿了,这样顾客就能找到他了。

翔翔:可以先告诉别人,可以告诉大老板,这样别人就能找到他了。

……

[①] 吕美英. 利用策略提高自主性游戏讲评的有效性[J]. 考试周刊, 2016(24):190.

案例中,研究者利用情节描述法还原情境,通过让幼儿自己思考,集思广益,在讨论中发现并共同解决问题。

3.绘画交流法

绘画交流法,是指"幼儿以绘画的形式表达自己在游戏中的情况、存在问题和成功经验"[①]。游戏结束时,教师可为幼儿提供纸和笔,让他们用简笔画的方式把自己的游戏体验画出来。在幼儿绘画的过程中,教师可以巡回观察,通过图画,了解幼儿的情绪和游戏情况。作品完成后,教师可以引导幼儿以小组或集体的方式进行分享交流,表达自己的游戏感受。这种方法给了幼儿(特别是那些会玩但不会讲的幼儿)以绘画"语言"展现自己想法、表达自己游戏感受的机会。由于幼儿需要用图案和符号表征自己的游戏感受,所以这种方法比较适合有一定绘画基础的中、大班幼儿。例如,在"超市"游戏结束后,研究者就采用绘画描述法(见图 7-16、图 7-17、图 7-18),让大班幼儿用手中的画笔抒发自己的游戏感受。

图 7-16 用画笔抒发感受

图 7-17 太开心了,超市的花店开张啦

图 7-18 我刚刚去买糖果了,真好吃

---

① 吕美英. 利用策略提高自主性游戏讲评的有效性[J]. 考试周刊,2016(24):190.

第八章 幼儿园低结构游戏指导
案例：追逐打闹游戏

在低结构游戏过程中，教师主要扮演旁观者、未参与者的角色。总体来看，教师对低结构游戏的指导重点是游戏的保障系统和外部支持系统，同时也需关注游戏的内部支持系统。

幼儿园中的户外游戏经常是低结构游戏的典型代表，而追逐打闹游戏又是幼儿园中常见的、广受幼儿喜爱且较为典型的一种户外游戏。追逐打闹游戏（rough-and-tumble play）又被译为"追逐游戏""混战游戏"，是一种常见的儿童自发的游戏，有时易和攻击行为混淆。国外研究者对追逐打闹游戏进行了一些探讨，但并没有统一的界定。根据字面理解，rough-and-tumble 是"混乱、战斗"的意思。因此，rough-and-tumble play 是一种以游戏形式表现出来的混战活动，不同于攻击行为，具有游戏的一般特征。它具有一定的假装性，游戏内容没有先设，游戏中幼儿伴随"大笑"等夸张愉快的表情，同时它是一种以动作为"笑点"的幼儿同伴嬉戏行为。

综合以上因素，这里将追逐打闹游戏界定为幼儿与同伴之间自发产生的、愉快的、无外在目且非攻击性的，以打、逃跑、追逐、踢、推、拉扯等动作为"笑点"的同伴嬉戏行为，游戏时伴有"大笑"等夸张表情。这里将以追逐打闹游戏为例，具体探讨低结构游戏指导系统（包括保障系统和支持系统）的构建与优化。

根据已有研究，在学前阶段，中大班幼儿的追逐打闹游戏较多。为保证一定时间内获得足够数量的样本以及研究的方便，我们特选择大班作为研究对象。为了研究的方便，我们采用目的性抽样的方法，选取了研究者实习所在班级[1]。在该班进行了长达两个多月（2012年9月10日至11月30日）的观察与行动研究[2]。基于该行动研究，这里提炼与总结出了大班幼儿追逐打闹游戏的教师指导系统，包括保障系统和支持系统（包括外部支持系统和内部支持系统）。

第一节 追逐打闹游戏的保障系统

作为易于或经常被人和攻击行为相混淆的追逐打闹游戏，其顺利开展有赖于必要的保障系统，如成人（尤其是家长）观念层面的理解与支持、良好环境的创设等。这里结合大班幼儿追逐打闹游戏指导行动研究中的发现与体会，将重点从三方面探讨追逐打闹游戏的保障系统。

一、转变游戏观念，形成教育合力

通过对观察资料的分析发现，教师对大班幼儿追逐打闹游戏的应对方式[3]，以"忽视"为主（60.0%），缺乏"积极指导"（12.9%），并且有限的积极指导仅限于对于安全的简单提醒。这种应对现状可能和教师关于"追逐打闹游戏"的观念有关。如在性质定位方面，绝大部分教师将追逐打闹游戏与"违规"行为等同，这从与教师的随机访谈中可以窥见一斑。

问：为什么不让幼儿跑来跑去？

教师1（新教师）：太累了，不能让他们一直疯，小孩子玩大型玩具要出汗的。

---

[1] 该班是杭州市一所公办幼儿园大班，有35名幼儿（其中男孩17名、女孩18名），配备3名教师和1名保育员。主班教师是拥有19年教龄的老教师，配班教师中其中一名是工作8年的老教师，另一名是工作不到半年的新教师。

[2] 邓进红. 大班幼儿追逐打闹游戏的现状与对策研究[D]. 杭州：浙江师范大学，2013.

[3] 研究中将教师对大班幼儿追逐打闹游戏的应对方式分为三种类型，即忽视、制止、积极指导。其中积极指导是指教师在游戏中对幼儿进行理性评价，或是在游戏后采取措施，丰富幼儿的追逐打闹游戏。

从教师 1 的回答中可以发现，她认为幼儿的追逐打闹游戏是一种疯玩，容易疲劳，也有可能出现安全事故，并没有意识到这是幼儿自发的一种游戏。因此，她对追逐打闹游戏一般采取制止的应对方式。

除了经常将追逐打闹游戏等同于"违规"行为之外，部分教师虽能认识到追逐打闹游戏是幼儿的一种自发游戏，但她们常常放大追逐打闹游戏的消极价值，而弱化甚至忽视追逐打闹游戏的积极价值。

问：为什么不允许幼儿在玩的时候加上动作？

教师 2（8 年教龄）：他们一天呼哈（弄各种拳打脚踢的姿势），很容易受伤的，一会儿过来告状，而且小孩子以后会攻击性很强。

在访谈中，教师 2 认为追逐打闹游戏的打闹动作会对幼儿造成伤害，同时会增加幼儿的攻击性行为。她更多看到追逐打闹游戏的消极价值，而忽视追逐打闹游戏的积极价值，因而对打闹动作较多的追逐打闹游戏进行制止甚至批评。而已有研究表明，虽然大班幼儿追逐打闹游戏具有存在安全隐患、扰乱班级秩序、加深部分幼儿的受排斥程度等方面的消极影响[1]，但它对促进幼儿身体、社会性、情感等方面的发展具有重要作用。具体地说，在身体发展方面，追逐打闹游戏有利于幼儿认识自己和他人身体的力量与运动，培养他们的身体保护意识[2]；在社会性发展方面，追逐打闹游戏具有帮助幼儿"去中心化"的潜在功能[3]；在情感发展方面，"嬉戏行为既是幼儿情绪的信号灯，又是幼儿生活中的减压阀……通过嬉戏行为，幼儿忘却焦虑、烦恼等消极的情绪"[4]。这从下面的访谈片段中可窥见一斑：

研究者：你喜欢在外面追着跑着玩吗？为什么？

幼儿 1：喜欢，在家闷死了！

---

[1] 杜玉珍. 大班幼儿追逐打闹游戏行为研究［D］. 南京：南京师范大学，2010：67.
[2] 张新立. 禁而难止的学生追逐打闹游戏的实质和意义［J］. 教学与管理，2007（5）：25.
[3] 刘焱. 儿童游戏通论［M］. 北京：北京师范大学出版社，2004：232.
[4] 高丽. 4—6 岁幼儿同伴嬉戏行为研究［D］. 南京：南京师范大学，2005：30.

幼儿2：喜欢，像上了天堂一样。（追问：上天堂很开心是吗？）是的。

关于追逐打闹游戏，教师的观念中存在一些不合理的成分，这在很大程度上影响了教师对追逐打闹游戏的指导。除此之外，家长关于追逐打闹游戏的一些不合理观念，也会直接或间接影响幼儿的追逐打闹游戏。如离园环节中观察到的一个案例片段：

两名男孩在教室相互追逐着，另外两个男孩看到老师正专注于跟家长谈话，也加入进来。前面的男孩开心地冲后面的男孩说："来追我呀。"这时，其中一个家长看见了，急忙叫住其中一个男孩，批评他说："一会儿没人看着，就打起来了。"另一个男孩也悻悻地结束了打闹行为。

在与家长的交流中发现，家长"重知识，轻游戏"，而且将幼儿游戏的天性归结为"好动"。"幼儿老是打打闹闹会坐不住，这样会影响学习，而且在打闹中一旦不小心打伤另外一个孩子，不好向其他家长交代。"大多数家长都是这样认为的。

关于追逐打闹游戏的观念，许多教师与家长经常出现的一个误区是，将追逐打闹游戏与"违规"行为甚至攻击性行为相混淆或等同。那么在实践中，幼儿的追逐打闹游戏到底会不会包含或演变为"违规"行为甚至攻击行为呢？这从我们观察"游戏结束方式"发现的数据中可以得到答案。

（1）情绪状态方面，以"积极结束"[①]为主，占比达到了91.4%，而"消

[①] 根据追逐打闹游戏结束时幼儿的情绪状态，杜玉珍将追逐打闹游戏的结束方式分为积极结束和消极结束。积极结束是指游戏结束时，幼儿的情绪是积极的，如大笑、面露笑容、平静等；消极结束是指游戏结束时，参与者一方或双方处于沮丧、难过、生气等消极情绪（杜玉珍. 大班幼儿追逐打闹游戏行为研究 [D]. 南京：南京师范大学，2010：22）。

极结束"仅占 8.6%。

（2）结果性质方面，以"非攻击性结束"①为主，占比达到了 94.3%，而"攻击性结束"仅占 5.7%。

从这两方面数据可以发现，实践中幼儿很少会将追逐打闹游戏等同于攻击性行为，追逐打闹游戏也很少会演变为攻击性行为。这从对大班幼儿追逐打闹游戏中"动作"的分析中，进一步得到了证实。

动作是追逐打闹游戏的一个主要特征。研究者观察发现，大班幼儿追逐打闹游戏的动作与攻击性行为的动作不同，具有假装性、重复性、模仿性、配合性、随意性、限制性，其中假装性是其鲜明特征。动作的假装性首先表现在动作行为的假装。追逐打闹游戏是一种社会性游戏，因此幼儿出现的是一种共同的假装行为。例如：

> 玩大型玩具的时候，两个男孩在旁边聊天，另一个男孩跑过来拍了他们一下，三个男孩打闹起来，后来其中一个男孩走开了，剩下两个男孩继续打闹着，其中一个被打之后装作受伤的样子，倒在地上，打人的男孩满足地走开了，好像已经胜利了一样。

其次，动作的假装性还表现在幼儿的动作很多都是"空"动作，即幼儿的动作只是"空"打，并没有真实地打在同伴身上，特别是拳打脚踢这种攻击性动作。例如：

> 甲在大型玩具上，乙在下面对着他做打斗动作，双手做握拳状，不断挥舞着，脚不时地向上踢。他使尽全身力气，感觉真的打在了乙的身上。乙也在大型玩具上做着反击动作，甲跑上大型玩具，乙拍他的肚子，踢他的屁股，两个人对打。乙跑，甲开始追赶乙并拦截。

---

① 根据追逐打闹游戏的结果性质，本文将追逐打闹游戏的结束方式分为攻击性结束和非攻击性结束。攻击性结束是指游戏结束时转化为攻击性行为或带有攻击性行为倾向；非攻击性结束是指游戏结束时没有转化为攻击性行为且没有攻击性行为倾向。

总之，实践中幼儿的追逐打闹游戏很少会演变成攻击性行为，并且幼儿经常很清楚二者的区别，也很少会将其混淆。与此形成鲜明对比的是，成人（如教师、家长等）经常不同程度地将追逐打闹游戏等同于"违规"行为甚至攻击性行为，或者担心追逐打闹游戏会演变成攻击性行为。成人对追逐打闹游戏的误解，在很大程度上影响了对幼儿追逐打闹游戏的态度与指导。因此，转变成人关于追逐打闹游戏的不合理甚至错误观念，便于教师与家长之间形成教育合力，是幼儿追逐打闹游戏得以顺利开展的重要保障之一。

（一）多途径帮助教师树立科学的追逐打闹游戏观念

观念的转变是一个漫长的过程，也是一个不断自我反思、建构与成长的过程。教师可通过理论学习和实践参与的方式，树立科学的追逐打闹游戏观念。

首先，梳理国内外关于追逐打闹游戏的相关研究成果，与教师进行研讨学习，明确追逐打闹游戏是一种低结构游戏，是幼儿园课程的重要组成部分，对幼儿的发展具有重要价值。例如：

研究者：我觉得幼儿的追追打打是一种游戏，有它独特的价值。而且我观察了很久，他们很少去打架或发生危险。

教师：那你考虑过都有哪些价值呢？我觉得追逐打闹游戏的主要价值是社会性发展方面。

研究者：你觉得应该如何引导幼儿的追逐打闹游戏，避免幼儿在游戏中发生意外，并使幼儿能充分开展追逐打闹游戏呢？

教师：我觉得可以这样。第一，先播放拍摄的视频，然后让孩子去看，空谈的话孩子没什么感觉。孩子在观看中会去讨论，问他们发生了什么事？是否喜欢这种游戏？不喜欢的话应该怎么样？喜欢的话应该怎么样？让孩子去讨论解决的策略。第二，将孩子们喜欢的追逐打闹动作编排在体育游戏中。

可以看出，通过研讨学习，该班教师已认识到追逐打闹游戏的价值，并开始思考它的价值和指导策略。

其次，在理论指导下开展追逐打闹游戏的实践探索，使观念层面的转变真正能够"落地"，并且在"落地"过程中能进一步反思、完善，坚持在理论学习中获得合理的观念。具体地说，教师通过灵活安排幼儿户外游戏时间、交叉利用户外场地等方式，鼓励和支持幼儿开展追逐打闹游戏。幼儿开展追逐打闹游戏时，教师注意观察幼儿的游戏状况，和班上其他教师及保育员讨论幼儿追逐打闹游戏的价值、开展中存在的问题以及教师应如何进行正确的指导等。通过理论学习和实践操作，班上教师转变了对追逐打闹游戏的应对方式，"理性指导"代替了"绝对禁止"。这从下面的案例中可以窥见一斑：

> 10月24日，晨间活动中玩大型玩具时，许多孩子在玩追逐打闹游戏，由几个到一群，追逐打闹游戏发生的频率增加了，参与的人数也增加了。有个女孩在追逐中摔倒了，教师也没有批评，而只是拍拍她的肩膀。

（二）多渠道引导家长转变追逐打闹游戏的不合理观念

家长"重知识，轻游戏"的观念、对追逐打闹游戏的误解和对幼儿的过度保护，这些都给幼儿园追逐打闹游戏的开展造成很大压力。深入分析造成这些压力的根源，可以发现主要在于家长缺乏正确的追逐打闹游戏观念。为此，幼儿园可通过多种渠道，引导家长转变不合理的观念，进而逐渐树立合理的观念。

1. 通过幼儿园家长学校宣传追逐打闹游戏的科学观念

幼儿园可以举办教育讲座，宣传介绍追逐打闹游戏和攻击性行为的区别以及追逐打闹游戏对幼儿发展的价值。此外，还可以组织家长沙龙，共同交流对幼儿追逐打闹游戏的看法，学习其他家长对幼儿追逐打闹游戏的正确应对方式。

2. 采用多种方式消除家长的疑虑

很多家长不能容忍幼儿受到任何伤害。幼儿一旦在幼儿园受伤，就对教师百般责难，这导致教师在幼儿园不敢放任幼儿开展追逐打闹游戏。除了定期开展的家长学校活动之外，幼儿教师还可以充分利用与家长接触的机会，通过接送孩子时的交谈和家访、班级网页、微博等平台与家长沟通，在尊重家长需求的同时，引导家长认识到幼儿在游戏中的学习与发展成就，同时了解教师为降低幼儿游戏危险采取的措施，使家长真正放心。

> 一天早上，一位妈妈送孩子入园，班上只来了两三个孩子，她和我交谈着。这时她的孩子和另一个男孩在教室里打闹起来，她马上对自己的孩子说："你马上停下来，又不听话了。"又连忙对我说："老是打起来。"我说："没关系的，他们只是在游戏，不是真打的。"这位妈妈微笑着说："是的，他们就喜欢这样玩。"

从案例中可以发现，经过与家长的沟通，家长也在逐渐改变追逐打闹游戏的观念。在入园和离园时，家长发现幼儿玩追逐打闹游戏，一般不会批评幼儿，更多是有意忽视，默许他们的游戏行为。

3. 邀请家长参与和体验追逐打闹游戏

要让家长真正认同追逐打闹游戏的功能和价值，不仅需要家长从观念上理解与认同，还应让家长在实践中体会追逐打闹游戏对幼儿的重要性。教师可以不时邀请家长参与幼儿的追逐打闹游戏，在参与过程中引导家长体验和感受追逐打闹游戏对游戏参与者的动作技能、认知水平、社会交往、游戏策略等方面发展的积极作用。通过参与游戏活动，家长还可以发现，幼儿的身体协调性和自我保护能力能够在游戏中不断得到发展，幼儿规避危险的能力也能够不断得到提高。

二、制定宽松合理的教师管理制度

幼儿园管理制度（尤其是教师管理制度）直接影响着教师的保教行为（包括对追逐打闹游戏的应对行为）。研究发现，该幼儿园教师的薪酬实行绩效制，明确规定一旦该班幼儿出现安全事故，实行一票否决制，该班教师的奖金、绩效部分工资全部扣除。这在很大程度上导致教师放弃一切对幼儿有可能造成伤害的活动。这也是很多教师明确禁止幼儿进行追逐打闹的一个重要原因。

因此，为了能让教师无后顾之忧地鼓励与支持幼儿开展追逐打闹游戏，幼儿园应制定宽松合理的教师管理制度。当出现安全事故时，园长和家长及时沟通，在尊重家长和幼儿利益的同时，最大限度地维护教师的立场。园内对于安全事故的处理要进行区别对待，如果是教师失责而造成的意外事故，教师应该受到惩罚；如果是在游戏中发生的意外，幼儿园应该首先做好和家长的沟通工作，争取家长谅解，并适当宽容教师，着重和教师讨论避免安全事故发生的策略。

三、提高幼儿的自我保护意识和能力

与其他游戏相比，追逐打闹游戏存在更多安全隐患。由于幼儿安全意识与自我保护能力薄弱，预测与应对游戏中潜在危险的意识与能力较弱，因此，提高幼儿的自我保护意识和能力是追逐打闹游戏得以顺利开展的重要基础。

首先，教师可以和幼儿共同讨论追逐打闹游戏中可能会出现的危险，帮助幼儿在讨论中学习规避危险的策略，提高自我保护意识和能力。例如：

教师：怎样才能不打伤别人呢？

幼儿：轻轻地打。

教师：在教室里可以这样玩吗？

幼儿：不可以。

教师：为什么？

幼儿1：因为在教室里跑来跑去，撞到桌脚你就惨了。

幼儿2：教室太小了。

幼儿3：教室里有钉子的话，你踩到就会受伤。

幼儿有着独特的建构方式，更容易理解同伴的话语。在讨论中幼儿提出"教室中追逐打闹可能发生危险"。在以后的游戏中幼儿会进行自我保护，即使游戏者忽视，他的同伴也会提醒。

其次，教师可以对幼儿进行随机教育。比如，当幼儿上下楼梯追逐打闹时，教师可以就此进行安全教育，让幼儿意识到可能发生的危险。

此外，教师还可以结合园内的"安全周"活动，以"追逐打闹游戏中的安全问题"为主题开展安全教育活动。

第二节 追逐打闹游戏的外部支持系统

游戏的外部支持系统旨在丰富、完善与优化游戏资源，是在游戏进程之外的相关指导行为。结合行动研究中对大班幼儿追逐打闹游戏的特点、指导现状的了解与具体行动研究过程中采取的相应策略，这里将重点从游戏时间、游戏空间、和体育游戏的关系三方面，深入探讨追逐打闹游戏的外部支持系统的构建与优化问题。

一、提供充足灵活的户外活动时间

通过对观察资料的分析发现，追逐打闹游戏的持续时间[1]绝大多数不超过一分钟（包括0～30秒、30秒～1分钟），占比达到85.7%。游戏持续时间的影响因素有很多，其中一个就是教师提供的游戏时间。游戏时间的长

---

[1] 大班幼儿追逐打闹游戏具有自发性、即时性的特点，因此将大班幼儿追逐打闹游戏持续时间以30秒为间隔划分为0～30秒、30秒～1分钟、1～1.5分钟、1.5～2分钟、2分钟及以上五个类别。

短直接影响幼儿游戏的质量。在接触一个新的游戏时,幼儿处于"尝试—认知"阶段,逐步认识游戏潜在的规则;当幼儿熟悉游戏之后,会进入"自动化"阶段,幼儿开始探索游戏的更多可能性,包括游戏的内容和技巧。而这些探索和尝试都需要充足的机会和时间。总之,充足的自由游戏时间是幼儿追逐打闹游戏得以顺利开展的重要保障。

研究者观察发现,大班幼儿追逐打闹游戏的发生场地[①]呈现出室外高于室内的特点,室外占比达到了71.4%。因此,教师应多为幼儿提供一些户外自由活动的时间,为幼儿追逐打闹游戏的开展创造机会。《幼儿园教育指导纲要(试行)》也强调户外活动的重要性,明确规定幼儿园每天应保证2小时以上的户外活动时间。但研究发现,在实际实施中,该幼儿园的户外活动时间总和不超过1.5小时(包括晨间活动和早操),每个月进行的体育教学实际不超过两次。为了给幼儿提供充分的追逐打闹游戏机会,我们在行动研究过程中对作息时间表进行了调整(见表8-1),增加了户外活动时间,减少了幼儿消极等待时间。具体地说,在午餐前增加户外自由活动时间,在下午起床后开展体育游戏。每天增加1小时的幼儿户外活动时间,保证幼儿有充足的户外活动时间。

表8-1 大班调整前后的作息时间表

干预前的作息时间表		干预后的作息时间表	
晨间接待	7:30—8:00	晨间接待	7:30—8:00
晨间锻炼 晨间谈话	8:00—9:00	晨间锻炼 晨间谈话	8:00—9:00
早操及点心	9:30—10:00	早操及点心	9:30—10:00
教学及生活活动	9:00—10:50 (吃点心 9:50—10:05)	教育活动	9:00—10:30 (吃点心 9:50—10:05)

[①] 追逐打闹游戏发生的场地分为室外和室内,其中室内主要包括教室、走廊、楼梯;室外主要包括操场、楼顶花园。

续表

中午生活活动	盥洗 10:50—11:00 进餐 11:00—11:30 午间分享活动 11:30—12:00	户外活动	10:30—11:10
		中午生活活动	盥洗 11:10—11:20 进餐 11:20—11:50 午间分享活动 11:50—12:30
下午生活活动	午睡 12:00—14:30 吃点心 14:30—15:00	下午生活活动	午睡 12:30—14:30 吃点心 14:30—15:00
游戏（多是室内）、区域活动	15:00—15:40	体育游戏活动、区域活动	14:50—15:50
离园活动	离园准备 15:40—16:00 离园 16:00—16:30	离园活动	离园准备 15:50—16:00 离园 16:00—16:30

二、创设安全、有吸引力的游戏空间

追逐打闹游戏因其特殊性而对游戏空间的安全性要求更高。因此，游戏空间的地面应相对柔软，避免尖锐物品。这就要求幼儿园的户外场地最好是沙土地、草地或橡胶地面，以降低幼儿的摔伤程度。对于教室的布置，要避免桌角尖锐，选取塑料材质的桌椅，安全放置剪刀等物品。同时幼儿园必须不定期地对户外游戏器械和室内家具类物品进行安全检查，以减少环境中的不安全因素。此外，游戏空间的密度也会对追逐打闹游戏产生影响。国外研究表明，幼儿在空旷的地方有更多追逐打闹游戏行为，在空间较狭隘的地方则倾向于选择不用走动的游戏动作。[①]总之，教师要注意为幼儿创设安全、充足且有吸引力的游戏空间。

（一）通过"错峰"游戏，降低游戏空间的密度

追逐打闹游戏要求较为宽敞的活动场地，操场是较好的选择。但受幼儿园作息时间一致安排的限制，幼儿园各班级在使用户外游戏场地的时间方面

[①] 杜玉珍. 国外对追逐打闹游戏影响因素的研究现状[J]. 早期教育，2009（10）：13.

常常会发生冲突，造成在开展游戏时，场地内拥挤不堪。因此，幼儿园可以重新安排各班户外游戏时间，各班轮流使用户外游戏场地，将各班开展户外游戏的时间错开，以有效降低游戏空间的密度，进而也可以降低幼儿摔伤、碰伤的概率。

（二）充分利用楼顶花园和大型玩具周围的场地

操场滑梯和大型组合玩具的现代设计、楼顶花园艺术冒险的氛围，使操场大型玩具周围的场地和楼顶花园成为幼儿心中"有趣的区域"。这些区域能够激发幼儿的好奇心和求知欲，刺激幼儿进行追逐打闹游戏。同时操场大型玩具周围和楼顶花园场地较为宽敞，两个区域的地面也分别由橡胶和地毯铺成，幼儿即使摔倒也不容易受伤，便于幼儿开展追逐打闹游戏。因此，教师可以将幼儿的户外场所调整为操场大型玩具旁的空地和楼顶花园，以满足幼儿追逐打闹游戏的需求。

三、和体育游戏之间适时有效互动

虽然幼儿自发的追逐打闹游戏与教师组织的体育游戏有一定的区别，但二者都是幼儿园课程的重要组成部分。这为两者之间的整合提供了必要性。此外，幼儿的追逐打闹游戏与教师组织的体育游戏中的追逐游戏具有共通性，能够相互促进。首先，幼儿自发的追逐打闹游戏和教师组织的追逐游戏都有利于幼儿身体运动的发展，不仅能够发展幼儿的体能，也能够锻炼幼儿的运动技巧。经常参与追逐打闹游戏的幼儿，其跑、跳动作、躲避技巧更加娴熟，体力更加充沛，耐力充足，在体育游戏中往往表现得更出色。其次，追逐游戏可以促进幼儿认知和社会性的发展，幼儿在追逐游戏中运用的一些策略可以迁移到追逐打闹游戏中，反之亦然。两者的共通性为二者实现有效互动提供了可能。因此，为有效促进追逐打闹游戏的开展与发展，需要实现体育游戏与追逐打闹游戏的有效互动。

(一)挖掘追逐打闹游戏中的体育元素,生成体育游戏

追逐打闹游戏具有丰富和自由的游戏动作及内容。其中的"动作"具有假装性[①]、重复性、模仿性、配合性、随意性、限制性,具体来说如下。

(1)重复性,指在某个或多个追逐打闹游戏中,幼儿都重复使用同一个动作。重复性是区别追逐打闹游戏行为与攻击性行为的一个重要标准。经过观察发现,有些男孩经常用抱拳空踢的动作发起追逐打闹游戏,在下一次游戏开始时仍然使用这个动作。

(2)模仿性,指在追逐打闹游戏中,游戏的一方模仿另一方的动作,在游戏中进行回应。例如,晨间入园后,小朋友们在玩大型玩具。小睿突然拍了一下哲哲的屁股,然后撒腿就跑。哲哲追上小睿,也拍了他一下屁股,还学着恐龙的样子,张开嘴冲小睿吼。小睿也开心地冲哲哲张开嘴大吼。两人开始追逐。案例中,小睿打哲哲屁股,哲哲就模仿他,也打小睿的屁股进行回应。小睿也模仿哲哲向他大吼进行回应。整个游戏过程都是在相互模仿。

(3)配合性,指在游戏中当同伴做出某个动作时,幼儿做出相应的动作进行配合,达到诙谐的效果。例如,在排队做早操时,甲拉住乙的衣服摇来摇去,乙假装向甲挥拳,甲自动把脸转过去,并发出"嗷"的一声,脸上露出受伤的表情。接着甲向乙低头求饶,乙开心地在一旁大笑,并大声说:"我是无敌的。"从案例中可以看出,甲并没有受伤,但当乙挥拳的时候,甲自动配合,做出受伤的神情。在游戏中两人都知道对方的意图,根据对方的动作默契地进行回应。

(4)随意性,是指幼儿的动作类型和动作方式可以随意变动;限制性,是指幼儿的动作力度受到限制,即幼儿的动作力度必须限制在不伤害对方的范围内。研究发现,幼儿大都能很好地把握动作的力度,很多动作都是"空"的,或是轻轻地拍在同伴身上。

追逐打闹游戏中"动作"的这些特点和体育游戏中的"动作"实质是相

[①] 本章第一节已对追逐打闹游戏中动作的"假装性"进行过论述,此处不再赘述。

通的，具有很强的可迁移性。因此，教师可以充分挖掘追逐打闹游戏的相关元素（如"动作"），服务于体育游戏。具体地说，以追逐打闹游戏中的追、跑、闪、躲等动作为基本元素，将追逐打闹游戏中攻击和防守的隐性规则作为游戏规则，编制一系列体育游戏。如《鱼儿鱼儿我来了》，教师选出3名幼儿当捕鱼人，其他幼儿当小鱼。游戏开始，小鱼开始跑，捕鱼人开始追捕。如果捕鱼人碰到小鱼，小鱼则被捕，被捕的鱼必须待在指定的地方，等待下一轮游戏。这些新的体育游戏包含了追逐打闹游戏中的体育元素，更能吸引幼儿的兴趣。

（二）强化并迁移体育游戏中的规则意识

体育游戏是在教师统一组织和安排下开展的，幼儿在游戏之前已经对游戏规则有了一定的了解，游戏中教师也不断帮助幼儿明确与遵守游戏规则。而在追逐打闹游戏中，游戏规则是大家默认的、隐性的，游戏中也没有明确的规则维护者，一些幼儿会为了获得胜利或发泄不满而破坏游戏规则。因此，教师在体育游戏中可以培养与强化幼儿的规则意识，并引导幼儿将这种规则意识迁移到其他游戏（包括追逐打闹游戏）中，还可以利用追逐打闹游戏中的一些典型案例，警示幼儿的违规行为。例如，在体育游戏开展前，教师可以以追逐打闹游戏中的违规行为为契机，告诫幼儿要遵守游戏规则，并强调任何游戏都必须遵守游戏规则。

（三）开展针对性体育游戏，丰富追逐打闹游戏的策略

有研究者发现，大班幼儿在追逐打闹游戏中经常出现的策略有偷袭、欺骗、示弱、挑衅、角色转换、求助等[1]。但本研究中大班幼儿追逐打闹游戏的策略较为单一，主要是欺骗、挑衅、偷袭、求助。例如：

　　玩大型玩具的时候，两个男孩在旁边聊天，一个男孩跑过来打他

---

[1] 杜玉珍. 大班幼儿追逐打闹游戏行为研究［D］. 南京：南京师范大学，2010：30.

们，三个男孩打闹起来，后来，其中一个男孩走开了，剩下两个男孩继续打闹着。一个男孩被打之后装作受伤的样子，倒在地上，然后另一个男孩也走开了，好像已经胜利了一样。

案例中幼儿假装受伤，利用欺骗的策略逃离了攻击。此外，本研究中幼儿在追逐打闹游戏中的动作主要局限于追、跑、拉、扯，连贯性动作较少。总之，本研究中大班幼儿追逐打闹游戏的策略有待进一步丰富。

教师可以通过开展一些针对性的体育游戏，以丰富幼儿的追逐打闹游戏策略。具体地说，教师可以编制、搜集与经常组织幼儿开展一些以追逐为主的体育游戏，如《老鼠偷米》《狐狸狐狸你在哪里》《吃棒冰》等。一方面可以激发幼儿对体育活动的兴趣，激发他们进行追逐打闹游戏的愿望；另一方面也可以使幼儿在追逐打闹游戏中更加灵活，并丰富幼儿追逐打闹游戏的表现方式和游戏策略。

在《老鼠偷米》的体育游戏中，双胞胎兄弟都扮演猫。他们要防御老鼠偷偷地从城墙中跑进来偷走米袋。他们两人商量了一会儿，背对背站着，只要一有老鼠进来，他们就能发现。结果老鼠们刚要偷米就被他们抓住了。在下一轮游戏中，双胞胎弟弟扮演老鼠的角色，而双胞胎哥哥则扮演城墙。双胞胎弟弟和同是老鼠的同伴商量，派了两个同伴分别引开猫，而双胞胎弟弟偷偷地跑进去偷走了好几袋大米。

案例中的双胞胎兄弟在《老鼠偷米》中已经懂得运用策略取胜，他们知道运用"调虎离山"计，也知道如何"反偷袭"。这些游戏经验也使幼儿在追逐打闹游戏中游刃有余。例如：

双胞胎弟弟和浩浩在大型玩具旁追逐，浩浩想要抓住双胞胎弟弟。追了一会儿，双胞胎弟弟突然灵机一动，趁浩浩还没追上，跑到双胞胎哥哥旁边，然后继续跑，躲到墙角。浩浩跑过来抓住双胞胎哥哥说："抓到了！抓到了！"而此时双胞胎弟弟正在另一边偷笑呢。

体育游戏中的策略运用使双胞胎在游戏中获得了成就感。他们也尝试在追逐打闹游戏中运用欺骗等策略,并取得了不错的效果。当然,追逐打闹游戏中的游戏经验也有利于丰富幼儿在体育游戏中的游戏策略。

第三节 追逐打闹游戏的内部支持系统

追逐打闹游戏作为幼儿园低结构游戏的一种典型表现,主要由幼儿主导与控制。因此教师在幼儿追逐打闹游戏进程中主要扮演旁观者、未参与者的角色,而很少直接介入。换言之,追逐打闹游戏的指导系统中,内部支持系统虽必不可少,但相对最少。这里结合行动研究中对追逐打闹游戏指导现状的了解与具体行动研究过程中采取的相应策略,将重点从游戏中教师指导语和建构指导两方面,深入探讨追逐打闹游戏的内部支持系统的构建与优化问题。

一、巧妙地组合运用多样性指导语

教师是幼儿追逐打闹游戏的诊断者、指导者、旁观者、调停者,[①]教师可以灵活运用不同类型的指导语,以支持和助推幼儿开展追逐打闹游戏。

首先,教师可以采用询问性语言(或称了解性语言),了解幼儿游戏的现状及幼儿的具体想法。教师在观察游戏的基础上询问幼儿,如"你们刚刚在干什么"之类,可以根据幼儿的回答判断他们的行为是游戏还是攻击性行为。如果幼儿回答"他在打我,我也打他",教师就可以确定这是攻击性行为,对于这类行为教师可严厉制止并批评;如果幼儿回答"我们在玩",教师则可以根据幼儿游戏的需要进行启发引导。

其次,在确认幼儿的行为是追逐打闹游戏之后,教师可采用提示性语言进行指导。当幼儿在游戏中遇到困难或缺乏目标时,教师可采用提示性语言

---
① 张杰. 打闹游戏的教育价值及其指导[J]. 学前教育研究,2006(10):32-33.

帮助幼儿明确游戏规则。如当幼儿跑得太快摔倒时,教师对幼儿的安全进行简单提醒——"小心点、别跑得太快"。在追逐打闹游戏中,一些幼儿会利用狡诈的方法,将追逐打闹游戏转化为攻击性行为,如故意不交换角色,也有一些幼儿不服输向教师告状。此时,教师就可以采用提示性语言,向幼儿提出一些自己的建议,帮助他们解决冲突。

  小浩和他的好朋友丁丁在大型玩具旁拉扯,小浩挣脱丁丁逃走了,丁丁紧追着小浩。小蕾看他们玩得很开心,于是也加入他们。小浩被丁丁抓住,他们开始握拳决斗。小蕾也时而偷袭小浩,小浩看着小蕾诡笑。小浩偷偷从小蕾后面踢她的屁股,然后逃走。小蕾很生气,跑到老师面前告状:"老师,小浩打我。"老师说:"他为什么要打你?"小浩说:"我们在打打闹闹。"小蕾也认同小浩的说法。老师说:"我觉得和小朋友们打打闹闹之后不应该生气和向老师告状。"站在旁边的小朋友都说不可以,有的说:"你自己要和别人玩的。"小蕾自知理亏,低头走了。

案例中,教师采用询问性语言了解了游戏中的具体情况,之后,又采用提示性语言明确了游戏中打闹不能向老师告状,小朋友们也一致赞同。幼儿在听到同伴的回答时认识到了自己的错误。其实该幼儿也明白游戏中打闹不能算是攻击性行为,游戏者都必须遵守。教师的回答帮助幼儿更加明确了这一游戏规则。

  此外,教师还可以采用鼓励性语言进行指导。鼓励性语言是指"激励性的正面语言,把希望幼儿出现的行为要求提出来,让他们知道怎么做"[①]。如在追逐打闹游戏中,当幼儿不小心摔倒时,教师希望他坚强,可以鼓励他"你是一个勇敢的孩子,没关系的,站起来"。当幼儿运用各种策略成功甩开对方时,教师可以对他说"你很棒"。教师及时的反馈和评价,可以充分调动幼儿游戏的主动性和积极性。

---

① 邱学青. 学前儿童游戏 [M]. 南京:江苏教育出版社,2008:169.

二、善用建构指导，丰富游戏策略

经观察发现，大班幼儿追逐打闹游戏的策略较为贫乏，或者虽出现了一些有效的策略，但有时因得不到及时强化与提炼而"稍纵即逝"。因此，教师可以采用建构指导，帮助幼儿丰富追逐打闹游戏的策略。建构指导指"教师通过引导幼儿讨论游戏的问题，帮助幼儿建构新的经验体系的方法"[1]。幼儿及其游戏的特点决定了幼儿的游戏经验是需要整理、提升和分享的。建构指导不仅可以丰富、提升幼儿的游戏经验，而且有助于教师及时了解幼儿在游戏时的想法及存在的问题，引导幼儿分享游戏中的体验，更重要的是还能帮助幼儿在相互对话、讨论中，把零散的经验系统化，在相互学习中建构新的经验和知识。[2]

建构指导需要教师了解幼儿游戏的情况，以确定讨论的内容，然后引导幼儿集体讨论或个别讨论。因此，行动研究中教师首先拍摄幼儿游戏中的视频、照片，分析幼儿游戏的情况，如游戏中存在的安全隐患、游戏内容是否需要扩展、幼儿的游戏策略等，然后确定讨论内容。在此基础上，教师播放视频和照片，将问题抛给幼儿，组织幼儿讨论。以下案例片段呈现了围绕"游戏策略"开展建构指导的场景：

（播放视频后）很多幼儿开始兴奋地讨论起来，"那是我……""他跑得好快哦！"

教师：他们在干什么？

幼儿1：他们在玩大型玩具。

幼儿2：我在追××。

幼儿3：他们在玩。

幼儿4：他们在打打闹闹。

---

[1] 邱学青. 学前儿童游戏 [M]. 南京：江苏教育出版社，2008：172.
[2] 邱学青. 学前儿童游戏 [M]. 南京：江苏教育出版社，2008：161.

教师：你和小朋友玩的时候怎么样才能不被抓到？

幼儿1：当他们快追到我的时候，我就躲到大型玩具上去。

幼儿2：我还有一个好办法，我在那里当木头人，当他以为我不动了走开的时候，我就开始跑。

幼儿3（双胞胎）：我跑到我哥哥那里去，然后再跑开，他们以为我哥哥是我，然后就不追我，去追我哥哥了，我就可以跑掉了。

幼儿4：两个人追我的时候，当他们到我面前的时候，我就闪开，他们俩就撞在了一起。

幼儿5：他一打我的时候，我就装晕。

幼儿6：他们抓住我的时候，我就用这里（手肘）顶他，我就可以逃走了。

视频中真实的情境很快引发了幼儿的兴趣，激发幼儿讨论追逐打闹游戏中"躲闪不被抓到"的策略。从幼儿的讨论中可以发现，幼儿对于追逐打闹有自己独特的策略。通过建构指导，幼儿学习了彼此的经验，丰富了自身的游戏策略。

幼儿在追逐打闹游戏中会自发或自觉地运用大量有效策略，如幼儿会运用不同类型的语言向同伴传递信号、调节游戏进程。通过对观察资料的分析发现，大班幼儿在追逐打闹游戏中运用的语言主要有发起性语言、威胁性语言、合作性语言、解释性语言，其中幼儿运用最多的是解释性语言。

（1）发起性语言是"幼儿用以向同伴发起游戏或维持游戏的语言"[1]。例如，一个男孩对着另一个男孩做鬼脸，然后转头就跑，一边跑一边对他说："你快来追我呀。"小男孩很开心地追着他。"你快来追我呀"是幼儿向同伴发出的一种信号，当他的同伴收到信号之后，游戏就开始了。

（2）威胁性语言是对同伴发出警告的语言，是幼儿在游戏中在气势上压

---

[1] 杜玉珍. 大班幼儿追逐打闹游戏行为研究[D]. 南京：南京师范大学，2010：27.

倒对方的一种手段。例如，一个男孩甲围着滑梯追着另一个男孩乙跑，跑到滑梯下面的时候，他们开始用手脚对打。这时，另一个男孩丙也加入进来，成为甲的同伙，和甲一起围攻乙。丙对乙说："两个人可不是那么好对付的。"后来又一个男孩丁加入，成为乙的对手。乙在其中一直非常严肃，显得很惊慌。"两个人可不是那么好对付的"是幼儿在追逐打闹游戏中的威胁性语言，幼儿借此使对方感到害怕、恐惧，是一种"作战技术"。

（3）合作性语言是游戏的同一方在游戏中相互协调、鼓励的语言。合作性语言能够使游戏的同一方相互配合，增强气势。例如，3个男孩在一起追打，"刑天铠甲。"他们叫喊着。两个男孩不停地挥舞着手脚，联合攻打另一个男孩，然后，甲对乙说："干得好。""你是我们刑天铠甲中最棒的。""干得好"是对同伴的肯定，能增强幼儿在游戏中的成就感，推动游戏持续进行。

（4）解释性语言是对所做动作或扮演角色的一种解释。[①] 这是大班幼儿在追逐打闹游戏中最常用的语言。"铠甲勇士"的各种名字以及其中的动作名称是男孩常用的解释性语言。例如，两个男孩在大型玩具旁边商量着，"我是银河系铠甲。"一个男孩说，然后他们开始追逐。

当幼儿在追逐打闹游戏中运用了有效策略（包括以上所列语言）时，教师可以采用拍照、录像等方式，及时捕捉相关信息，然后采用建构指导，帮助幼儿强化、提炼与分享这些有效策略。当然，当幼儿在追逐打闹游戏中出现了一些问题，包括使用了低效、无效甚至负效的策略时，教师也可以采用建构指导，引导幼儿发现问题，群策群力，寻求有效策略，进而在下次游戏时可以自觉地运用有效策略。总之，教师要注意在观察幼儿追逐打闹游戏的基础上，善用建构指导，以丰富与提升幼儿的游戏策略。

[①] 杜玉珍. 大班幼儿追逐打闹游戏行为研究［D］. 南京：南京师范大学，2010：28.

参 考 文 献

一、中文著作

［1］丁海东. 学前游戏论［M］. 济南：山东人民出版社，2001.

［2］华爱华. 幼儿游戏理论［M］. 上海：上海教育出版社，1998.

［3］黄进. 游戏精神与幼儿教育［M］. 南京：江苏教育出版社，2006.

［4］黄瑞琴. 幼稚园的游戏课程［M］. 台北：心理出版社，1994.

［5］李建君，主编. 区角，儿童智慧的天地［M］. 上海：上海社会科学院出版社，2011.

［6］刘晶波. 师幼互动行为研究——我在幼儿园里看到了什么［M］. 南京：南京师范大学出版社，2002.

［7］刘焱. 儿童游戏通论［M］. 北京：北京师范大学出版社，2004.

［8］庞丽娟，主编. 文化传承与幼儿教育［M］. 杭州：浙江教育出版社，2005.

［9］秦金亮，吕耀坚，杨敏，编著. 幼儿教师学做研究——学前教育研究方法新视野［M］. 北京：新时代教育出版社，2008.

［10］秦元东，王春燕. 幼儿园区域活动新论：一种生态学的视角［M］. 北京：北京师范大学出版社，2008.

［11］秦元东，陈芳，等. 如何有效实施幼儿园主题性区域活动［M］. 北京：中国轻工业出版社，2013.

［12］邱学青. 学前儿童游戏［M］. 南京：江苏教育出版社，2008.

［13］邱学青. 给幼儿园老师的101条建议·游戏指导［M］. 南京：南

京师范大学出版社，2011.

［14］全增嘏，主编. 西方哲学史（下册）［M］. 上海：上海人民出版社，1985.

［15］滕守尧. 文化的边缘［M］. 北京：作家出版社，1997.

［16］滕守尧. 艺术与创生——生态式艺术教育概论［M］. 西安：陕西师范大学出版社，2002.

［17］徐复观. 中国艺术精神［M］. 北京：商务印书馆，2010.

［18］叶朗，主编. 现代美学体系（第二版）［M］. 北京：北京大学出版社，1999.

二、中文译著

［1］爱泼斯坦. 学前教育中的主动学习精要——认识高宽课程模式［M］. 霍力岩，郭珺，等译. 北京：教育科学出版社，2012.

［2］席勒. 审美教育书简［M］. 冯至，范大灿，译. 上海：上海人民出版社，2003.

［3］格朗兰德. 发展适宜性游戏：引导幼儿向更高水平发展［M］. 严冷，译. 北京：北京师范大学出版社，2014.

［4］马尔库塞. 单向度的人［M］. 张峰，等译. 重庆：重庆出版社，1988.

［5］胡伊青加. 人：游戏者——对文化中游戏因素的研究［M］. 成穷，译. 贵阳：贵州人民出版社，2007.

［6］JOHNSON J E, et al. 儿童游戏——游戏发展的理论与实务：第2版［M］. 吴幸玲，郭静晃，译. 台北：扬智文化，2003.

［7］莫伊蕾斯，主编. 游戏的卓越性［M］. 刘峰峰，宋芳，译. 北京：北京师范大学出版社，2010.

［8］KATZ L G, CHARD S C. 探索孩子心灵世界——方案教学的理论与实务［M］. 陶英琪，陈颖涵，译. 台北：心理出版社，1998.

[9] 卡尔，李. 学习故事与早期教育：建构学习者的形象［M］. 周菁，译. 李薇，审校. 北京：教育科学出版社，2015.

[10] 卡尔. 另一种评价：学习故事［M］. 周欣，等译. 周菁，审校. 北京：教育科学出版社，2016.

[11] 第亚尼，编著. 非物质社会——后工业世界的设计、文化与技术［M］. 滕守尧，译. 成都：四川人民出版社，1998.

[12] 本内特，等著. 通过游戏来教——教师观念与课堂实践［M］. 刘焱，刘峰峰，译. 北京：北京师范大学出版社，2010.

[13] 布约克沃尔德. 本能的缪斯——激活潜在的艺术灵性［M］. 王毅，孙小鸿，李明生，译. 上海：上海人民出版社，1997.

[14] 斯宾诺莎. 伦理学［M］. 贺麟，译. 北京：商务印书馆，1958.

[15] 林德. 在游戏中评价儿童——以游戏为基础的跨学科儿童评价法［M］. 陈学锋，江泽菲，等译. 上海：华东师范大学出版社，2008.

[16] 琼斯，瑞诺兹. 小游戏，大学问：教师在幼儿游戏中的作用［M］. 陶英琪，译. 南京：南京师范大学出版社，2006.

[17] 杜威. 学校与社会·明日之学校［M］. 赵祥麟，等译. 北京：人民教育出版社，1994.

三、学位论文

[1] 柴军应. 学生学习自主性发展研究［D］. 上海：华东师范大学，2016：30.

[2] 常璐. 教师介入幼儿游戏的时机研究［D］. 上海：华东师范大学，2006.

[3] 陈建林. 教师介入幼儿游戏方式的研究［D］. 重庆：西南大学，2008.

[4] 董守生. 论学生的自主性及其教育［D］. 上海：华东师范大学，

2013.

[5] 杜玉珍. 大班幼儿追逐打闹游戏行为研究 [D]. 南京：南京师范大学，2010.

[6] 方建华. 中班幼儿角色游戏中教师指导行为研究 [D]. 南京：南京师范大学，2008.

[7] 高丽. 4—6岁幼儿同伴嬉戏行为研究 [D]. 南京：南京师范大学，2005.

[8] 关少英. 幼儿园创造性游戏活动中的教师指导研究 [D]. 福州：福建师范大学，2007.

[9] 刘雪. 角色游戏中幼儿使用物质材料状况的研究 [D]. 南京：南京师范大学，2007.

四、中文论文

[1] 邓进红，秦元东. 幼儿同伴嬉戏行为的年龄特点与性别差异 [J]. 学前教育研究，2013（1）.

[2] 华爱华. 早期教育视野中的游戏 [J]. 幼儿教育（教育科学），2011（5）.

[3] 黄晶，刘云艳. 民间游戏"捉迷藏"对儿童的教育价值 [J]. 基础教育，2007（8）.

[4] 江苏省"幼儿园自主游戏实践与研究"课题组. 自主游戏的实践及基本理念 [J]. 早期教育，2000（23）.

[5] 刘焱. 象征游戏和学前儿童的智力发展 [J]. 北京师范大学学报（社会科学版），1986（6）.

[6] 陆洁慧. 浅议自主性游戏中教师的指导策略 [J]. 黑河学刊，2014（10）.

[7] 吕美英. 利用策略提高自主性游戏讲评的有效性 [J]. 考试周刊，2016（24）.

[8] 秦金亮. 全球化背景下儿童发展的文化安全[J]. 幼儿教育, 2004 (7-8).

[9] 秦元东. "画蛇添足效应"及其启示[J]. 山东教育（幼教版）, 2000（10）.

[10] 秦元东. 关于游戏指导的理论思考[J]. 学前教育研究, 2001（2）.

[11] 秦元东. 兴趣层次说与儿童学习[J]. 幼儿教育（教育科学）. 2006（4）.

[12] 秦元东. 生态式幼儿园区域活动初探[J]. 学前教育（幼教版）, 2006（3）.

[13] 秦元东. 存在的就是合理的！？——关于儿童教育的外部奖赏合理性问题的思考[J]. 上海教育科研, 2007（2）.

[14] 秦元东. 幼儿园区域活动材料观的转变[J]. 幼儿教育（教育科学）, 2008（12）.

[15] 秦元东. 幼儿园民间游戏的异化[J]. 幼儿教育（教育科学）, 2011（12）.

[16] 秦元东. 幼儿园民间游戏的阶段与转化：儿童角色的视角[J]. 学前教育研究, 2012（4）.

[17] 秦元东. 教育常识的基本特性及其对幼儿园教师专业成长的潜在消极影响[J]. 幼儿教育（教育科学）, 2016（3）.

[18] 秦元东. 教育常识对幼儿园教师专业成长潜在消极影响的转化机制[J]. 幼儿教育（教育科学）, 2016（6）.

[19] 邱学青. 关于儿童的自主性游戏[J]. 学前教育研究, 2001（6）.

[20] 上海市中心教研组. 幼儿自主游戏指导模式及策略[J]. 幼儿教育, 1998（9）.

[21] 熊川武, 江玲. 论学生自主性[J]. 教育研究, 2013（12）.

[22] 徐彩华. 角色游戏中教师指导语类型及作用的研究[J]. 心理发

展与教育，1993（1）.

［23］虞永平. 物质材料与幼儿园课程［J］. 幼儿教育（教育教学），2006（1）.

［24］张新立. 禁而难止的学生追逐打闹游戏的实质和意义［J］. 教学与管理，2007（5）.

［25］张建伟，陈奇. 从认知主义到建构主义［J］. 北京师范大学学报（社会科学版），1996（4）.

［26］张杰. 打闹游戏的教育价值及其指导［J］. 学前教育研究，2006（10）.

五、英文著作

［1］Nancy Fichtman Dana, Diane Yendol-Hoppey. The Reflective Educator's Guide to Classroom Research: Learning to Teach and Teaching to Learn Through Practitioner Inquiry (third edition)［M］. CA: Corwin, 2014.

［2］Dorothy H. Cohen, Virginia Stern, Nancy Balaban, Nancy Gropper. Observing and Recording the Behavior of Young Children (sixth edition)［M］. NY: Teachers College Press, 2016.

［3］Sara Efrat Efron, Ruth Ravid. Action Research in Education: A Practical Guide［M］. NY: The Guilford Press, 2013.

后　记

呈现在读者面前的这本拙著是 2014 年度浙江省哲学社会科学规划课题"幼儿园游戏教师指导研究：游戏自主性的视角"（项目编号为 14NDJC224YB）的研究成果。秦元东负责课题的整体设计与实施，自课题立项起，组织课题组成员对课题进行了充分论证。在本课题主要成员——浙江省慈溪市实验幼儿园陈芳园长的组织协调下，笔者和慈溪市实验幼儿园部分一线教师就该课题的内容、架构与实施等进行了广泛交流，对课题设计进行了优化。后来为了课题研究的需要，又吸纳了三位浙江师范大学杭州幼儿师范学院学前教育专业硕士毕业的研究生加入课题研究。这种课题研究成员的构成，为本研究理论与实践的融合提供了人员保障和坚实的基础。

本书凝聚了多人的智慧与心血。写作前，秦元东提出书的写作框架，后和陈芳园长、福建省龙岩学院教育科学学院邓进红、杭州市西湖区文新学前教育集团（总园）白碧玮以及上海市闵行区莘庄幼儿园庄盈媚等广泛交流，在此基础上对内容框架进行了优化，然后和本书责任编辑高君进行充分沟通，最终由秦元东确定了本书的框架结构。具体分工为：秦元东负责撰写绪论、第一章、第二章、第三章；白碧玮、秦元东合作撰写第四章、第五章、第七章；庄盈媚、秦元东合作撰写第六章；邓进红、秦元东合作撰写第八章。此外，浙江省慈溪市实验幼儿园的蔡春玲、华宴扦、徐爽、洪世瑾、徐晶、余小庆等老师以及浙江省安吉县实验幼儿园的窦旭梅老师提供了部分案例素材。全书的统稿和定稿工作在和本书责任编辑高君多次充分交流沟通的基础上由秦元东最终完成。

在本书写作的过程中，我们借鉴、参考、引用了许多专家学者的相关研究成果，采用了一些幼儿园教师的宝贵案例材料，在书中均一一做了注明，在此一并表示诚挚谢意。为了写好本书，我们做了最大努力，但由于能力、水平有限，仍有疏漏与不当之处，恳请广大同人不吝批评与指正。

本书能得以顺利出版离不开许多人和机构的辛勤付出和无私帮助：作为浙江省哲学社会科学规划课题，自然离不开浙江省社科联规划办的领导与工作人员的大力支持与资助；责任编辑高君付出的艰辛劳动与所做的大量细致工作，使本书增色颇多；笔者所在单位浙江师范大学杭州幼儿师范学院也给予了大力支持。在此一并表示衷心感谢！

本书是从游戏自主性视角探讨幼儿园游戏教师指导的一次尝试。在写作过程中，对已有相关研究的评论也许存在欠妥之处，对一些问题的阐述也许存在值得商榷之处。这权当抛砖引玉，希望能引发更多的人关注、思考和参与到幼儿园游戏研究领域中来，共同推动幼儿园游戏理论的建设，提升实践质量。

秦元东
2017年9月于杭州